Miranda Gray

Dunkler Mond

Miranda Gray

Dunkler Mond

Die spirituelle Transformation in den Wechseljahren

Illustrationen von Julie Sneeden

Miranda Gray begann ihre Pionierarbeit über den Menstruationszyklus mit ihrem ersten Buch »Roter Mond«, das in den 1990er-Jahren erschien. In diesem Werk führte sie das Konzept der vier weiblichen Archetypen ein, die in Verbindung mit den Phasen des Menstruationszyklus stehen. Seitdem hat sie viele Bücher über die zyklische Natur von Frauen, die weiblichen Energien und über weibliche Spiritualität geschrieben. Miranda zeigt, wie Frauen die Vorteile ihrer zyklischen Natur in allen Lebens- und Arbeitsbereichen nutzen können, wie sie ein positives Verständnis von sich selbst entwickeln können, um Selbstvertrauen und Wohlbefinden zu steigern und Erfüllung zu finden. Ein wichtiger Teil ihrer Arbeit ist es, ihr Verständnis des weiblichen spirituellen Weges weiterzugeben, der im Menstruationszyklus und im Lebenszyklus von Frauen begründet ist.
Mirandas Bücher wurden in mehreren Sprachen veröffentlicht, einige wurden zu internationalen Bestsellern. Miranda gibt international Kurse und unterrichtet auch online. Sie ist die Begründerin des Womb Blessing®, eines Systems zur Heilung und Erweckung der weiblichen Energie. In internationalen Veranstaltungen in vielen verschiedenen Sprachen – den Worldwide Womb Blessings® – verbinden sich Frauen, um zu ihrer authentischen Weiblichkeit zurückzukehren.
Dieses Buch beschäftigt sich mit der Reise durch die Wechseljahre und den damit verbundenen Energieveränderungen. Es basiert auf mehr als zehn Jahren persönlicher Erfahrung und Miranda brauchte fünf Jahre, um es zu schreiben.

1. Auflage 2024

ISBN: 978-3-96914-019-2
Dieser Titel ist auch als E-Book erhältlich.

Nesso 8, 87487 Wiggensbach
www.stadelmann-verlag.de
E-Mail: kontakt@stadelmann-verlag.de

Umschlagmotiv: Shutterstock
Übersetzung und Lektorat: Frauke Bahle, Freiburg
Satz: Eberl & Koesel Studio, Kempten

Die Originalausgabe erschien unter dem Titel Red Moon to Dark Moon

Inhaltsverzeichnis

Von der Zauberin zur Alten Frau

Vorwort

Die Aussicht ist spektakulär. Von dem Hügel, auf dem wir stehen, können wir in alle Richtungen bis zum Horizont sehen. Auf den Hügeln Tara und Slane erkennen wir die alten Steingräber. Wir sind an diesen Ort gebracht worden. Die Umstände haben uns hierher gebracht, auf diesen hohen Hügel mit Blick auf Irland, neben einem alten Grab stehend lassen wir die Aussicht auf uns wirken. Wir müssen zurück zum Flughafen, um nach Hause zu fliegen, aber für diesen Besuch nehmen wir uns Zeit.

Als wir den Hügel sahen, lachten wir beide. Ich habe ein Herzproblem und bei meinem Mann stand eine Hüftoperation bevor. Aber irgendetwas hatte uns hierher geführt, also mussten wir den Hügel erklimmen. Wenigstens regnete es nicht, aber der Wind pfiff uns um die Ohren. Zeitweise atmete ich so schwer, dass sich mein Atem so anhörte wie der Wind. Während des Aufstiegs fragte ich immer wieder: »Begehen wir gerade eine Dummheit?« Ich murmelte: »Hoffentlich bereuen wir das nicht!« Es waren noch andere Leute unterwegs – ein Paar in den Zwanzigern und eine Familie, die uns allesamt überholten. Wir behielten unser Schneckentempo bei, machten einen langsamen Schritt nach dem anderen.

Und das war es wert.

Dieser Ort ist das alte Zentrum des Landes. Das Grab neben uns, eines von vielen, die auf dem Bergrücken liegen, ist ein riesiger Steinhügel, den frühe Siedler Irlands errichteten. Er wird von großen aufrechten Megalithen gestützt. Vergessen Sie die »neuen« keltischen Einwanderer, dieses Grab ist 5.000 Jahre alt. Der Fremdenführer erzählte uns, dass es der Vorläufer der erstaunlichen Grabanlage in Newgrange sein könnte. Das Grab vor uns mit seiner Ausrichtung auf die Tagundnachtgleiche im Frühling und im Herbst und seinen Schnitzereien aus Wirbeln und Kreisen ist nicht so beeindruckend wie Newgrange, aber es birgt ein uraltes Echo der Energien des Landes und ist Teil der Mythologie, die uns von der Kraft dieses Ortes erzählt.

Der Bergrücken wird als Berg der Hexe, Berg der Zauberin oder Hexenhügel bezeichnet. Der Volksmund sagt, dass die Monumente von einer riesigen »Hexe« – einer alten Magierin – geschaffen wurden. Als der Heilige Patrick das Christentum nach Irland brachte, forderte er die Hexe heraus: Sie sollte Steine aufsammeln und damit von einem Ende der Hügelkette zum anderen springen. Wenn ihr das gelänge, würde Irland ihr gehören. Die Hexe steckte die großen Steine in ihre Schürze und sprang. Fast hätte sie es geschafft! Aber kurz vor dem letzten Hügel ließ sie die Steine fallen, stürzte und brach sich das Genick.

Nun stehen wir neben der alten Grabstätte. Auf der Nordseite befindet sich der Hexensitz – der *Hag's Chair* oder *Seat of the Cailleach*, benannt nach den magischen alten Hexengestalten aus der keltischen Mythologie. Viele Mythologien und Erzählungen berichten von magischen alten Frauen, die die tiefen spirituellen und mächtigen Energien des Weiblichen in sich tragen. Die Alte Frau ist die Endstation aller Zyklen, sie ist die letzte Station im Leben von Frauen nach dem Ende ihres Menstruationszyklus. Der massive Stein vor mir ist wie ein Stuhl geformt und dem dunklen Nachthimmel der Ahnen zugewandt, in den das Licht des Mondes niemals vordringt. Die Kerbungen auf der Vorderseite sind fast vollständig verwittert. Der Legende nach saß Königin Maeve darauf, um Gesetze zu erlassen. Und auch die alte Hexe saß hier. Man sagte uns, wenn man sich auf den steinernen Stuhl setze und einen Wunsch äußere, würde die Hexe ihn erfüllen – oder auch nicht.

Es fühlt sich so an, als hätte uns die Alte Frau hierher gerufen. Seit einiger Zeit denke ich darüber nach, mein Material aus dem Workshop »Die Alte Frau treffen« in ein Buch einfließen zu lassen und den Transformationsweg der Wechseljahre, der uns zu ihr führt, tiefer zu ergründen. In letzter Zeit fragen mich immer mehr Frauen nach einem Buch über die spirituelle Bedeutung der Wechseljahre und wenn Frauen nach etwas fragen, ist das für mich die Stimme des Göttlich-Weiblichen, die sagt: »Jetzt ist die Zeit, dies anzubieten.« Da ich in meine eigene Erfahrung der Wechseljahre verwickelt bin, weiß ich, dass ich jetzt auf diesen Ruf antworten kann.

In den letzten Wochen hat der innere Druck, ein Buch zu schreiben, zugenommen. Ich schreibe keine Bücher – sie schreiben sich selbst, dabei fließen sie durch mich hindurch wie eine Lawine. Ich werfe einfach den ersten Stein und eine Kaskade von Wörtern strömt aus mir heraus. Aber wenn ich den gedanklichen Stein einmal geworfen habe, muss ich auch schreiben, sonst verliere ich die Inspiration und die Einsicht wieder.

Ich stehe also auf dem Hügel und spüre die Spannung eines neuen Buches in mir. Noch zögere ich, die ersten Sätze zu schreiben, denn ich weiß, wenn ich das tue, wird die Lawine losgetreten – und ich habe nichts dabei, um die Worte einzufangen. Aber hier an diesem Ort ist die Präsenz der Alten Frau stark und sie bittet um eine Stimme, die den Frauen von der Freude und der Kraft erzählt, die der Reise zu ihr innewohnen.

Ich betrachte den Hexenstuhl von allen Seiten und das Bild trifft mich mit physischer Kraft. Ich spüre die Resonanz des leeren Throns in mir. Ich fühle es: Das ist die Alte Frau – sie ist unsichtbar, aber sie ist hier.

Ein anderer Besucher setzt sich auf den Thron, aber ich kann es nicht. Es ist ein so mächtiges Symbol für mich und die Präsenz der Alten Frau, der Verborgenen, ist so stark, dass es respektlos wäre, meinem Gefühl nicht zu folgen. Hier an diesem Ort spüre ich, dass ich mich im Zentrum des Landes befinde. Dies ist der Ort der Göttin – nicht der vergänglichen fruchtbaren Göttin, sondern das Zentrum der wahren Macht, der Weisheit und Energie der Alten Frau. Ihr gehört das Land, sie wacht über das flüchtige Leben ihrer Kinder und bleibt immer dieselbe in ihrer Stille, ihrer Weisheit, ihrer Dunkelheit und in ihrem ruhigen Blick.

Die Uhr tickt und irgendwie schaffen wir den Weg den Hügel hinunter. Der Weg nach unten ist leichter für mich, aber schwieriger für meinen Mann.

Wir wussten nichts über diesen Ort, bevor wir ankamen, aber es ist uns eine Ehre, hier gewesen zu sein. Während wir langsam bergab laufen, krächzt eine Krähe über uns im Wind. Die Schafe fressen in aller Ruhe inmitten von weißen Kleeblüten und wilden Orchideen. »Danke, Alte Frau, dass du uns hierher gebracht hast«, flüstere ich. »Danke, dass du mir gesagt hast, ich solle den Stein werfen, damit sich die Lawine löst und die Wörter fließen.«

Über dieses Buch

Es kann eine Herausforderung sein, eine Struktur zu schaffen, um etwas zu verstehen, dessen einziger Zweck es ist, das strukturierte Verständnis aufzubrechen! Das gilt ganz besonders für die Wechseljahre, wenn sich der Geist weiterentwickelt und sich jenseits von Strukturen öffnet. Die Wechseljahre sind eine energetische und spirituelle Transformation, die gewöhnlich, aber nicht immer, vom Körper gesteuert wird. Sie ist eng mit der zyklischen Natur der Frau und den Zyklen des Göttlich-Weiblichen verbunden. Aber die zugrunde liegende Weisheit ist für alle, die die Geheimnisse des Weiblichen entdecken wollen: Dieses Buch ist für Neugierige, für diejenigen, deren Wechseljahre noch weit in der Zukunft liegen, für diejenigen, die gerade den Weg der Veränderung gehen, und für diejenigen, die auf ihre Transformation zurückblicken und ihre neue Rolle im Leben entdecken wollen. Es ist auch für jene gedacht, die die Veränderungen der Wechseljahre weniger auf der körperlichen, sondern eher auf energetischer Ebene erfahren.

Die Weisheiten in diesem Buch kannst du zu jedem Zeitpunkt deiner Reise durch die Wechseljahre anwenden, denn es gibt keine Grenzen, keine wirklichen Schritte, die wir gehen müssen, und keine Meilensteine auf unserem Weg. Daher ist es auch besser, wenn du dich den Informationen in diesem Buch so näherst, als wolltest du eine »Geschichte« lesen. Mit dieser Haltung kannst du das Ungewohnte leichter akzeptieren, die Wahrheit, die für uns außerhalb der dargestellten Struktur mitschwingt, annehmen und gegensätzliche oder vielschichtige Ideen vertreten. Denn: Konzepte mit linearer Struktur, mit Anfang und Ende erzeugen die Erwartung, dass sich etwas entlang einer Zeitleiste entwickelt, sodass man sagen kann, was wann passieren wird. Wenn dann unsere Erfahrungen damit nicht übereinstimmen, dann interpretieren wir die Informationen möglicherweise als falsch. Der Inhalt dieses Buches ist nicht linear. Aber er wird linear präsentiert, weil das das Verständnis erleichtert.

Erfahrungen bestimmten Zeiten oder Zuständen exakt zuzuordnen, entspricht nicht dem Fluss unseres Seins. Vielmehr können wir Erfahrungen machen, die vor ihrem »Stichtag« eintreten, ebenso können wir zu einem früheren Zustand zurückkehren. Wir können Erkenntnisse erlangen, die für jemand anderen noch in ferner Zukunft liegt. Trotzdem wünschen wir Menschen uns einen kontinuierlichen Weg, dem wir folgen können, daher soll der Labyrinthweg, der in Mythen und Legenden zu finden ist, unser imaginativer Führer sein. Aber während wir diesen Weg des Labyrinths gehen, müssen wir uns daran erinnern, dass wir keine linearen Wesen sind und dass die verschiedenen Wahrnehmungszustände, die wir erleben, während wir uns verändern, *gleichzeitig* in uns existieren.

Um den Weg, der vor uns liegt, zu verstehen, müssen wir uns in die Geheimnisse des Zyklisch-Weiblichen als universelle Kraft vertiefen, denn sie spiegelt sich in der physischen Welt, in unserem Körper und in unserem Leben wider. Wenn wir dann die Ausdrucksformen des Zyklisch-Weiblichen kennen und uns von unserem Körper führen lassen, können wir unseren Lebensweg im Licht des neu gewonnenen Verständnisses betrachten. Die einfache Wahrheit ist, dass wir in unserer zyklischen Natur bereits all die Weisheit und Orientierung in uns tragen, die wir für unsere Wechseljahre und die Zeit danach brauchen.

Um diese Reise mit einem Gefühl der Vorfreude und Aufregung zu beginnen, sollten wir einen Blick auf die Schönheit unseres Ziels werfen. Dazu werden wir die Alte Frau in uns selbst, in unseren Zyklen und in der Welt um uns herum erforschen. Wir werden die Geschenke und die Veränderungen erkennen, die sie für uns bereithält. Mit dem Wissen um das Ziel, mit der inneren Karte und Orientierung können wir unsere Reise mit Kraft, Neugier und der Abenteuerlust beginnen, die jedem Anfang innewohnt.

Das Herz des Buches ist die Geschichte der Wechseljahre, denn Geschichten mit ihren Metaphern bieten eine kraftvolle Möglichkeit, uns selbst bildhaft zu beschreiben, uns auszudrücken, all die Veränderungen zu identifizieren und unsere erwachende Wahrnehmung zu verstehen. In einer modernen Welt, die reife Frauen ohne Sprache und ohne Stimme zurücklässt, brauchen wir eine neue Mythologie.

Geschichten schlagen auch eine Brücke zwischen unseren tiefsten Bewusstseinsschichten und unserem Alltagsbewusstsein. Und so kann eine Wechseljahresgeschichte die Kraft haben, uns zu helfen, diese Zeit des Wandels mit

Eleganz und Anmut zu leben. Sie kann die Erkenntnis zünden, dass wir wunderbare, tanzende Frauen aus Licht und Dunkelheit sind.

Unser Weg ist immer individuell. Aber es gibt viele Gemeinsamkeiten unter Frauen, die im Labyrinth die Stufen der Wechseljahre hinabsteigen. Mit der Sprache der Geschichte können wir uns selbst beschreiben, unsere Erfahrungen teilen und die Frauen, die mit uns unterwegs sind, unterstützen. Die Weisheit der Wechseljahre ist vielgestaltig – wir können das nehmen, was zu unseren Erfahrungen passt, und das weglassen, was für uns nicht stimmig ist. Oder wir schaffen unser eigenes, einzigartiges Verständnis, unsere eigene Wahrheit. Es gibt so viele Wahrheiten über die Wechseljahre, wie es Frauen gibt, die den Labyrinthweg gehen.

Ein Orakel aus dem Leben einer Frau

Die Krähe auf der Wiege

»Das Schaf ist auf der Wiese, die Kuh ist im Mais
Jetzt ist es an der Zeit, dass ein Mädchen geboren wird.
Sie wird den Mond anlachen und in seinem Licht tanzen,
das Herz ihrer Mutter mit all ihrer Freude öffnen.«
Sang die Krähe auf der Wiege.

»Und wenn du älter bist und so voller Leben,
Dann werde ich im Sturzflug zu dir kommen.
Die Krähe auf der Wiege bringt dir ein Geschenk,
Einen Apfel, eine Spindel, einen dreizehnten dunklen Wunsch.«
Sang die Krähe auf der Wiege.

»Krähe auf der Wiege, schwarz und weiß,
In die Dunkelheit, in die Mitte der Nacht.
Krähe auf der Wiege, weiß und schwarz,
Aus der dunklen Umarmung der Alten Frau kehrt die Junge Frau zurück.«
Sang die Krähe auf der Wiege.

»Kein Zauber zum Schutz, kein Schild oder Umhang,
Nur der unwiderstehliche Ruf des krächzenden Rabenvogels.
Eine rote Blutspur, hell auf weißem Schnee.
Magie des Frausein, Weisheit, die du kennst.«
Sang die Krähe auf der Wiege.

»Krähe auf der Wiege, dein Geheimnis ist jetzt erzählt.
Wir gehen in die Welt, leben unser Leben kühn.
Krähe auf der Wiege, was sollen wir tun?
Geh mit dem Mond, ich leite dich.«
Sang die Krähe auf der Wiege.

»Krähe auf dem Kessel, schwarz und weiß,
Zerschmettert den Spiegel in Scherben von Licht.
Die Zyklen durchbrochen, mit Freude enträtselt,
Die Gestaltwandlerin lacht, während sie tanzt.«
Sang die Krähe auf der Wiege.

»Im Herzen des Weges, in der Nacht verschleiert,
Ruft die Dunkle, um zu leiten.
Krähe auf der Wiege, wo bist du hin?
In das Labyrinth, fort zu meinem Zuhause.«
Sang die Krähe auf der Wiege.

»Krähe auf dem Kessel, ganz schwarz, ohne weiß,
Ende des Tanzes, fort vom Licht.
Eingehüllt in den weichen, mitternächtlichen Mantel der Magie:
Du bist meine Weisheit, meine Gegenwart und Hoffnung.«
Sang die Krähe auf der Wiege.

»Krähe am Kopfende meines Bettes, am Ende meines Lebens,
Sie breitet die Flügel aus, hält das Licht.
Krähe im dunklen Schoß, wo ist mein Weg?
Hinaus zu den Sternen und in meine Liebe.«
Sang die Krähe auf der Wiege.
Sang die Krähe auf der Wiege.

Geschrieben von Miranda Gray, der Text basiert auf dem Volkslied von Sydney Carter, das von einem traditionellen schottischen Wiegenlied abgeleitet wurde.

Das Geheimnis des Zyklisch-Weiblichen

Kapitel 1: Einleitung

Es gibt ein Muster,
das unseren weiblichen Energien
und den Wechseljahren zugrunde liegt,
und das ist das Labyrinth.

Stelle dir vor

Stelle dir vor, du stehst vor einem großen, grasbewachsenen Hügel. An der Seite befindet sich ein kleiner Eingang, flankiert von zwei verwitterten aufrecht stehenden Steinen, über denen quer ein weiterer Stein liegt. In die Steine sind Spiralen und Kreise eingekerbt. Die Spätsommersonne streichelt dein Gesicht und du spürst das weiche grüne Gras unter deinen nackten Füßen. Das Sonnenlicht flutet durch den Eingang und fällt auf Steinstufen, die in die Dunkelheit hinabführen.

Dies ist der Eingang zum Labyrinth des Menstruationszyklus, das in jeder Frau liegt. Es versinnbildlicht den inneren Weg, den wir in jedem Menstruationsmonat während unserer zyklischen Jahre hinunter in unsere innere Mitte gehen. Jeden Monat in unserer prämenstruellen Phase hören wir den Gesang der Alten Frau, die im Zentrum unseres Labyrinths lebt und uns unmissverständlich auffordert, uns tief zu beugen und uns in die Dunkelheit zurückzuziehen. Oft zögern wir, oft wehren wir uns gegen den Ruf und blicken sehnsüchtig auf das schwindende Sonnenlicht zurück. Aber wir müssen in die Dunkelheit gehen, denn der Ruf der Alten Frau, der Betagten, ist zwingend und unser Körper und unsere Seele gehen in Resonanz mit ihrer Stimme.

Die Dunkelheit ist beängstigend, denn wir können nicht sehen, wohin wir gehen. Oft vergessen wir, dass auf die Reise nach innen mit der nächsten Zyklusphase eine Reise zurück ins Licht folgt. Aber jeder Menstruationszyklus ist ein Zyklus der Erneuerung, der Labyrinthweg führt uns vom Ort des Rückzugs zurück in die äußere Welt – auch wenn wir diese Weisheit oft vergessen.

Und wenn unsere Menstruationszyklen schließlich aufhören, folgen wir weiterhin dem Labyrinth, aber jetzt gehen wir die Wechseljahresstufen des Labyrinths des Lebens hinunter. Wir haben unsere Jahre in der sonnenbeschienenen Welt geliebt, wir haben geliebt, was wir erreicht haben und wer wir sein konnten, aber der Ruf der Betagten ist stark. Sie ruft uns in die Dunkelheit und wir *müssen* diese ersten Schritte tun.

Je tiefer wir in das Labyrinth des Lebens eindringen, desto mehr verschwindet das Sonnenlicht, bis wir irgendwann unseren Weg suchen müssen, indem wir mit den Fingerspitzen an der Wand entlangfahren und die Stufen vorsichtig mit den Zehen ertasten. Wir wehren uns gegen diesen Weg, der uns in die nächste Phase des Frauseins führt. Wir sehnen uns nach dem Leben, das wir bisher gelebt haben, weil wir nicht sehen können, was nun aus uns werden wird. Doch wenn wir innehalten und in uns hineinhorchen, flüstert uns die Betagte zu, dass sichtbares Licht nur ein kleiner Teil der Energien des Universums ist. »Unsichtbares Licht« ist überall und leuchtet hell, daher gibt es so etwas wie »Dunkelheit« nicht – es ist die Begrenztheit des menschlichen Auges, das uns Dunkelheit vorgaukelt. Die Betagte versichert, dass die Reise in das Labyrinth keine Reise des Verlusts ist, sondern eine Reise der Transformation und der Enthüllung des unsichtbaren Lichts, das in der Dunkelheit leuchtet.

Und wenn wir dann endlich die Mitte erreichen und die Betagte vor uns steht, werden wir sie in ihrer vollen Schönheit als das strahlende Universum sehen und wir werden ihre Strahlkraft auch in uns selbst entdecken.

Eine neue Tradition

Auf dem Steinboden am Eingang zum Labyrinth des Lebens liegt ein roter Faden, der in der Dunkelheit verschwindet. Er ist unser Wegweiser und unsere Gewissheit, dass wir sicher sind und uns in die richtige Richtung bewegen. Dieser rote Faden steht für die Weisheit unserer Gebärmutter, unser weibliches Geheimnis und unsere Tradition – eine Tradition, die nicht aus der Vergangenheit stammt, sondern aus dem intimen und persönlichen Wissen, das jede menstruierende Frau über den Zyklus des Göttlich-Weiblichen in sich trägt.

Dieses Buch ist wie ein roter Faden, ein Leitfaden für Frauen in den Wechseljahren. Es soll ihnen helfen, all die Veränderungen zu bewältigen und zu erkennen, wer sie sind und wer sie sein werden. Es ist ein Leitfaden hin zu der tiefen Liebe, die uns ruft, die uns anzieht wie ein Magnet und uns zwingt, auf dem Labyrinthweg zu reisen – in jedem Menstruationszyklus ebenso wie in den Wechseljahren. Und es ist ein Leitfaden für die kraftvolle, von der Dunkelheit durchdrungene Phase unseres Lebens, nachdem unsere Zyklen aufgehört haben.

Um unsere Reise von der Perimenopause, wenn die Zyklen unregelmäßig werden, bis zur Postmenopause nach der letzten Blutung zu verstehen, müssen wir begreifen, dass der Weg, den wir gehen, der gleiche Labyrinthweg ist, den wir in jedem Menstruationszyklus gegangen sind. Wir müssen erkennen, dass wir die Erfahrungen, die wir in unseren Zyklusphasen machen oder gemacht haben, als Geschenke der Weisheit für unsere Reise in die Wechseljahre nutzen können. Wir sollten auch die Zyklen der Natur um uns herum wahrnehmen, um von Mutter Erde zu lernen, wie wir die Jahre der Transformation in Harmonie und Gleichgewicht durchleben können.

Vor allem aber müssen wir verlernen, was man uns über ältere Frauen erzählt hat – all die Bilder, die uns die Gesellschaft und unsere Kultur über das Älterwerden vermittelt haben. Dann können wir stattdessen sehen, wer wir wirklich sind – schöne und kraftvolle, kreative und spirituelle Ausdrucksformen des Göttlich-Weiblichen, unabhängig von unserem Alter oder unserem körperlichen Zustand.

Ohne eine gesellschaftliche Tradition, die uns in den Wechseljahren unterstützt, kann der Weg, der vor uns liegt, verwirrend erscheinen. Die Dunkelheit bringt uns dazu, dass wir uns unseren Gefühlen und unserem Unterbewusstsein zuwenden. Das ist eine Herausforderung, aber wenn wir tief durchatmen und auf den Weg unter unseren Füßen vertrauen, dann erkennen wir, dass das Labyrinth in den Wechseljahren ein Weg der Hoffnung und der Transformation, des Wachstums und der Entwicklung ist. Wir werden offen für aufregende neue Erfahrungen und Einsichten, für einen neuen Lebensabschnitt und für einen neuen Zustand des Seins und des Staunens, der uns befähigt, auf die Liebe des Göttlich-Weiblichen zu vertrauen.

Jetzt ist es an der Zeit, eine moderne Tradition für die Wechseljahre zu schaffen, die zu unserem modernen Leben passt – eine Tradition, die direkt aus dem Schoßraum und aus den Erfahrungen von Frauen kommt, die ein zyklisches Leben führen, und die uns Verständnis, Klarheit, Stärke und Zuversicht bringen wird. Wir befinden uns auf einem wahrhaft erstaunlichen Weg, einem Weg, der uns zurück zu unserem ursprünglichen, vollständigen Selbst führt, damit wir das Bewusstsein des Universellen Weiblichen spüren und in der Außenwelt leben können. Es ist ein Weg, auf dem wir zunehmend das Spirituelle erfahren, das hinter der äußeren Welt liegt und uns von den Grenzen der Zeit und des physischen Körpers befreit. Eine Frau nach der Menopause zu sehen bedeutet, das Universelle Weibliche in menschlicher Form zu sehen.

Zyklen innerhalb von Zyklen

In den Mythen und Legenden wird die Alte Frau oft als Geschichtenerzählerin dargestellt. Sie sitzt in ihren dunklen Mantel gehüllt am Feuer, ihr weißes Haar ist verhüllt und der Schein des Feuers tanzt auf ihrem faltigen Gesicht. Meist hält sie einen knorrigen Stab in der Hand. Eine Aura der Stille und Magie umgibt die Alte Frau. Mit ihren sanften Augen sieht sie die Welt so, wie sie wirklich ist, und durchschaut alle Illusionen. Ihr Herz nimmt alles an, ohne zu urteilen. Veränderungen führt sie nicht durch konkrete Handlungen und Herausforderungen herbei, vielmehr bewirkt sie tiefere Veränderungen durch Akzeptanz und innere Weisheit. Um sie herum sitzt eine Gruppe von Frauen und jungen Mädchen jeden Alters, die ihre Lehren hören wollen. Die Alte Frau beginnt ihre Geschichte am Anfang und auch wir beginnen am Anfang.

»Am Anfang«, sagte die Betagte, »war das Eine. Und das Eine gebar vier Kräfte. Vier Kräfte, ausgedrückt in einem Zyklus, und fünf Zyklen, ausgedrückt als das Universum.«

Sie nahm ihren Stab und zeichnete neben dem Feuer einen Kreis in die Erde. Dann zog sie sorgfältig zwei diagonale Linien durch den Kreis, um ihn in vier Teile zu teilen. Sie hielt inne und tippte dann mit dem Stab in das rechte Viertel.

»Die Kraft des Werdens, des Entstehens und des Wachstums«, sagte sie und zog ihren Stab in das oberste Viertel.

»Die Kraft der Fülle und der Ausstrahlung.« Sie bewegte den Stab in das linke Viertel.

»Die Kraft des Niedergangs, des Loslassens und des Auseinanderbrechens.« Sie zog den Stab in das untere Viertel.

»Die Kraft der Leere, des Potenzials und der Wiederherstellung.«

»Der erste Zyklus des Universums – des Göttlich-Weiblichen – ist der Zyklus der Schöpfung.« Sie ließ ihren Stab langsam gegen den Uhrzeigersinn über ihre Zeichnung kreisen.

»Der Fluss von der Entstehung zur Vollständigkeit, von der Vollständigkeit zum Loslassen, vom Loslassen zum Potenzial.« Sie gluckste leise. »Aus diesem Kreislauf ist alles entstanden. Auch ihr!« Dabei zeigte sie mit dem Stab auf die Frauen und Mädchen. Dann wandte sie sich wieder ihrer Zeichnung zu.

»Der erste Zyklus schuf den physischen Körper des Göttlich-Weiblichen – die

Sterne und Galaxien, die Planeten und Monde. Aus dem ersten Zyklus entstand der zweite Zyklus, in dem alles Geschaffene kreiste, auch unser Mond.« Die Betagte zeichnete eine Mondsichel in das erste Viertel ihrer Zeichnung.

»Die Energie des Wachstums zeigte sich im Licht des zunehmenden Mondes«, sagte sie. Dann zog sie einen Vollmond im oberen Viertel.

»Die Energie der Fülle und Vollständigkeit kam in der runden Scheibe und im Licht des Vollmonds zum Ausdruck.« Nun zeichnete sie eine zweite Sichel in das linke Viertel.

»Die Energie des Niedergangs und Rückzugs drückte sich im abnehmenden Licht und der zunehmenden Dunkelheit des abnehmenden Mondes aus.« Schließlich legte sie ihren Stab in das letzte Viertel und hinterließ einen runden Abdruck in der Erde.

»Und die verborgene Energie der Leere und des Potenzials zeigte sich im dunklen Mond.« Sie lehnte sich auf ihren Stab.

»Auch die Erde kreiste – dies ist der dritte Zyklus. Mit ihrem Zyklus kam das Wachstum des Frühlings, die Fülle des Sommers, die Befreiung des Herbstes und die stille Ruhe und Erneuerung des Winters.« Während sie sprach, wies die Betagte mit der Hand nach und nach auf die Viertel des Kreises vor ihr.

»Und der vierte Zyklus bist du. Der Zyklus der Frauen.« Ihre Augen funkelten im Schein des Feuers.

»Nach der Zeit des Blutens nehmen deine Energien zu und beginnen auszustrahlen.« Ihr Stab berührte das erste Viertel mit der Sichel des zunehmenden Monds.

»Wenn deine Fruchtbarkeit am größten ist, werden deine Energien stabil und strahlen in die Welt hinaus.« Ihr Stab berührte das obere Viertel mit der Zeichnung des Vollmonds und wanderte dann nach unten zum linken Viertel mit dem abnehmenden Mond.

»Wenn sich dein Körper dann verändert, verändern sich auch deine Energien. Sie ziehen sich von der äußeren Welt zurück, bis dein Blut freigesetzt wird. Dann ruhen sie, um sich für den kommenden Zyklus zu erneuern.« Das Ende ihres Stabes ruhte in der Vertiefung im unteren Viertel.

»Aber es gibt auch den Zyklus des Lebens einer Frau, das ist der fünfte Zyklus. Er führt dich vom Kind zur erwachsenen Frau, zur reifen Frau und schließlich zur alten Frau.« Erneut deutete sie mit ihrem Stab einen Kreis über ihrer Zeichnung an. Schließlich setzte sie den Stab in die Mitte des Kreises, wo sich die beiden Linien kreuzten, und sah zu den Frauen auf.

»Es gibt nur einen Zyklus. Alle Zyklen sind Teil des Zyklus des Universellen Weiblichen und in jedem Zyklus spüren wir ihre Gegenwart. Du musst nur um dich herum und in dich hineinschauen, um das Göttlich-Weibliche zu finden.«

Als die Betagte verstummte, war nur das Knacken des Feuers in der Dunkelheit der Nacht zu hören.

Um unseren Weg in den Wechseljahren zu verstehen, sollten wir uns auf das Geheimnis einlassen, Teil von etwas zu sein, das viel größer ist als unser physischer Körper und unser Ich. Wir müssen uns für die Präsenz der Zyklen und Aspekte des Göttlich-Weiblichen in uns und um uns herum öffnen. Erinnern wir uns auch daran, dass unsere Seele sich entschieden hat, in dieser Welt menschliche Form anzunehmen und sich durch weibliche Energien auszudrücken. Sie hat uns nun an diesen Punkt gebracht, an dem wir vor tiefgreifenden Lebensveränderungen stehen. Um die ersten Schritte des Labyrinths in den Wechseljahren mit Freude und Zuversicht zu gehen, müssen wir uns an die Geheimnisse und die Weisheit des Weiblichen erinnern, denn dieses Verständnis bietet uns Orientierung, Unterstützung und Selbstermächtigung auf unserer weiteren Reise.

Die Geheimnisse des Göttlich-Weiblichen

Manchmal, wenn wir den nächtlichen Sternenhimmel sehen, fühlen wir uns klein und unbedeutend. Dabei tragen wir die Weite des Universellen Weiblichen in unserer eigenen zyklischen Natur in uns. Tief in unserer Seele wissen wir, dass die physische Welt der zyklische Körper des Göttlich-Weiblichen ist. Sie ist alles Gesehene und Ungesehene, sie ist jeder Zyklus und jeder Aspekt eines Zyklus. Durch die ständigen zyklischen Veränderungen ihres dunklen universellen Schoßraums erschafft sie Raum und Zeit und während ihre Energie spiralförmig durch ihre physischen Ausdrucksform fließen, erschafft sie ein Universum, das sich fortwährend verändert, fortwährend vergeht und neu entsteht.

Das Göttlich-Weibliche erscheint als die »Zyklische Göttin«, die das Universum durch den ständigen Fluss *dynamischer* Energie erschafft, und diese Energie pulsiert zwischen den beiden *rezeptiven* Energiezuständen: der Vollständigkeit und dem Potenzial der Leere. Der dynamische Fluss besteht aus *zunehmender Energie*, aus Werden, Aufbau und Wachstum, und aus *abnehmender Energie*, aus Rückzug, Zusammenbruch und Loslassen. Es ist ein Zyklus vom Zustand der Fülle und Stabilität bis zum Zustand der Leere und des Potenzials für einen neuen Zyklus. Jeder Zustand wird durch den vorherigen und den nachfolgenden beeinflusst. Dieser wunderbare Kreislauf fließt von der unsichtbaren Welt der Energie und des Geistes hinaus in das Licht der physischen Welt und wieder zurück in die innere Welt.

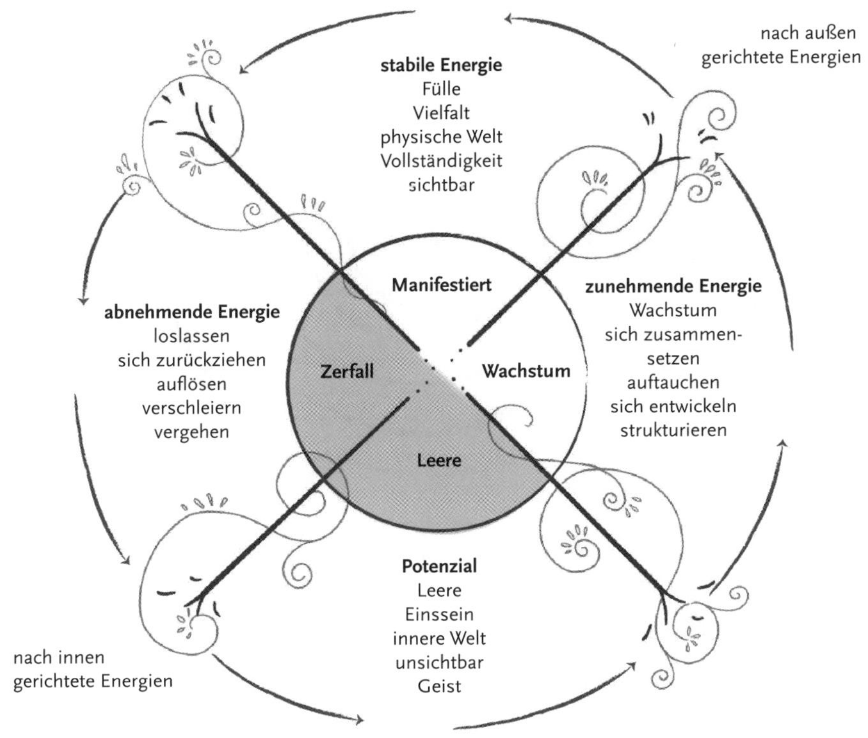

Abb. 1: Die Energien der Zyklischen Göttin

Die Zyklische Göttin tanzt ihre Essenz und ihre Schöpfung, fließend von einer Ausdrucksform zur nächsten. Sie verändert sich fortwährend, während sie tanzt, und bleibt doch immer dieselbe, denn sie ist die Tänzerin. Und als Antwort auf ihren zyklischen Tanz tanzt die physische Welt mit ihr in der Rotation der Galaxien, im Lebenszyklus der Sterne und in der Entstehung der Planeten. Alles tanzt, alles bewegt sich. Einschließlich uns.

Ausdrucksformen der Zyklischen Göttin

Abb. 2: Der Labyrinthweg des Menstruationszyklus

In den Mythen und Legenden und den alten Religionen klingt das Echo der Schoßweisheit der Frauen in der Vergangenheit. In diesen Geschichten erkennen wir, dass Frauen die Zyklische Göttin und die vier Göttinnen, in denen sie sich im Tanz manifestiert, erkannten: Es sind die *Junge Frau* – die Göttin des Wachstums und des Lichts, die *Mutter* – die Göttin der manifesten Welt und des Lichts, die reife *Zauberin* – die Göttin des Abbaus und zunehmender Dunkelheit, und die *Alte Frau* – die Göttin des dunklen Potenzials und des Einsseins.

Unsere Vorfahren erkannten die *Junge Frau* im zunehmenden Mond und im Frühling – sie bringt die vibrierenden Energien des Neubeginns und Wachstums. Sie sahen die *Mutter* im Vollmond und im Sommer – sie bringt die liebevollen Energien der Fülle, des Lichts und der Fruchtbarkeit zum Ausdruck. Im abnehmenden Mond und im Herbst nahmen die Frauen die *Zauberin* wahr und spürten ihre wilden Energien der Veränderung, der Fruchtbarkeit und des Rückzugs. Schließlich erkannten die Frauen die *Alte Frau* im dunklen Mond und im Winter und in den sanften Energien der Ruhe, Dunkelheit und Erneuerung.

Durch ihr Bewusstsein für die Energien ihres Körpers erkannten die Frauen auch, dass das Göttlich-Weibliche nicht nur in der Welt um sie herum zugegen war, sondern auch in ihrem Körper, während sie ihre Menstruationszyklen durchliefen. Dass sie die Zyklusphasen, wie sie die moderne Medizin heute definiert, oder die körperlichen Abläufe während der einzelnen Phasen nicht kannten, spielte keine Rolle. Sie spürten die vier Göttinnen in den Energien, die sie erlebten. Und sie sahen keinen Unterschied zwischen den Göttinnen in den Zyklen des Mondes, der Erde und des Universums und den Göttinnen in ihnen selbst.

Auch heute verkörpern wir Frauen dieselben vier Göttinnen in den Phasen unserer Menstruationszyklen, aber vielen von uns fehlt das tiefe Verständnis für die Verflechtung und unsere Verbindungen zum Zyklisch-Weiblichen. Daher brauchen wir einige Begriffe, die der Intellekt verarbeiten kann, um das eigentlich intuitive Wissen in unser Bewusstsein zu bringen. Damit unser moderner Verstand diese Ideen begreifen kann, unterscheiden wir zunächst zwischen den wahrgenommenen »äußeren« universellen zyklischen weiblichen Energien und unserer inneren Wahrnehmung der Verkörperung des Zyklisch-Weiblichen. Um die Kommunikation und das Lernen zu erleichtern, sprechen wir von *Universell*, um Ausdrucksformen und Einflüsse der Zyklischen Göttin außerhalb von uns selbst zu bezeichnen, und von *Archetyp*, wenn unsere inneren Erfahrungen gemeint sind. Aber letztlich ist das nur ein Werkzeug, denn das *Universelle* und der *Archetyp* sind dieselbe Energie und Präsenz, und manchmal ist es besser, nicht zu unterscheiden!

Indem sie sich selbst als Ausdrucksform der Zyklischen Göttin sahen, konnten Frauen in der Vergangenheit die Archetypen in jeder Zyklusphase willkommen heißen. Sie begrüßten den Archetyp der Jungen Frau in der

Phase vor dem Eisprung, da er ihnen einen neuen Zyklus, mehr Energie und ein neues Selbstvertrauen brachte. Die Frauen spürten, dass das Ego in seiner Individualität wuchs und die Wahrnehmung des denkenden Verstandes zunehmend dominierte.

In der Phase des Eisprungs hießen sie den Mutter-Archetyp willkommen, der ihre Egos durch Altruismus und Empathie sanfter machte. Die Frauen spürten eine tiefere Liebe, die sie durchströmte, den Wunsch, ihre Kreativität praktisch auszudrücken, und die Dominanz des fühlenden Geistes.

Sie sahen, dass der Archetyp der Zauberin ihrer prämenstruellen Phase ihnen ein zunehmendes Bedürfnis nach Rückzug bescherte und dass die unterbewusste Wahrnehmung zu dominieren begann. Wieder einmal spürten sie die zunehmende Macht des Egos und die dynamische Energie der Veränderung. Schließlich verehrten die Frauen mit ihrem Blut den Archetyp der Alten Frau. Sie spürten ihre niedrigen körperlichen, geistigen und emotionalen Energien und sie zogen sich aus dem Alltag zurück, um ihre dominante seelisch-geistige Wahrnehmung und heilende Regeneration willkommen zu heißen.

Jeder Menstruationszyklus galt als Teil einer Reise auf einem Weg, der sie vom Licht der äußeren Welt (Phase der Mutter) nach und nach in die innere Welt der Dunkelheit (Phase der Zauberin) führte, um in der Dunkelheit zu verweilen (Phase der Alten Frau), dann führte der Weg sie zurück in die Welt des Lichts (Phase der Jungen Frau). Die Frauen wussten, dass sie mit der Erde, dem Mond und dem Universum tanzten, während sie diesem Labyrinthweg der Zyklen ihrer Gebärmutter folgten. Sie erkannten die Zyklische Göttin nicht als ein äußeres Konzept, sondern in sich selbst.

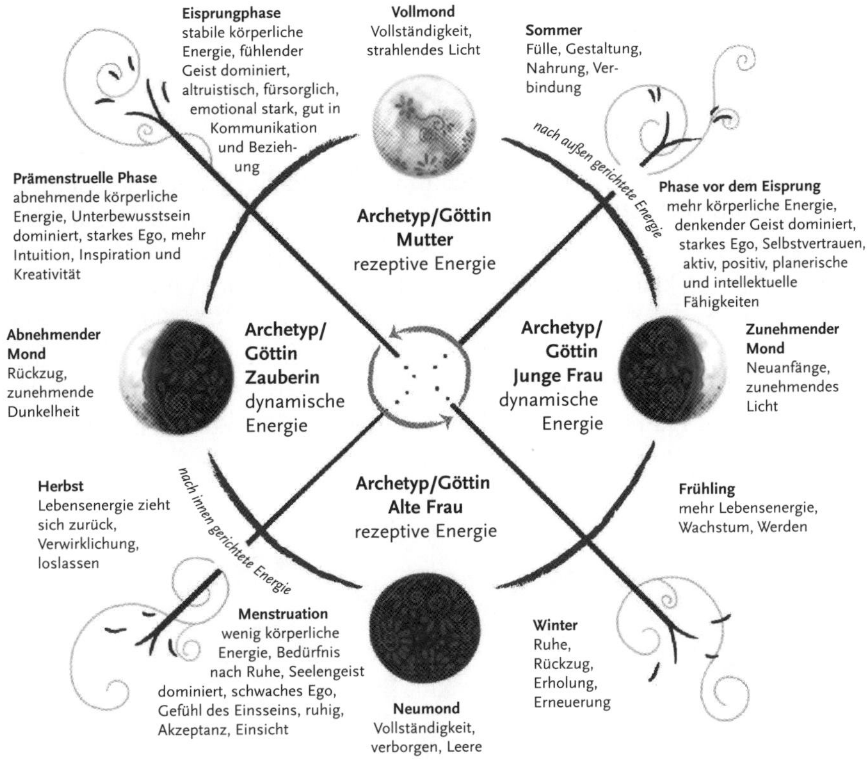

Abb. 3: Die Schwesternschaft der Zyklen

Labyrinth des Lebens

Die Frauen der Vergangenheit kannten auch die Weisheit eines anderen Labyrinths – des Labyrinths des Lebens. In den Kindern zu ihren Füßen, der Großmutter, die am Feuer kochte, und der Betagten, die in ihrem Bett schlief, spiegelten sich für sie die Aspekte und Energien der Zyklischen Göttin. Sie erkannten den Archetyp der Jungen Frau, verkörpert durch ein junges Mädchen, das die Stufen des Labyrinths hinauflief, um ins Licht zu treten, und das spielerisch und neugierig die Welt um sich herum erforschte. Sie sorgten für die Junge Frau, während sie ihre individuelle Identität und ihr Ego entwickelte und mit ihrer ersten Blutung ihre zyklische Natur erwachte. Die Frauen erkannten den Archetyp der Mutter in den erwachsenen Frauen um sie herum, die im vollen Licht standen und ihre Fähigkeit auslebten, neues Leben, eine Gemeinschaft und Kultur zu erschaffen, Nahrung bereitzustellen und für die Familie zu sorgen.

Und wenn die Fruchtbarkeit abnahm und die reifen Frauen der Gemeinschaft begannen, in die Dunkelheit zurückzukehren, ehrten die Frauen den Einfluss des Archetyps der Zauberin. Sie beobachteten die Großmutter, die sich von ihren Zyklen und ihrem alten Leben löste und sich erneut ihrer Individualität zuwandte. Sie sahen, wie sie sich aus dem Familienalltag zurückzog, neue Dinge erforschte und begann, eine andere Rolle in der Gemeinschaft zu übernehmen. Und sie erkennten die intensiven spirituellen Veränderungen, die diese reifen Frauen durchmachten, und gaben ihnen den Raum und den Respekt, den sie für ihre Transformation brauchten.

Abb. 4: Von der Jugend in die Wechseljahre – ein Weg von der Dunkelheit ins Licht und vom Licht in die Dunkelheit.

Am Ende ihrer Transformation nahmen diese älteren Frauen die Rolle als weise Frauen und spirituelle Lehrerinnen ein, sie verkörperten den Archetyp der Alten Frau. Nur wenige Frauen wurden hochbetagt und zogen sich weiter in die Energien der Alten Frau zurück. Sie wurden respektiert und verehrt. In der Nähe und Geborgenheit der Feuerstelle verbrachten diese Betagten mehr Zeit in der Welt der Träume und Geister als in der Außenwelt. Die Frauen kümmerten sich um sie, denn sie spürten die Liebe und das Licht der Seele in diesen von der Zeit gezeichneten Körpern und sie respektierten und ehrten ihre seelenvolle Präsenz.

In diesem Fluss des Lebens erkannten die Frauen *denselben Labyrinthweg* des In-die-Welt-tretens und Sich-Zurückziehens, den sie innerhalb ihres Menstruationszyklus durchliefen. Sie spürten *denselben Energiefluss* der Zyklischen Göttin und sie sahen, dass in den vier Lebensphasen dieselben *vier Energien* vorherrschen wie in den Phasen des Menstruationszyklus. Sie sahen die Zyklen innerhalb des Zyklus.

Ob wir nun diese Einheit der weiblichen Zyklen verstehen oder dieses Wissen nicht besitzen und uns deswegen möglicherweise verloren fühlen – immer werden wir in jeder Phase unseres Lebens von einem Aspekt der Zyklischen Göttin beeinflusst. Ihre Energien leiten uns und gleichzeitig können wir sie auf unsere individuelle Weise verkörpern und ausdrücken.

In den Jahren der Jungen Frau brachte uns die Universelle Junge Frau das lineare Wachstum von der Kindheit bis zur ersten Blutung und dem »Ersten Erwachen«, als wir das Geschenk unserer zyklischen Natur erhielten und lernten, unser Selbstgefühl durch unsere Zyklen zu definieren. In unseren Mutter-Jahren der strahlenden Energie brachte uns die Gegenwart der Universellen Mutter das Lebensalter einer erwachsenen, schöpferischen Frau. Wir drückten uns in der Welt aus – zum Beispiel indem wir ein Zuhause, eine Familie, stabile Beziehungen, eine Karriere schufen ...

In den reifen Erwachsenenjahren dominiert die Präsenz der Universellen Zauberin. In der Perimenopause bringt sie uns den Wandel, das Aufbrechen unserer zyklischen Natur und den Drang, auch die Aspekte unseres Selbst zum Ausdruck zu bringen, die uns bisher verwehrt waren. Die Universelle Zauberin führt uns durch das Tor unserer letzten Blutung in die oft intensiven und turbulenten Stürme der frühen Postmenopause. Sie bringt uns unser »Zweites Erwachen«, indem wir in unsere spirituelle Natur hineinwachsen und eine neue Individualität entdecken – und mit all den Prüfungen, die damit verbunden sind, werden wir wieder zu Heranwachsenden.

Schließlich wird uns die Universelle Alte Frau an der Schwelle zu unseren Jahren als Alte Frau willkommen heißen. In diesem vierten Lebensabschnitt werden uns ihre liebevolle Präsenz und ihre Energien unterstützen und leiten.

Die Länge der Zyklusphasen und die damit verbundenen Erfahrungen können von Frau zu Frau variieren. Genauso können auch die Lebensphasen individuell verschieden sein. Aber auch wenn der Labyrinthweg durch die Wechseljahre für jede von uns einzigartig ist, die Richtung des Labyrinths und die Liebe, die uns umgibt, die uns führt und uns nach Hause ruft, ist für alle Frauen gleich.

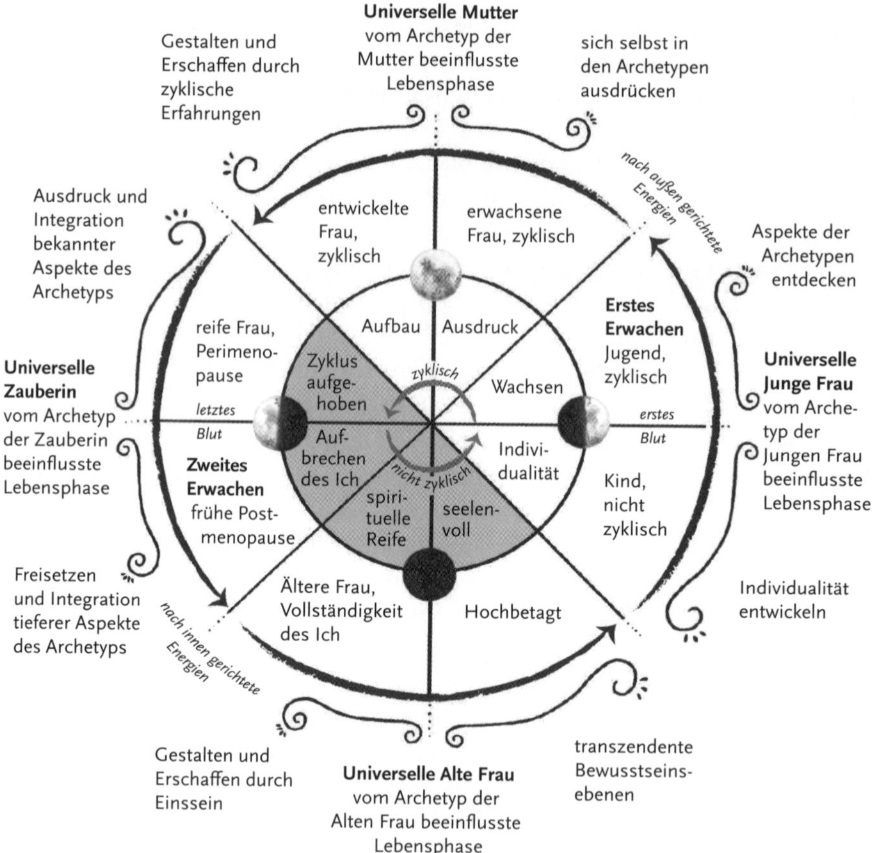

Abb. 5: Labyrinthreise des Lebens

Die Weisheit im Menstruationszyklus

Wenn wir einen Menstruationszyklus haben, kann er der wichtigste und einflussreichste Wegweiser zu unseren weiblichen Energien sein. Unsere Erfahrungen ermöglichen uns ein tiefes Verständnis des gesamten Lebenszyklus, der Energien der Archetypen, des Labyrinthwegs und des Zyklisch-Weiblichen. Wenn wir unsere Zyklen verstehen, verstehen wir auch unsere Reise und die Gründe für die Energien, die wir erleben.

So wie im Universellen Zyklus existiert keine einzige Zyklusphase ohne die anderen drei Phasen und um die Energien einer bestimmten Phase zu verstehen, müssen wir wissen, wie sich diese Phase entwickelt hat und was aus ihr werden wird. Wenn wir den Mond betrachten, können wir nie den gesamten Zyklus des Mondes auf einmal sehen – wir sehen nur die Mondphase, die sich gerade am Nachthimmel zeigt. Genauso sehen wir eine Frau mit Menstruationszyklus nie vollständig, sondern immer nur den Aspekt, den sie in der aktuellen Zyklusphase verkörpert. Um die aktuelle Mondphase zu beschreiben, müssen wir sie mit den anderen Phasen vergleichen. Genauso können wir die Energien und Ausdrucksformen der Archetypen im Verlauf unseres Zyklus miteinander vergleichen, um unsere aktuelle Ausdrucksform des Göttlich-Weiblichen zu entdecken.

Auf unserer menstruellen Reise verändern sich unsere körperlichen und emotionalen Energien, ebenso unsere spirituellen, kreativen und sexuellen Energien, unsere Wahrnehmung der Welt und unsere Selbstwahrnehmung. Alles, was wir erleben, hat seinen Ursprung in einem Archetyp, der durch uns fließt. Indem wir unsere fließenden Energien mit denen der natürlichen Zyklen um uns herum vergleichen, können wir das zugrunde liegende Muster entdecken. Wir können erkennen, warum sich die Energien verändern und welche Auswirkungen das haben kann. Dann können wir Wege entwickeln, um später in den Wechseljahren die Veränderungen annehmen zu können, anstatt sie zu bekämpfen.

Den Fluss der Archetypen verstehen

Wenn wir lange genug an einem Strand stehen und auf das Meer hinausschauen, sehen wir, wie der Mond das Wasser beeinflusst und den Zyklus der Gezeiten erzeugt. In Flut und Ebbe, dem ein- und auslaufenden Wasser, spiegeln sich unserer dynamischen Phasen des Menstruationszyklus, im Hoch- und Niedrigwasser sehen wir ein Spiegelbild unserer empfänglichen Phasen. Die Gezeiten sind wunderbare, kraftvolle Lehrer, die uns die Energien und Gaben eines sich ständig verändernden Wesens näherbringen.

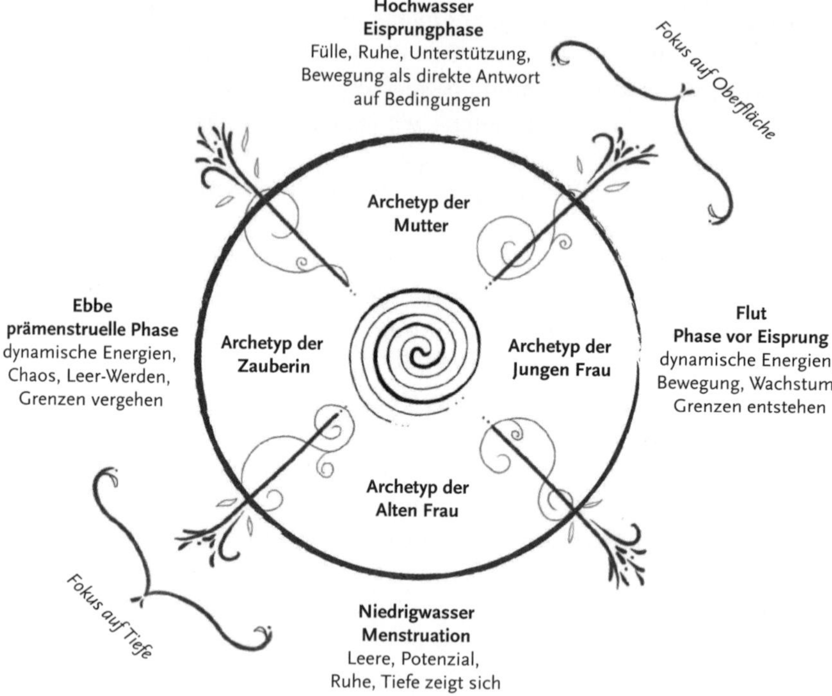

Abb. 6: Den Gezeiten folgen

Energiefluss des Archetyps der Jungen Frau

Unsere Menstruationszyklen beginnen mit der Phase vor dem Eisprung. Die zunehmenden dynamischen Energien strömen auf uns zu wie das auflaufende Wasser der Flut. Wir beginnen einen neuen Weg und streben nach neuen Zielen. Selbstvertrauen und Zuversicht heben uns mühelos über jeden Stein, der sich uns in den Weg stellt, und unser Intellekt gewinnt mit erstaunlicher Geschwindigkeit an Dominanz. So wie die auflaufende Flut zunehmend den Meeresboden bedeckt, so sind auch die tieferen Aspekte unseres Selbst, die wir während der Menstruation erlebt haben, wieder verdeckt und weniger zugänglich.

Die Flut stellt auch die Grenzen unserer Realität wieder her, ähnlich wie die Küstenlinie entsteht die Kontur unseres Ich. Der Verstand nutzt diese klaren Grenzen, um das Selbstverständnis neu zu definieren. Und auch wenn die Wellen in den Stürmen des Lebens manchmal höher ans Ufer schlagen, bleibt die Grenze zwischen Land und Meer bestehen.

Die Flut beginnt langsam mit sanften Wellen, die sich über den Meeresboden vortasten. Doch nahe der Uferlinie drängen sie mit großer Energie vor, als wollten sie den Strand überschwemmen. Auch unsere körperlichen Energien kehren zunächst langsam aus der beruhigenden, sanften Leere während der Menstruation zu uns zurück, um sich dann immer schneller aufzubauen. Dann strecken wir uns, schauen uns um und beginnen, uns zu bewegen. Aber das ist keine schläfrige Bewegung – wir wachen auf und laufen los, wir genießen unseren Körper, der vor Vitalität strotzt. Wie das bei Flut unaufhaltsam auflaufende Wasser bewegen wir uns auf etwas zu, wachsen und entwickeln uns, erkunden die Welt und unsere Fähigkeiten.

In jedem Menstruationszyklus, in der Phase der Jungen Frau, die der Flut der Gezeiten entspricht, definieren der Intellekt und das Ego unser Selbst neu. Sie vermitteln uns das Gefühl, ein Individuum zu sein. Und so wie das Wasser den riesigen Meeresboden verbirgt, werden wir getrennt von der Weite unserer Seele.

Energiefluss des Archetyps der Mutter

Auf die Flut folgt eine Zeit der Ruhe, in der das Wasser seine Reise vorerst abgeschlossen hat. Es ist Hochwasser, die Grenzen des Landes sind neu definiert und das Wasser ist noch nicht bereit, eine neue Reise anzutreten, um die Tiefen freizulegen.

An den Tagen um den Eisprung herum hat das Gefühl des Werdens aufgehört und das Gefühl des Rückzugs noch nicht begonnen. Der Intellekt und das Ego haben ihre Aufgabe, zu definieren, wer wir als Individuen sind, abgeschlossen. In dieser wichtigen Zeit beginnt der fühlende Geist zu dominieren. Wie Wellen auf dem Meer fließen unsere Emotionen in der Eisprungphase in Wellen und reagieren auf aktuelle Situationen und unsere Umwelt. Diese Interaktion mit der Welt ist kreativ, reaktionsfreudig und offen und bringt Erfahrungen in unser Leben, die Empathie, Mitgefühl und Altruismus entstehen lassen. So wie die Wellen immer nur die Oberfläche des Meeres aufwirbeln, während es in der Tiefe ruhig bleibt, so erleben wir Emotionen an der Oberfläche unseres Seins, während wir in unserem Inneren Ruhe und Unterstützung finden. Wir erleben eine Fülle, die unsere Herzen öffnet, uns fürsorglich und großzügig werden lässt. Wie das Meer unterstützen wir diejenigen, die auf den Wellen an der Oberfläche in Bewegung sind, und helfen ihnen auf ihrer Reise.

Aber nichts bleibt, wie es ist, die Gezeiten ändern sich, und das können wir nicht verhindern.

Energiefluss des Archetyps der Zauberin

Zu Beginn der Ebbe fließt das Wasser nur langsam ab. Doch der Saum aus feuchtem Sand wird breiter und die Dynamik nimmt zu. Immer deutlicher weicht das Wasser zurück und legt mehr und mehr Meeresboden frei. Was wie ein ruhiger, sanfter Wechsel begann, wird bald zu einem rauschenden, dynamischen Rückzug. Bei Ebbe herrscht Chaos, es entstehen wirbelnde Strudel und gefährliche Strömungen, dazwischen liegen Bereiche mit fast glattem Wasser.

Dies ist keine stabile Umgebung. Wer unvorsichtig oder unerfahren ist, kann sich damit schwertun, mit den unvorhersehbaren Veränderungen klarzukommen. In dieser Zeit der Ebbe gibt es einen Ruf, der so intensiv und unerbittlich ist wie der Ruf des Mondes ans Meer: Er fordert uns auf, tief in uns selbst hinabzusteigen. Die Archetypphase der Mutter ist vorbei, der fühlende Geist verliert seine Dominanz, stattdessen enthüllen wir mithilfe des Unterbewusstseins die tieferen Ebenen unseres Wesens.

Wie die Ebbe sind auch unsere Veränderungen unstrukturiert. So wie das auslaufende Wasser die Grenze zwischen Meer und Land verschwimmen lässt, beginnen auch unser individuelles Bewusstsein und die Grenzen unseres Ich zu schwinden. Wir denken nicht mehr strukturiert, stattdessen lassen wir uns vom Fluss der Informationen zu Kreativität inspirieren. Es gibt keine Stabilität mehr, denn das Wasser erzeugt Höhen und Tiefen, während es hinausströmt.

Zu Beginn unserer prämenstruellen Phase strömen unter Umständen noch hohe Wellen von körperlicher Energie durch uns. Aber je stärker die Energien abfließen, desto ausgeglichener werden die Wellen, bis sie schließlich verschwinden und Ruhe einkehrt.

Die Turbulenzen des ablaufenden Wassers erschweren die Navigation, aber wenn der Meeresboden sichtbar wird, beginnen wir zu erkennen, dass wir mehr sind, als unser denkender Verstand erfassen kann. Wir beginnen, den Zauber zu erkennen, der in den Tiefen verborgen lag und nun sichtbar wird wie Muscheln im Sand. Wir kennen das dynamische, tosende Wasser, das auf die Umwelt reagiert und unzählige Muster auf der Oberfläche annimmt, und gleichzeitig sind wir uns des grenzenlosen Meeresbodens bewusst. In der Phase der Zauberin wissen wir sowohl von der begrenzten Welt an der Oberfläche als auch von der grenzenlosen inneren Welt.

Schließlich beruhigen sich die Turbulenzen und die Ebbe findet ihr Ziel, das Niedrigwasser.

Energiefluss des Archetyps der Alten Frau

Um die Tage der Blutung herum ändern sich unsere Energien. Vorbei ist das Chaos des ablaufenden Wassers bei Ebbe, stattdessen ist da die Ruhe und Stabilität des Meeresbodens unter unseren Füßen. Der emotionale und mentale Aufruhr hat sich gelegt, was vor ein paar Tagen noch notwendig und wichtig war, hat keine Bedeutung mehr. Das aktive Ego, das in den wirbelnden Strömungen der prämenstruellen Phase um seine Definition kämpft, ist verschwunden – wir beschränken uns nicht mehr darauf, ein Individuum zu sein. Stattdessen spüren wir, dass wir eins sind mit dem Universum. Auf dieser Ebene des Seins – auf dem Meeresgrund sitzend – dominiert unser Seelengeist unsere Wahrnehmung. Das ist die grundlegende Bewusstseinsebene unterhalb des Unterbewusstseins. Es ist ein Ort der Stille.

Es kann uns nun schwerfallen, in Wörtern zu denken, denn Wörter gehören zur oberflächlichen Ebene des Intellekts. Stattdessen erleben wir ein tiefes inneres Wissen. Die Motivation des Egos hat uns verlassen, weil uns die dynamische Energie fehlt, um Veränderungen herbeizuführen, und die Grenzen unseres Ich lösen sich auf. Da es keine Unterscheidung zwischen uns und dem Universum gibt, können wir alles mit friedlicher Liebe annehmen und willkommen heißen.

Um uns herum erstreckt sich der Meeresboden in all seiner Weite und Schönheit und wenn wir die Schatztruhe öffnen, die halb im Sand vergraben liegt, finden wir darin die Weisheit des Universums zur Verfügung. Wir werden uns bewusst, dass das Wasser und der Himmel, das Land und der Meeresboden, der Wind und die Seevögel Teil von uns selbst sind. Wir spüren Frieden nicht als vages Konzept, nicht als etwas, das wir durch Affirmationen anstreben, sondern als etwas, das unserem Wesen innewohnt.

Aber vom Land wehen Rufe zu uns herüber und lenken uns ab, daher stehen wir auf und gehen zum Ufer. Wir versuchen, mit den Menschen am Strand zu interagieren, uns auf sie einzulassen, Teil ihrer Welt zu sein, aber das fühlt sich für uns hohl an. Wir empfinden uns als von der Welt getrennt und werten diese Erfahrung leider als »falsch«. Wir versuchen, dagegen anzugehen, »normal« zu sein, aber das funktioniert nicht oder kostet enorme Willenskraft und Anstrengung. Das frustriert uns und macht uns wütend.

Wenn wir uns stattdessen auf den Meeresboden konzentrieren und die ferne Küste ignorieren, öffnen wir uns der tiefen Ruhe in unserem Inneren. Hier, auf dem Meeresboden sitzend, berühren uns die Stürme nicht, die Probleme der Oberflächenwelt sind weit weg. Das auslaufende Wasser hat Altes und Überholtes fortgespült und alles für die kommende Flut vorbereitet. In dieser Zeit, in der wir mit unserer tiefsten Ebene des Seins wahrnehmen, haben wir die Möglichkeit, uns zu heilen und zu regenerieren und das Leben zu erschaffen, das wir lieben. In der manchmal turbulenten prämenstruellen Phase entdecken wir, was wir lieben, und dank des unbegrenzten Potenzials des Niedrigwassers können wir nun unsere Magie weben, um unsere Träume zu verwirklichen.

Jeden Menstruationsmonat haben wir diese Gezeitenreise in die Tiefe gemacht und entdeckt, dass der einzige Ausweg darin besteht, zu warten, bis die Flut kommt. Irgendwann bemerken wir, dass die Gezeiten nicht mehr in ihrem gewohnten Rhythmus kommen, und wir wissen tief in unserem Inneren, dass unsere zyklischen Jahre hinter uns liegen und wir unseren ersten Schritt in die von der Zauberin beeinflussten Wechseljahre gemacht haben. So wie die ersten Wellen der Flut kaum sichtbar sind, so bemerken wir die ersten Veränderungen oft nicht. Doch spätestens, wenn sich die Wellen mit Macht am Strand brechen, wissen wir zweifelsfrei, dass wir das Labyrinth betreten haben und nun unter dem Einfluss der auslaufenden Ebbe und der Zauberin tanzen.

Der Weg der Wechseljahre

Unzählige Informationen prasseln heute auf uns ein, wie mit den »Symptomen« der Wechseljahre umzugehen sei, aber diese »Lösungen« ignorieren unser eigentliches Bedürfnis: den Wunsch nach einem spirituellen Ansatz, der uns dazu befähigt, die kommende körperliche, emotionale, mentale und spirituelle Transformation zu bewältigen. Oft lindern diese »Lösungen« nicht den tiefen Schmerz, der entsteht, weil wir wissen wollen, wer wir sind, warum wir uns verändern und welche Spiritualität in diesen Veränderungen verborgen liegt. Wir sehnen uns danach, den Wert und den Sinn der Veränderungen zu spüren. Wir wollen uns vollständig fühlen, unser wahres Ich ausdrücken und uns in uns selbst »zu Hause« fühlen. Nach all dem sehnen wir uns, weil wir uns allein gelassen fühlen, weder Unterstützung noch Orientierung finden.

Aber wir sind nicht ohne Unterstützung und Orientierung, wir gehen nicht allein in die nächste Phase des Frauseins, denn die Zauberin, die wir aus der Prämenstruationsphase kennen, weist uns den Weg. Das Wissen über den Sinn und Zweck des Archetyps der Zauberin in den Wechseljahren, über das, was wir erleben und wie wir uns verändern werden, wie wir unsere Jahre der Zauberin mit Akzeptanz und Selbstvertrauen durchleben können, all dieses Wissen ist in unserem Inneren bereits vorhanden.

So viele Jahre sind wir in jeder prämenstruellen Phase die Stufen des Zykluslabyrinths hinuntergetanzt, manchmal auf eine Weise, die Harmonie und Schönheit brachte, und manchmal verursachten wir Chaos und Zerstörung. Wenn wir uns an die Erfahrungen in unseren prämenstruellen Phasen erinnern, wissen wir bereits, wie sich die Jahre der Zauberin in den Wechseljahren anfühlen werden, was der Archetyp der Zauberin will und braucht, was für Geschenke und Herausforderungen sie mit sich bringen wird und was wir ablehnen werden.

Wir wissen auch, was wir tun müssen, um Erfüllung zu finden und uns wohlzufühlen, und wir wissen, wer wir am Ende des Weges sein werden. Dies ist unsere persönliche Weisheit unseres Schoßraums. Dazu müssen wir den Archetyp der Zauberin in unseren prämenstruellen Phasen nicht bemerkt haben – die Erfahrungen, die wir gesammelt haben, reichen aus, denn wir sind seit vielen Jahren Tänzerinnen auf dem Labyrinthweg. Das Ziel des Archetyps der Zauberin ist es, uns auf die Energien der Alten Frau vorzubereiten. In der *Zyklusphase der Zauberin* bereitet sie uns auf unsere Menstruation (die Zeit der Alten Frau) vor, und in der *Lebensphase der Zauberin* während der Wechseljahre bereitet sie uns auf die Jahre vor, in denen wir den Archetyp der Alten Frau verkörpern.

In der Prämenopause befreit die Universelle Zauberin unsere Zyklen von ihrem regulären Muster. Sie schenkt uns *längere Zyklusphasen*, die dazu führen, dass wir Aspekte ein und desselben Archetyps *in verschiedenen Situationen* erforschen und zum Ausdruck bringen können. Und sie beschert uns kürzere Zyklusphasen, in denen wir verschiedene Archetypen *in ein und derselben Situation* erleben.

Die Archetyp-Aspekte, die wir verkörpern, sind in der Regel diejenigen, die in den Mutter-Jahren zu wenig zum Ausdruck gekommen sind oder nicht im Gleichgewicht waren. Wenn wir uns daran erinnern, wie sich die Archetypen der Zyklusphasen früher angefühlt haben, können wir sie auch identifizieren, wenn die Muster unregelmäßig werden. Dann wissen wir auch, warum wir uns auf eine bestimmte Weise fühlen und verhalten und was wir tun müssen, damit die Energien des Archetyps Gefühle der Selbstakzeptanz, der Erfüllung und des Wohlbefindens hervorrufen.

Der grundlegende Schlüssel zu innerer Stärke und Selbstermächtigung, zu Selbstakzeptanz, Wohlbefinden und Zentriertheit in der chaotischen Zeit der Wechseljahre liegt darin zu erkennen, wie wir die Archetypen verkörpern und mit ihnen positiv interagieren können.

In der frühen Postmenopause, den ersten Jahren nach der letzten Menstruation, folgen wir unter dem Einfluss der Universellen Zauberin weiter dem absteigenden Labyrinthweg, aber alle vier Archetypen begleiten uns weiterhin in der Wahrnehmung der Welt und der Gestaltung unseres Lebens. Allerdings erscheinen sie jetzt mit einem anderen Ziel: Sie helfen uns, die Aspekte, die in uns geschlummert haben oder blockiert waren, zu befreien, sodass wir all unsere weiblichen Energien vollständig verwirklichen und sie ausgleichen und harmonisieren können, um sie dann in ein einheitliches Selbstgefühl zu integrieren.

Alle Aspekte der Archetypen erwachen in uns, um geliebt und ausgedrückt zu werden und um das Ziel der Jahre der Zauberin zu erfüllen: uns auf das vollständige Selbstgefühl der Alten Frau vorzubereiten. Unsere Archetypen zu kennen, bedeutet, uns selbst zu kennen und unsere fließende Natur und den Weg der Transformation zu kennen. Die Archetypen und unser Selbstverständnis stehen im Mittelpunkt der Wechseljahre.

Kapitel 2: Begegnung mit der Alten Frau

Das Ziel der Wechseljahre ist es, uns auf das vorzubereiten, was kommt.

Die Alte Frau ist die Mutter des Universums,
die Mutter der Seelen,
die Hüterin der Weisheit und der universellen Liebe.
Jeden Winter offenbart sie ihre Anwesenheit.
Im Niedrigwasser der Gezeiten offenbart sie ihre Anwesenheit.
Bei jedem Dunklen Mond offenbart sie ihre Anwesenheit.
Mit jeder Menstruation offenbart sie ihre Anwesenheit in uns.
Und in jedem Leben ruft sie uns auf, einen Weg der Veränderung zu gehen
zu ihr nach Hause.

Kenne dein Ziel

Die Betagte beugte sich über ihre Zeichnung und legte einen glatten schwarzen Stein in das untere Viertel des Kreises – die Phase der Menstruation. Mit ihrer gekrümmten Hand verwischte sie schnell alle anderen Spuren in der Erde. Dann wischte sie ihre Hand an ihrem Knie ab, richtete sich auf und sagte: »Um deinen Weg zu kennen, musst du dein Ziel kennen.« Dabei tippte sie mit ihrem Stab auf den schwarzen Stein.

Unser Weg in den Wechseljahren wird uns die Stufen des Labyrinths hinabführen, durch Transformation und Veränderung, um uns unserer Seele und der Universellen Dunklen Mutter – der Alten Frau – bewusst zu werden. Wenn wir nicht wissen, wohin unsere Reise gehen soll, fühlen wir uns womöglich verwirrt, ängstlich und machtlos. Es kann das Gefühl von Verlust entstehen, dass wir alles Wertvolle hinter uns lassen, ohne die Hoffnung, dass etwas Positives und Wunderbares auf uns wartet. Statt nach vorne zu blicken, trauern wir um das, was wir verloren haben. Dabei wird in so vielen Mythen gemahnt, beim Eintritt in die Unterwelt niemals zurückzublicken!

Aber wenn wir unser Ziel kennen, wenn wir unseren Weg als spirituelle Transformation und Ermächtigung sehen, wenn wir die Geschenke erahnen, die wir erhalten werden, und wissen, dass wir auf unserem Weg begleitet und unterstützt werden, dann finden wir Richtung und Kraft, Gewissheit und Mut in einer Zeit, in der alles auseinanderzubrechen scheint.

Im Grunde genommen kennen wir das Ziel unseres Lebensweges bereits: die Verkörperung des Archetyps der Alten Frau und ihrer Gaben. Und die Alte Frau ist uns vertraut, wir kennen ihre dunklen, rezeptiven, weiblichen Energien in unserem Leben und in der Welt, wir kennen sie sehr gut aus unserer Menstruationszeit. Die Alte Frau zu verstehen und zu wissen, dass sie unser letztes Ziel ist, bedeutet, dass wir unsere ersten Schritte in das Labyrinth in der Perimenopause frei von Angst und Widerstand setzen und stattdessen voller Staunen, Vorfreude und Ehrfurcht dem nächsten Lebensabschnitt entgegensehen können.

Vielen Frauen fällt es heute schwer, den Archetyp der Alten Frau zu akzeptieren. Aus Kindergeschichten kennen wir die Darstellungen von alten Frauen, die von der Gesellschaft geringschätzig behandelt oder womöglich gefürchtet werden. Aber niemand braucht die Universelle Alte Frau zu fürchten – sie ist älter als die Zeit, sie ist die Mutter der Seelen, die Hüterin der Weisheit, der Geist des Universums und das unsichtbare Licht in der Dunkelheit. Sie wird geduldig und liebevoll darauf warten, dass wir zu ihr kommen. Wir müssen lediglich ihre Anwesenheit im Winter, in der Dunkelheit des Neumonds, in der Leere der Ebbe und in unserer Menstruation *erkennen und annehmen*, um die Bestimmung unserer Jahre als Zauberin in den Wechseljahren zu enthüllen.

Jeder Zyklus umfasst eine Phase der Alten Frau, eine Zeit der Stille, des Potenzials und der Erneuerung. Indem wir die Präsenz der Alten Frau in den verschiedenen Zyklen erforschen, beginnen wir, den Kern ihrer Geheimnisse zu entschlüsseln. Dann werden sich ihre Schönheit und Kraft offenbaren. Dann können wir unser Ziel mit Liebe und Zuversicht annehmen und uns auf das Kommende freuen.

Die Alte Frau im Winter

Wer in einem gemäßigten Klima lebt, wird jedes Jahr im Winter von der Alten Frau begrüßt. Wenn wir die winterlich leere Landschaft betrachten und uns nach drinnen zurückziehen, um der kalten Dunkelheit zu entfliehen, sehen, fühlen und kennen wir die Energien der Alten Frau. Zu verstehen, wie die Natur, die Tiere und wir selbst auf den Winter reagieren, hilft uns zu erkennen, wer wir in unseren Jahren der Alten Frau sein werden. Der Winter zeigt uns auch, wann wir von unseren dynamischen und herausfordernden Jahren der Zauberin über die Schwelle zu unseren empfänglichen und tiefgründigen Jahren der Alten Frau getreten sind.

Im Winter halten die Natur und das Land Winterschlaf. Die Bäume haben ihre Blätter verloren, ihre Äste ragen kahl in den Himmel. Während sie schlafen, vermitteln sie ein tiefes Gefühl der Stille und des Friedens. Viele Pflanzen haben sich in ihre Wurzeln in der Erde zurückgezogen, andere verstecken sich unter einer Decke aus weichem, weißem Schnee. Die Natur lässt los und schläft, um zu träumen und sich zu erneuern, während sie auf die kommenden helleren Monate wartet. Viele Tiere halten in ihren Höhlen Winterschlaf. Die Wälder sind still, denn der Schnee dämpft die Geräusche und es fehlt die dynamische Energie der Vögel. Die Tage werden kürzer und das Sonnenlicht ist schwächer geworden. Die Wärme hat das Land verlassen, es regiert die Dunkelheit der klaren, kalten Nächte zusammen mit den Sternen. Die Dunkelheit ruft alles, auch uns selbst, dazu auf, sich zurückzuziehen, zu ruhen, loszulassen und in das tiefste Innere zurückzukehren.

Wenn wir beobachten, wie wir uns in dieser Jahreszeit der Alten Frau verhalten, beginnen wir zu verstehen, wie sich ihre Energien auf uns auswirken. Unser Körper reagiert auf diese Jahreszeit: Wenn das Tageslicht abnimmt und die Nächte länger werden, werden wir körperlich und geistig langsamer. Wir brauchen mehr Schlaf und unser Körper verlangt nach einer anderen Form der Unterstützung.

Mit dem oft grauen, wolkenverhangenen Himmel kommen dichter Nebel, Regen und Schneestürme. Dann können wir manchmal den Weg nicht mehr klar erkennen. Das zwingt uns, den Kopf zu senken, uns auf unsere Schritte und die unmittelbare Umgebung zu konzentrieren. Wir müssen langsam gehen und unseren Weg ertasten. Um uns warm zu halten, packen wir uns dick ein und bedecken unseren Körper. Das schützt auch unsere Sinne vor der kalten Welt um uns herum.

Und tief in unserem Inneren verspüren wir das Bedürfnis, uns von der Welt zurückzuziehen, uns nach innen zu wenden, um zu ruhen, zu träumen und auf die Liebe und Hoffnung in unseren Herzen zu vertrauen. So erreicht uns der Ruf der Alten Frau auch in der modernen Welt und wir können ihr nicht entkommen, denn sie ruft aus unserer tiefsten Ebene des Seins – unserer Seele.

Die Alte Frau des Winters offenbart uns das Lebensstadium der Alten Frau: Sie zeigt uns, dass wir der inneren Welt angehören werden, dass sich unser

Fokus und unsere Energien auf unsere Wurzeln und das Universelle richten werden. Langsamkeit wird uns erlauben, uns achtsam zu bewegen. Innere Weisheit und eine tiefere Wahrnehmung von Träumen wird die Art verändern, wie wir mit der Welt interagieren, und unser körperliches Ich und unser Leben in der äußeren Welt werden weniger wichtig werden als unsere spirituelle Form und unser Sein.

Die Alte Frau in den Gezeiten

Am Meer zeigen sich die Präsenz und die Energien der Alten Frau täglich in den Gezeiten, denn sie offenbart sich uns für eine kurze, magische Zeit bei Niedrigwasser. Wie die Ebbe den Meeresboden freilegt, enthüllt die Alte Frau unsere tiefsten Seinsebenen, damit wir erforschen können, was der äußeren Welt verborgen ist. In ihrer Gegenwart können wir das stabile Fundament dessen, was unser Wesen ausmacht, akzeptieren. Wir werden leer von den wechselnden Bedürfnissen der oberflächlichen Welt. Unser Selbstbild ist nicht mehr klar definiert und ohne eine starre Grenze zwischen uns selbst und dem Universum dehnen wir uns in das Bewusstsein der Seele aus.

Die Ebbe zeigt uns auch, dass in der Leere ein Potenzial schlummert. Das Universum besteht aus Zyklen – es ist immer im Wandel, immer im Fluss und die Alte Frau ist das Gefäß, die Quelle und die Stütze dieses Flusses. Sie umfasst die Leere, damit die Energie fließen kann, und das Potenzial, das in dieser Leere liegt, erzeugt die dynamischen und kreativen Energien des Universums. Ohne Ebbe und Niedrigwasser gäbe es keine Bewegung der auflaufenden Flut und alles bliebe beim Alten.

Im Niedrigwasser zeigt uns die Alte Frau unser Ziel: unser Bewusstsein über die Grenzen des Ich hinaus zu erweitern, um das Einssein mit dem Universum zu entdecken. Sie ermöglicht uns, uns zu erden und ein Bewusstsein dafür zu entwickeln, wer wir wirklich sind – Frauen, in denen sich das riesige Potenzial des Universums manifestiert und die die Grundlage und das Gefäß für den Energiefluss bilden, der die Zukunft erschaffen wird.

Die Alte Frau bei Dunklem Mond

Bei Neumond, dem Dunklen Mond oder Dunkelmond, ist die Alte Frau überall auf der Welt präsent. Einmal im Mondmonat, wenn wir unter dem mondlosen Nachthimmel die Lichter ausschalten, können wir spüren, wie die Energien der Alten Frau uns umhüllen.

In der Vergangenheit sahen die Frauen, wie die Mondgöttin allmählich ihr helles Gesicht von der Erde abwandte und den Himmel für etwa drei Tage verließ. In dieser Phase des Dunkelmonds herrschen die Energien der Alten Frau auf der Erde, bis der Mond der Jungen Frau wieder am Himmel erscheint. In den Geschichten zieht der Mond sein Licht und seine Energie von der Erde zurück, um in die Heimat zwischen den Sternen zurückzukehren oder um in die Anderswelt zu reisen, um sich auszuruhen und Energie zu schöpfen.

Die Phase des Dunkelmonds hatte einen großen Einfluss auf die Menschen der Antike. Ohne Mondlicht sind die Nächte dunkler, aber nie ohne Licht, denn nun werden schwacher leuchtende Sterne und Galaxien, die normalerweise vom Mondlicht überstrahlt werden, sichtbar. Es ist, als gäbe es plötzlich viel mehr Sterne, und wir staunen über das Licht und die Schönheit unserer eigenen Galaxie.

Wenn der Mond sein Gesicht verbirgt, um sich zurückzuziehen und auszuruhen, wird das tiefere Universum enthüllt und Verborgenes offenbart sich. Wenn wir in den Nachthimmel schauen, können wir erahnen, dass wir auf einem Planeten stehen, der sich durch die Weite des Weltraums bewegt, als Teil der Galaxie, die über uns am Himmel zu sehen ist. Dann spüren wir, dass wir Teil von etwas Erstaunlichem und viel Größerem sind als unser individuelles Leben. Streitereien, Ehrgeiz und Sorgen werden angesichts der Offenbarung unseres Platzes im Universum bedeutungslos.

Die Alte Frau zeigt sich uns das Fundament des physischen Universums, sie offenbart uns, was im Alltag verborgen bleibt. Sie steht uns in der Dunkelheit und Leere gegenüber und bietet uns das Geheimnis der Schöpfung an: dass alles, was wir tun, ein aktiver Teil davon ist, wie sie die Komplexität, das Wachstum und die Ausdehnung des Universums erschafft.

Die Alte Frau des Dunklen Monds zeigt uns, dass es unser Ziel ist, nach oben zu schauen, das Universum in seiner ganzen Schönheit zu sehen und uns selbst als eine Verkörperung des Universellen zu begreifen. Wenn sich das Licht der äußeren Welt zurückzieht, schwinden auch unser Ego und unsere

Selbstwahrnehmung, sodass wir bewusst durch die Welt gehen und mit dem Licht unserer Seele leuchten können.

Die Alte Frau während der Menstruation

Frauen mit Menstruationszyklus erleben eine zutiefst persönliche Beziehung zur Alten Frau. Sie begegnen ihr während der Menstruation, in der Intimität des eigenen Körpers und Blutes.

In jedem Zyklus, wenn unser Blut fließt und wir auf der Seelenebene unseres Bewusstseins ruhen, erhalten wir unser tiefstes Verständnis und unsere erhellendste Vision von unserer Zukunft. Die chaotischen Energien der prämenstruellen Phase haben sich beruhigt, wir fahren nicht mehr emotional Achterbahn, sind nicht mehr den Impulsen, Zwängen oder wilden kreativen Energien ausgeliefert. Wir versuchen nicht mehr verzweifelt, uns wohlzufühlen, kämpfen nicht mehr gegen die Leere in uns oder gegen unsere Bedürfnisse an. Der prämenstruelle Wirbelwind hat endlich aufgehört, in unserem Körper und unserer Wahrnehmung herrschen Stabilität und Ruhe. Wie eine alte Frau bewegen wir uns langsam durch die Welt, lösen uns von den vielen Anforderungen der Gesellschaft und ziehen uns aus dem Alltag zurück, um alles so sein zu lassen, wie es ist – ohne unser Zutun. Das Ego ist ruhig, das Wollen und Wünschen sind mit den Wolken des prämenstruellen Sturms davongezogen. Wie die alte Großmutter, die am Feuer sitzt, ruhen wir im Jetzt und in unserer Weisheit und unserem intuitiven Wissen. Wir sind nicht mehr auf die kleine Blase unseres Alltagslebens beschränkt, sondern wir spüren die Magie des Göttlich-Weiblichen, die durch uns fließt.

Die Menstruation offenbart uns das spirituelle Bewusstsein und die innere Schönheit, die wir in unseren Jahren der Alten Frau verkörpern werden. Wir erfahren die Vollständigkeit, die kommen wird, das ruhige Ego und die tiefe Liebe unserer Seele. Wir nehmen von Herzen an, was ist. Die Menstruation zeigt uns, dass wir uns zurückziehen müssen, um zu erkennen, wer wir sind – eine individuelle Ausdrucksform des Göttlich-Weiblichen.

Die Alte Frau in älteren Frauen

Auch in den älteren Frauen um uns herum können wir die Alte Frau und ihr Geheimnis spüren. Diese Frauen repräsentieren das Ziel unseres Weges, denn sie haben die letzte und höchste Stufe der weiblichen spirituellen Ausdrucksform erreicht. Durch die Erfahrung, die sie im Lauf eines langen Lebens gesammelt haben, haben sie das erweiterte Bewusstsein und das spirituelle Sein der Alten Frau entwickelt.

Trotzdem kann es bei ihrem Anblick schwerfallen, unsere Zukunft zu akzeptieren, denn wir betrachten diese Frauen nicht durch unser seelisches Bewusstsein, sondern bewerten mit voreingenommenem Intellekt und gesellschaftlicher Konditionierung. Allzu oft haben wir die Vernachlässigung und Abwertung gesehen, mit denen unsere Gesellschaft älteren Frauen begegnet und die ein Produkt der Angst sind.

Wenn die letzte Blutung mehr als zehn Jahre zurückliegt, die Erinnerungen an die wilden Jahre der Zauberin verblassen und sich ein neues Selbstverständnis einstellt, verkörpern unsere älteren Frauen die Alte Frau in der Welt. In ihren frühen Jahren der Alten Frau teilen diese Frauen ihre Erfahrungen von neuem Gleichgewicht, Fundament, Potenzial und Weisheit. Sie reagieren nicht mehr so schnell und unachtsam wie in jüngeren Jahren, stattdessen haben sie die »unwichtigen« Dinge des Lebens losgelassen und sind frei, mit Bedacht einen empathischen und spirituellen Weg zu gehen.

Wie bei Niedrigwasser, im Winter und bei Dunkelmond herrschen Stille und Vollständigkeit. Die Vollständigkeit eines Selbst, das die vergangenen Erfahrungen, Reaktionen und Interaktionen vollständig integriert hat. In der Vollständigkeit gibt es kein Werden und kein Verlassen, daher können ältere Frauen sich selbst akzeptieren, sie ruhen in sich und diese Zentriertheit entsteht aus der Weisheit ihrer Erfahrungen und aus der Einsicht, die aus der Reflexion und dem Blick über das eigene Ich hinaus entsteht.

Ältere Frauen sind wie ein Tor. Indem sie die Energien des Universums in der physischen Welt halten, bieten sie einen Ort, an dem sich die Seele des Universums und ihre Kinder treffen können. Der Weg zur »Vollständigen« Alten Frau kann lang sein. Während ältere Frauen dem Ruf der Alten Frau folgen, geben sie nach und nach ihr Alltagsbewusstsein auf und werden zu magischen Wesen. Sie gehen den Weg einer Priesterin – nicht initiiert oder bestätigt durch irgendeinen menschlichen Prozess, sondern indem sie sich der Alten Frau hingeben und ihre Rolle als Frau, die durch ihre spirituellen Lebensjahre reist, akzeptieren.

In den älteren Frauen in unseren Familien und Gemeinschaften sollten wir immer die Alte Frau erkennen. Wir sollten nicht länger nur die persönliche Existenz dieser Frauen sehen, sondern sie im Kontext der Schoß-zu-Schoß-Linie unserer Vorfahren, der Schoß-zu-Schoß-Verbindung aller Frauen und als Repräsentantinnen der Alten Frau betrachten. Wir sollten uns bewusst machen, dass ältere Frauen dann ängstlich, frustriert oder aggressiv reagieren, wenn sie es nicht schaffen, ihr Alte-Frau-Ich zu leben. Vielleicht finden sie nicht genug Unterstützung, um ihre Alte-Frau-Bedürfnisse zu befriedigen, vielleicht bringt ihnen die Gesellschaft nicht genug Respekt und Wertschätzung entgegen.

Wir jüngeren Frauen dürfen unsere Werte und Standpunkte nicht auf die Alte Frau projizieren. Wir müssen uns bewusst sein, dass die hochbetagte Frau, die den ganzen Tag am Fenster sitzt und hinausschaut, kein kleines oder unerfülltes Leben führt. Sie ist nicht zu bemitleiden, denn sie lebt in der Erhabenheit und Unermesslichkeit ihrer Seele in Harmonie mit der Universellen Alten Frau. Leben heißt für sie, offen und leer für den Augenblick zu sein, und in ihrer persönlichen Reflexion liegen Erfahrung, tiefe Einsicht und Weisheit – nicht aus Worten oder den Konstrukten der modernen Welt geboren, sondern aus dem einfachen Sein. Sie ist die Alte Frau, die Quelle von allem.

Die älteren Frauen in unserem Leben zeigen uns, wer wir werden – Frauen außerhalb der Zeit und außerhalb der alltäglichen Welt, Frauen mit spirituellem Bewusstsein, mit Magie und innerem Wissen und mit einer tiefen und geheimnisvollen Verkörperung der Alten Frau.

Die Alte Frau ist um uns herum – in den Zyklen der Natur, der Meere und des Mondes und in der Gegenwart älterer Frauen. Die Alte Frau wartet geduldig darauf, von uns erkannt zu werden, damit sie die Schönheit ihrer Gegenwart und unseres Ziels mit uns teilen kann. Sie weiß, dass wir ihren Ruf nicht ignorieren können, wenn es an der Zeit ist, tief ins Labyrinth hinabzusteigen. Daher lächelt sie, wenn sie uns ruft.

Die Alte Frau als das Fundament unserer Zyklen

Die Alte Frau ist das Ziel unseres Wegs in den Wechseljahren und unsere seelische Erfahrung der Menstruation, aber sie ist mehr als das: Sie ist unser »Zuhause«, das Fundament unseres Seins und des Universums. Unsere Seele ist ein Teil ihrer universellen Seele und sie ist die Quelle unserer sich wandelnden Weiblichkeit – sowohl während der Menstruationszyklen als auch in den Wechseljahren. Wenn wir uns dessen gewahr werden, dann wissen wir, dass die Alte Frau immer bei uns ist.

Abb. 7: Das Fundament

Stell dir vor, du blickst in den Nachthimmel und siehst den Mond. Natürlich kannst du nie den vollen Mondzyklus sehen, aber du kannst ihn visualisieren. Dann erkennst du ein wichtiges Element, das allen Mondphasen gemeinsam ist – die Dunkelheit. Es ist die Dunkelheit der Alten Frau, die das

Licht enthält und die wechselnden Ausdrucksformen der Mondphasen hervorbringt.

Bei Dunkelmond ist die Alte Frau in sich selbst vollständig – sie steht vor uns in ihrer Schönheit und Weite, umgeben von Sternen und Galaxien und so klar, dass wir ihre Nacktheit sehen. Sie ist die Dunkelheit, die die dynamischen Kräfte des Universums hervorbringt. Ihr Körper mag gebeugt und faltig aussehen und ihr Haar weiß vom Sternenlicht und Alter, aber ihr Schoß birgt unermessliches Potenzial.

Wie in einem Zauberkessel verwandelt die Alte Frau die stille Dunkelheit in ihrem Schoß in Licht, indem sie die Magie in ihrem Inneren anregt. So können sich aus ihrer Stille und dem Einssein mit dem Universum individuelle Ausdrucksformen in der Welt manifestieren. Der Alte-Frau-Mond gebiert den Junge-Frau-Mond, indem sie das Mondlicht durch ihre Dunkelheit nährt und formt.

Bei Vollmond verschwindet die Alte Frau nicht – sie ist die Kraft, die das Universum hält und ihm Grenzen und Form gibt. Die Alte Frau schiebt dann sanft das süchtig machende Licht vom Gesicht des Mondes und schafft eine dynamische Dunkelheit, die mit dem Licht tanzt und die Mondsichel definiert, die sich mehr und mehr vom Himmel zurückzieht. Indem sie die Dunkelheit aufbaut, ruft die Alte Frau ihre Energien zu sich selbst zurück, bis sie uns erneut ihre Vollkommenheit zeigt. In ihrer Dunkelheit ist sie bereit, sich erneut auszudrücken und durch die wechselnde Präsenz der Dunkelheit das Licht der Welt zu formen.

Dieses Geheimnis der Alten Frau als Quelle oder Fundament des Seins zeigt sich auch in unseren Erfahrungen mit den Menstruationszyklen. Die Alte Frau ist der einzige weibliche Archetyp, der in allen unseren Phasen immer präsent ist. Sie ist unsere Seele und genau wie der Mondzyklus formt ihre dunkle Präsenz die dynamischen Veränderungen in den Zyklusphasen und damit die Art und Weise, wie wir uns in der Welt ausdrücken.

In den Jahren der Mutter unseres Lebenszyklus erleben wir die Welt in ständiger Veränderung und voller Gegensätze:

- Wünsche (Phase der Jungen Frau) und Bedürfnisse (Phase der Zauberin), Geschäftigkeit (Phase der Jungen Frau) und Müdigkeit (Phase der Zauberin),
- der Wunsch nach mehr (Phase der Jungen Frau) und der Wunsch nach weniger (Phase der Zauberin),

- die Fähigkeit aufzubauen (Phase der Jungen Frau) und die Fähigkeit zu zerstören (Phase der Zauberin),
- der Wunsch neu anzufangen (Phase der Jungen Frau) und der Wunsch aufzugeben (Phase der Zauberin).

Diesem Zyklus der Gegensätze liegt ein einziges kraftvolles Bewusstsein zugrunde: die Alte Frau. Sie ist unser Bewusstsein auf der Seelenebene, das das Licht unseres persönlichen Ausdrucks nach außen hin definiert und aufrechterhält. Dieses Seelenbewusstsein ist immer bei uns, unabhängig von der aktuellen Zyklus- oder Lebensphase und der vorherrschenden Form der Wahrnehmung. In jedem Menstruationszyklus gehen wir den Weg des Labyrinths von der oberflächlichen Ebene des Intellekts durch den fühlenden Verstand zu den tieferen Ebenen unseres Unterbewusstseins bis zum Zentrum unserer Seele.

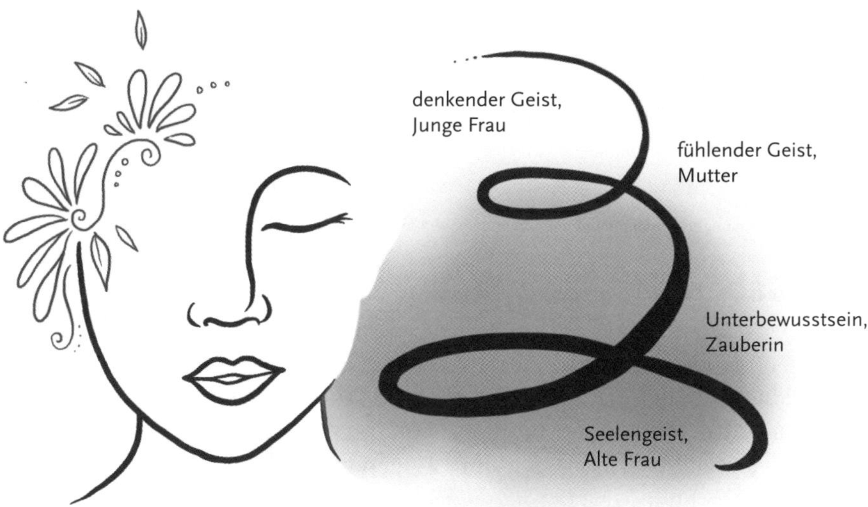

Abb. 8: Wahrnehmungsebenen

Aber unser Bewusstsein auf der Seelenebene, unser Seelengeist, verschwindet nicht, wenn wir mit den erneuerten Energien der Jungen Frau und dem dominierenden Intellekt die Stufen des Labyrinths hinaufeilen – lediglich der Abstand zu ihm wird größer, weil wir ihm weniger Aufmerksamkeit schenken. Die liebevolle Dunkelheit der Alten Frau während der Menstruation hat die Energien unseres Intellekts und Egos wiederhergestellt, damit wir wieder in die Welt hinausgehen und bereit sind für Neuanfänge. Während unserer Blutung finden wir in den dunklen Händen der Alten Frau Geborgenheit, aber dann bläst sie uns hinaus in die Welt, damit wir fliegen können.

Die Alte Frau ist nicht irgendwo fern von uns, sondern sie ist die göttliche Seele in uns. Wenn wir das verstehen, dann wissen wir, dass wir während des Menstruationszyklus wie auch in den Wechseljahren mit unseren Herausforderungen nie allein sind. Egal wie groß der innere Aufruhr ist, sie verlässt uns nie, wir sind in unserer Dunkelheit nie getrennt von ihr.

Die Alte Frau zeigt uns, dass wir immer in Bewegung sind, immer weiter gehen und die Welt mit ihr gestalten. Welchen Archetyp wir auch gerade verkörpern oder wo auch immer wir uns auf unserem Wechseljahresweg befinden, die Alte Frau ist immer in uns präsent und mit ihrer sanften Stimme flüstert sie uns ihren Trost und ihre Weisheit aus dem Zentrum des Labyrinths zu.

Die Gaben der Alten Frau

Die Zyklusphase der Alten Frau bietet uns ein intimes Wissen über die Lebensphase der Alten Frau, aber um die Gaben der Alten Frau wirklich zu kennen und zu verstehen, müssen wir ihre Gegenwart während der Menstruation genauer betrachten – das können wir in den Jahren des Archetyps der Mutter ebenso tun wie in den Jahren der Zauberin mit ihren chaotischen und überraschenden Zyklen der Wechseljahre. Leider lehnt die Gesellschaft die Alte Frau ab. Daher richten auch wir unsere Aufmerksamkeit fest auf die äußere Welt und die Erwartungen, die an uns gestellt werden. Daher bemerken wir oft nicht, welche spirituellen Gaben die Alte Frau für uns bereithält.

In unseren zyklischen Jahren kommen diese Gaben für die begrenzte Zeit der Menstruation zu uns. Aber in den Jahren vor der Menopause ändert sich der Rhythmus, die Menstruation und die damit verbundenen Energien kommen manchmal häufiger oder bleiben länger, als wir es gewohnt waren. Das ermöglicht uns, ihre Gaben nicht nur während der Menstruation, sondern in unserem Leben zu verkörpern und auszudrücken. In den Jahren der Alten Frau, wenn wir die frühe Postmenopause und damit die Phase der Zauberin hinter uns gelassen haben, werden wir die Gaben der Alten Frau verkörpern und aus diesem Grund sind die Jahre der Alten Frau die höchste Stufe der weiblichen spirituellen Entwicklung.

Die Gaben der Alten Frau kommen zu uns, ohne dass wir etwas dafür tun müssen. Wir sind bereits gut genug, um sie zu erhalten, wir müssen keine speziellen Programme oder Techniken anwenden, sie werden uns bedingungslos gegeben – ohne Gegenleistung und ohne Bewertung. Sie sind einfach Teil des Frauseins.

Tiefe Erdung

Wenn wir den Archetyp der Alten Frau verkörpern, empfinden wir oft ein intensives Gefühl von Leichtigkeit und Sicherheit. Wir sind tief geerdet und mithilfe unseres erweiterten Körperbewusstseins nehmen wir die energetische Verbindung zu Erde fast physisch wahr. Und durch diese Erdung erfahren wir innere Zentriertheit und Frieden.

Wir lassen das Bedürfnis los, die Welt durch unser Handeln zu verändern oder sie an unsere Wahrnehmung anzupassen. In den Phasen der Jungen Frau, der Mutter und der Zauberin ist unser Bild der äußeren Welt subjektiv – wir interpretieren und nehmen sie so wahr, wie wir gerade denken und fühlen, je nach den Energien, Bedürfnissen und dem dominierenden Wahrnehmungstyp des aktuellen Archetyps. Aber in der Phase der Alten Frau kennen wir die Welt so, wie sie ist, und wir erlauben ihr zu sein, wie sie ist.

Der innere Frieden und die Akzeptanz, die uns die Alte Frau vermittelt, bringen uns die Kraft, den Wechselfällen des Lebens zu widerstehen, und wir werden wie ein Fels in einem Flussbett, dem selbst reißende Strömen oder Dürren nichts anhaben können.

Du bist genug

Der Fluss will fließen und seine potenzielle Energie freisetzen, um an sein Ziel zu kommen und Vollständigkeit, Gleichgewicht und Stille zu erreichen. Der Fels im Flussbett hingegen will sich nicht bewegen, er ist in der Erde verankert und muss nicht mit dem Fluss mitreisen. Wenn wir den Archetyp der Alten Frau verkörpern, kann er uns ein Gefühl tiefer Zufriedenheit und Vollständigkeit vermitteln – wir fühlen Ganzheit in unserem Geist, in unserem Körper und in unseren Zellen. Wir sind, was wir sind, und wir sind genug.

Wir müssen nichts werden, wir müssen keine Affirmationen aufsagen, wir sind nicht »mangelhaft« und müssen daher nicht anders sein, als wir sind, denn wir sind vollkommen in unserem Daseinszustand. Und mit dieser Vollkommenheit kommt das Gefühl der Erfüllung und der Selbstakzeptanz.

Es ist dieses Gefühl der Zufriedenheit, das uns die Alte Frau schenkt, das uns erlaubt, die Welt zu beobachten und uns nicht in den Strudeln und Wirbeln des Flusses zu verfangen.

Innere Erkenntnis

Der Archetyp der Alten Frau bringt uns auch zu Bewusstsein, dass wir uns über die Grenzen unseres physischen Körpers hinaus ausdehnen, dass wir Teil des Universums sind und dass das Universum Teil von uns selbst ist. Die Alte Frau schenkt uns dieses innere Wissen – es ist keine Intuition, die Erkenntnis reicht tiefer in das Universum hinein und entspringt unserem Bewusstsein von der Einheit unserer Seele mit der Mutter der Seelen.

Es kann Mut und Zeit erfordern, diesen Seinszustand zu akzeptieren, denn im unsichtbaren Licht der Seele hilft uns unser definierender Intellekt nicht weiter. Wir existieren in einem Zustand unstrukturierten Bewusstseins, aber in diesem Bewusstsein liegt das »Wissen« unserer Seele, der Universellen Alten Frau, ihrer Liebe und des Zwecks, den sie durch uns zum Ausdruck bringt.

Die Alte Frau schenkt uns Orientierung, inneres Wissen und spirituelle Einheit. Das sind Worte, an denen sich der Intellekt gut festhalten kann, aber letztlich sind diese Worte nur wie die Figuren in einem Schattentheater und wir wissen, dass es das Licht ist, das die Form zum Leben erweckt.

Die Segnungen der Alten Frau

Aus den Erfahrungen mit der Menstruation wissen wir, dass der Archetyp der Alten Frau uns Tage mit einem niedrigen Level an körperlichen, geistigen und emotionalen Energien beschert. Das kann uns daran hindern, einfach weiterzumachen und unsere Ziele zu erreichen, daher erscheinen diese Tage vielen nicht gerade wie ein »Segen«. Aber die Alte Frau hält uns absichtlich davon ab, mit der Außenwelt zu interagieren, denn sie möchte, dass wir unsere volle Aufmerksamkeit auf ihre Gegenwart richten. Dann verstehen und erfahren wir das Göttlich-Weibliche und können innerlich wachsen.

Ganz im Jetzt

Während der Menstruation, wenn wir den Archetyp der Alten Frau verkörpern, verfügen wir nicht über die Energie der Jungen Frau und der Mutter, mit der wir körperliche Aktivitäten leichter bewältigen. Stattdessen ist unser Energielevel oft niedrig und die Ausdauer geringer, Aktionen und Bewegung kosten meist mehr Willenskraft und Selbstmotivation. Der Körper sehnt sich nach Ruhe und Zurückgezogenheit, wir bewegen uns langsam wie eine Schlafwandlerin durch die Welt und manchmal verlieren wir in diesem traumähnlichen Zustand das Zeitgefühl. Der Archetyp der Alten Frau fordert uns unmissverständlich zu Ruhe und Stille auf.

Wenn wir den Archetyp der Alten Frau verkörpern, stehen uns nur begrenzte körperliche Ressourcen zur Verfügung, um mit der Welt zu interagieren. Daher sollten wir in unseren Körper hineinspüren, um herauszufinden, was er braucht und was jetzt gerade möglich ist. Der niedrige Energielevel zwingt uns dazu, uns zu entscheiden: Welche Aktivitäten sind in unserem Leben gerade am wichtigsten und was können wir vernachlässigen? Wenn wir dann unsere körperliche Energie verbraucht haben, lässt uns die Alte Frau ausruhen. Fürsorglich verschafft sie uns eine Pause, in der wir uns zentrieren und nachdenken können, bevor wir zur nächsten Handlung übergehen.

Durch diese Erfahrung der reduzierten körperlichen Energie wird uns ein Segen zuteil. Er bringt uns dazu, uns auf den Moment und auf unseren Körper in diesem Augenblick einzulassen. Wo sind wir, was tun wir gerade und reicht unsere Energie dafür aus? Durch die geringere körperlicher Ausdauer werden wir zum Felsen im Fluss, für den nur der Moment und der körperliche Aspekt des Jetzt existieren.

Der Archetyp der Alten Frau bringt uns den kraftvollen Segen, jetzt in diesem Moment in unserem Körper präsent zu sein.

Tiefe Wahrnehmung

Während des Menstruationszyklus verändert sich die Wahrnehmung und je nach Zyklusphase ist eine andere Form dominant. Diese Form der Wahrnehmung fällt uns dann leichter, sie fühlt sich natürlicher an, auch wenn wir immer auch auf andere Weise denken und wahrnehmen können. In der Phase der Alten Frau dominiert der Seelengeist. Dann kann es schwerer fallen, in Worten zu denken, die Gedanken zu strukturieren und sich an Dinge zu erinnern. Sogar Selbstgespräche werden seltener, wenn der Seelengeist übernimmt. Wir sind in Kontakt mit der Außenwelt, aber die meiste Zeit interagieren wir wie auf Autopilot, weil unsere innere Welt unseren intellektuellen Verstand überschattet. Viele kämpfen gegen diese Erfahrung an, denn sie fürchten sich vor der Stille, dem Verlust von Gedanken und dem Unvermögen, alltägliche Aufgaben zu erledigen, die noch vor einer Woche leicht fielen.

Wenn wir jedoch den Archetyp der Alten Frau akzeptieren, entdecken wir, dass unsere intellektuelle Müdigkeit eine Chance bedeutet: Stressige Gedanken können wir leichter loslassen und wenn wir vergesslicher werden, dann hängen wir nicht länger vergangenem Groll, alten Verletzungen und Ärger nach. Mit weniger intellektuellen Ressourcen haben wir auch nicht mehr die Energie zu analysieren, zu vergleichen und zu urteilen. Die Diskussionen und Auseinandersetzungen, die manchmal regelrecht zwanghaft Kreise in unserem Denken ziehen, ebben ab. Wir können unrealistische Erwartungen an uns selbst loslassen, einfach weil solche Ziele unsere geistigen Energien zu sehr beanspruchen.

Mit wenig Energie für Veränderungen lassen wir einfach los und akzeptieren die Dinge, wie sie sind. Der Segen dieser Erfahrung ist die Fähigkeit, zu beobachten und zu akzeptieren. Wenn wir dann intellektuelle Barrieren und unsere subjektive Interpretation der Welt aufgeben, sehen wir die Welt endlich so, wie sie gerade ist. Unser Leben existiert nun in diesem winzigen

Moment, in dem es keine Gedanken an die Vergangenheit oder die Zukunft gibt. Und in genau diesem Augenblick geschieht etwas Erstaunliches – wir dehnen uns aus.

Wir nehmen den Augenblick wahr, weil wir die geistige Freiheit haben, ihn wahrzunehmen. Anstatt mit dem Kopf voller Gedanken an die Arbeit wie mit Scheuklappen umherzueilen, bemerken wir das Blau des Himmels, die Blätter eines Baumes, die Wärme der Sonne auf unserem Gesicht, das Geräusch des Verkehrs und den Geruch des Essens. Wir nehmen die Entfernung wahr, den Raum zwischen den Orten und die Zeit, die wir brauchen, um diesen Raum zu durchqueren, weil uns die Energie fehlt, weit oder schnell zu gehen. Unsere Position im Raum wird wichtig, wir sind uns der Dinge um uns herum bewusst und unser Gefühl für uns selbst weitet sich über uns in den Himmel und unter uns in die Erde aus.

Wir sollten nicht ungeduldig werden oder frustriert darüber sein, wie langsam wir werden, wie weit sich alles anfühlt und wie schwer es ist, unsere Willenskraft zu bündeln, um einen Fuß vor den anderen zu setzen. Beginnen wir lieber damit, den Moment wirklich wahrzunehmen und den Segen der Alten Frau zu empfangen.

Der Archetyp der Alten Frau bringt uns den Segen, uns des Augenblicks bewusst zu sein und das Jetzt wahrzunehmen.

Bedingungslose Liebe

Wenn wir die prämenstruelle Phase der Zauberin hinter uns lassen und die Menstruation einsetzt, kann sich intensive Erleichterung einstellen. Das Gefühl der Instabilität bei dem Versuch, die Dinge in Ordnung zu bringen, damit wir uns besser fühlen, löst sich auf, der geistige Druck durch ständiges Vergleichen und Beurteilen lässt nach. Dadurch kann sich die Weisheit der Alten Frau entfalten. Ohne den Druck, irgendwie anders sein zu müssen oder der Welt unsere Bedürfnisse aufzuzwingen, können wir uns selbst und die Welt um uns herum leichter akzeptieren. Das erfüllt uns mit Freude, plötzlich sehen wir die spirituelle Schönheit in uns selbst und in allem um uns herum und spüren, wie sich unser Herz in Liebe öffnet. Wir können die Welt in bedingungsloser Liebe annehmen.

Die Alte Frau ist die universelle Liebe, auf der alles aufbaut. Ihre Liebe ist bedingungslos, weil alles ein Teil von ihr selbst ist, weil sich ihre Seele in allem ausdrückt, was existiert. In jedem Zyklus haben wir die Gelegenheit, die bedingungslose Liebe der Alten Frau persönlich zu spüren, und indem wir den Archetyp der Alten Frau verkörpern, können wir bedingungslose Liebe für die Welt um uns herum empfinden. Die Liebe und Akzeptanz, die wir uns selbst entgegenbringen, unterscheidet sich in nichts von der Liebe und Akzeptanz, die wir nach außen in die Welt projizieren – es gibt nur ein Gefühl der Liebe. Tatsächlich zeigt uns die Alte Frau, dass es im Grunde kein »Innen« oder »Außen« gibt.

Die Bezeichnung Alte Frau mag das Bild einer verhärmten Alten hervorrufen, doch die Liebe, die sie ausstrahlt, macht sie schön. Und zu wissen, dass ihre Liebe das Ziel jedes Menstruationszyklus und der Transformation in den Jahren als Zauberin ist, hilft uns, unseren Weg in das Labyrinth mit Freude zu beginnen: Wir verlieren nicht alles an die Dunkelheit, sondern gewinnen vielmehr etwas Wunderbares hinzu.

Der Archetyp der Alten Frau bringt uns den Segen der bedingungslosen Liebe.

Seele und Seelengeist

Mit der Menstruation erreichen wir schließlich die letzte Stufe und stehen in der Mitte des Labyrinths, dort wo unsere Seele verankert ist. Unser intellektueller Verstand nimmt nur die Dunkelheit wahr. Schauen wir stattdessen mit unserem Seelengeist, finden wir die Alte Frau, die im Herzen des Labyrinths sitzt und in Licht gebadet ist. Wir müssen an nichts glauben und uns nichts einbilden – wir strecken einfach unsere Hand aus und berühren das Gesicht der Alten Frau.

Einmal im Menstruationszyklus begegnen wir der Mutter unserer Seele, dem liebenden Universum. Wir sind winzige Geschöpfe in der Weite des Raumes, aber wir Frauen sind von Natur aus dazu bestimmt, der Universellen Mutter zu begegnen, ihre Liebe zu spüren und ohne Worte zu wissen, dass wir ein Teil von ihr sind, wie sie ein Teil von uns ist.

Wir sind untrennbar mit diesem Wissen verbunden, aber aus Angst, unser geschäftiger Alltag könnte unter unseren Erfahrungen leiden, neigen wir dazu, das Wissen zu ignorieren oder zu verdrängen. Es ist, als hielten wir uns die Ohren zu, um den Ruf der Alten Frau auszublenden. Wir halten an unserem denkenden Verstand fest und versuchen, die Wahrnehmungen des Seelengeists, der während der Menstruation natürlicherweise dominiert, zu verdrängen. Wir tun das, weil wir glauben, so sein zu müssen. Doch in der Dunkelheit ruft die Alte Frau ihre Töchter zu sich zurück, und ob sie nun durch ihr Blut, in den späten Jahren der Postmenopause oder im Tod zu ihr kommen, die Alte Frau wird immer da sein, strahlend in unsichtbarem Licht.

Wenn sich stattdessen unsere Gedanken während der Menstruation verflüchtigen und Stille einkehrt, dann können wir innehalten und damit die Voraussetzung dafür schaffen, dass Neues beginnen kann. So wie ein Gefäß einen Raum schafft, in den etwas hineinfließen kann, so ist die Leere ein Behältnis für Potenziale. Unsere Zyklusphasen und Jahre der Alten Frau sind keine Zeiten des »Nichts«, sondern randvoll mit dem Universum und seiner Kapazität und seinem Potenzial für alles. Die Phase der Alten Frau ist nie das »Ende«, sie ist die Zeit der Reifung und das Gefäß für Neuanfänge.

Wenn wir uns von den alltäglichen Anforderungen des Lebens zurückziehen, lassen wir den Druck los, der unseren Seelengeist niederdrückt. Dann sind wir frei, im Zentrum unseres Lebens zu stehen.

Der Archetyp der Alten Frau bringt uns den Segen der tief empfundenen Gewissheit, dass wir zu ihr gehören.

Die Archetypen der Jungen Frau, der Mutter und Zauberin sind ständig im Wandel.
Nur der Archetyp der Alten Frau ist ewig.

Unser Weg

Wir haben die Alte Frau im Winter, bei Niedrigwasser nach der Ebbe und bei Dunklem Mond getroffen. Wir haben ihre Gegenwart gespürt und unbewusst auf ihre Energien reagiert. Wir sind ihr während unserer Menstruation begegnet und haben, vielleicht unbewusst, einige ihrer Geschenke ausgepackt und einige ihrer Segnungen angenommen.

Wenn wir in den frühen Wechseljahren am Eingang des Labyrinths stehen, kennen wir unser Ziel bereits. Wir wissen in unserem Herzen, in unserem Schoß und in unserer Seele um die Schönheit, die Erfüllung, die Liebe und die »Heimkehr«, die am Ende unserer Reise in den Wechseljahren auf uns warten – auch wenn wir dieses Geheimnis möglicherweise vergessen haben. Aber jetzt, da dieses Wissen aufgedeckt ist und du den ersten Schritt ins Labyrinth machst, spürst du vielleicht Aufregung und Neugier aufkeimen.

Es liegt noch viel Arbeit vor dir, eine Fülle von Mustern ist zu entwirren und loszulassen. Aber die Universelle Zauberin begleitet uns auf dieser Reise durch das Labyrinth und hält unsere Hand. Und die Alte Frau ruft uns liebevoll zu sich und weist uns mit ihrer Stimme den Weg. Die Zyklen der Jahreszeiten, des Mondes und der Gezeiten zeigen uns, wie wir unsere Reise in den wunderbaren Segen der Dunkelheit tanzen können.

Im Herzen des Labyrinths werden wir uns schließlich selbst erkennen und uns als »Alte Frau« akzeptieren. Es mag uns so vorkommen, als läge das Ziel weit in der Zukunft, aber wenn wir den Weg, die Wegweiser und Meilensteine kennen, dann können wir uns vorbereiten. Wir können eine Tradition gestalten, die uns unterstützt, die uns bestätigt und ehrt – so, wie wir gerade sind, und so, wie wir sein werden.

Am Eingang des Labyrinths stehend, ruft uns die Alte Frau zu und webt eine Geschichte, die uns umhüllt, die uns festhält und die uns in die Wechseljahre führt.

Geschichten der Weisheit

Die weisen Geschichten der Alten Frau können sehr einfach klingen und aus wenigen Sätzen bestehen oder epische Züge annehmen. Der Zweck hinter jeder Geschichte ist jedoch immer derselbe: Wissen auf einer Ebene unterhalb des intellektuellen Verstandes zu teilen, sodass es mit den emotionalen, unterbewussten und seelischen Ebenen unseres Bewusstseins in Resonanz geht. Manche Geschichten stammen aus jahrtausendealter Überlieferung, manche entstehen in einem Moment der Verbundenheit und Inspiration. Letztlich sind sie zeitlos, denn die Erkenntnisse, die sie offenbaren, reflektieren die Natur des Seins. Eine Geschichte der Weisheit führt uns in unsere innere Welt, wo wir unseren Gedanken, dem Ego, den Überzeugungen, Erwartungen und unseren Erinnerungen begegnen. Indem wir uns mit den Figuren in der Geschichte identifizieren, können wir ihre Energien und Erfahrungen so spüren, als wären sie unsere eigenen – und so formen sie uns.

Im Unterbewusstsein erscheinen Gefühle realer als Gedanken. Wir können sie körperlich spüren, weil sie chemische Veränderungen in unserem Körper hervorrufen. Daher nutzt eine weise Geschichte immer solche Gefühle, Muster und Bilder, Worte und Ereignisse, mit denen die verschiedenen Ebenen unseres Seins in Resonanz gehen können. Ein Segen oder ein Geschenk in einer weisen Geschichte empfinden wir immer auch in der äußeren Welt als Segen oder Geschenk. Je mehr wir uns also auf eine Geschichte konzentrieren und uns mit ihr beschäftigen, desto mehr wird die Geschichte etwas in uns in Schwingung versetzen und uns verändern.

In den Wechseljahren wird die Universelle Zauberin unser Denken immer stärker beeinflussen, bis wir zur Zauberin-Denkerin werden und das Unterbewusstsein unsere Wahrnehmung dominiert. Mit einem dominanten Unterbewusstsein kann unser Denken visueller, sinnlicher, kreativer, verbundener und intuitiver werden. Diese Form der Wahrnehmung ist völlig anders als in den Mutter-Jahren, weshalb uns Informationen auf eine andere Weise präsentiert werden müssen. Daher sind weise Geschichten in den Jahren der Zauberin ein kraftvoller Weg, um die Weisheit zu entdecken, die bereits in uns liegt.

Die folgende Geschichte *Das zweite Erwachen* setzt die Geschichte von Eva fort, die als junges Mädchen in der Geschichte *Das Erwachen* in meinem ersten Buch »Roter Mond« auftaucht. In dieser Geschichte begleiteten wir Eva durch ihre Träume in der Nacht ihrer ersten Menstruation, als sie den vier weiblichen Archetypen begegnet sind und die Geheimnisse ihrer zyklischen Natur enthüllt haben. In *Das zweite Erwachen* befindet sich Eva nun in den Wechseljahren, und genau wie ihr jüngeres Ich macht sie sich auf den Weg, um dem Göttlich-Weiblichen zu begegnen, das Geheimnis ihrer Schoßweisheit zu erkunden und ihrer Bestimmung entgegenzugehen.

Das zweite Erwachen lehrt uns Zusammenhänge, die sich in unserem Unterbewusstsein festsetzen und in der Gegenwart der Zauberin ein neues Bewusstsein, neue Gedanken und kreative Interpretationen entzünden können.

Kapitel 3: Das zweite Erwachen

Die Wechseljahre sind eine spirituelle Reise nach Hause.

Der Traum

Eva bewegte sich unruhig im Schlaf, denn ein Wirrwarr von Bildern flackerte durch ihre Träume. Eine große, schöne Frau stand vor ihr, ganz in Weiß gekleidet und in Mondlicht getaucht. Eva spürte, dass sie sich eigentlich an diese Frau erinnern müsste. Die Frau lächelte, dann veränderten sich plötzlich ihr Gesicht und ihr Körper und sie verwandelte sich in eine andere Frau mit stechenden Augen und langem dunklem Haar. Ihr Kleid war tiefrot.

Um Eva und die rote Frau stürmte es, Wind zerrte an ihren Haaren und an den Ästen des Baums neben ihnen. Am Himmel stoben dichte Wolken, die für einen kurzen Moment die Sichel des abnehmenden Mondes frei gaben. Lachend verwandelte sich die rote Frau in eine alte Frau, die über ihren Spazierstock gebeugt war. Die alte Frau hielt Eva einen leuchtend roten Apfel hin und krächzte: »Es beginnt von neuem, Kind.« Und Eva stürzte durch den Sturm in die Dunkelheit.

Die Mentorin

Eva öffnete die Augen. Sie lag auf einem Hügel im Gras unter einem Baum. Als sie sich aufsetzte, sah sie, dass der Hügel von Weizenfeldern umgeben war, die golden im warmen Sonnlicht leuchteten. Bäume und Sträucher säumten die Felder. Es war, als würde die Sonne die tiefgrünen Blätter streicheln. Der Anblick vermittelte ein Gefühl von Ruhe und gleichzeitig von Fülle und Überfluss. Drei dunkle Gestalten flogen hoch am Himmel. Eva schirmte ihre Augen mit der Hand vor der Sonne ab, um ihnen nachzusehen. Vermutlich waren es Krähen.

Plötzlich bemerkte Eva neben sich eine Frau. Still stand sie da in ihrem langen, gewebten Rock und einem grünen Ledermieder. An ihrem Ledergürtel waren eine Tasche und eine kleine Sichel befestigt. Sie musste an körperliche Arbeit gewöhnt sein, denn ihre Hände und Arme waren kräftig. Ihr Haar hatte sie zu einem Zopf geflochten und mit weißen Nadeln zurückgesteckt. Ein Kranz aus Wildblumen und Mais schmückte ihr Haupt.

»Der Wandel beginnt«, sagte die Fremde und während sie ihren Blick schweifen ließ, stieß sie einen tiefen Seufzer der Zufriedenheit aus. »Die Ernte der Vollendung, das Ende der Wege, das Aufgeben von Altem und Überholtem und der Tod des Alten, damit das Neue wachsen kann.«

Als Eva aufstand, drehte sich die Frau wieder zu ihr um. Sie streckte Eva einen Blumenkranz entgegen und bedeutete ihr, ihn sich aufs Haar zu setzen.

»Heute feiern wir die Ernte«, sagte sie und deutete auf ein kleines Dorf mit runden, strohgedeckten Häusern. »Die Ernte der Dinge, die wir geschaffen oder angebaut haben, und der vielen Dinge, die in unserem Leben Früchte getragen haben. Der Weizen wird geschnitten, die Beeren und Samen werden herabfallen, die Pflanzen werden absterben und die Bäume und Tiere werden schlafen.« In der Art, wie sie sprach, lag Zufriedenheit.

»Aber für einige Frauen beginnt heute eine neue Reise, die in das Reich der Magie, der Weisheit und der Dunkelheit führt.«

Die Frau bückte sich und hob ihr kleines Reisegepäck und einen zusammengerollten Mantel auf. Dann griff sie nach einem Stab, der an den Baumstamm gelehnt war.

Sie lächelte Eva an. »Man hat mich gebeten, dich als Mentorin auf deiner Reise zu begleiten. Nun denn, lass uns gehen!«

Die Frau drehte sich um und begann, den Hügel hinunterzugehen. Nach kurzem Zögern lief Eva ihr nach.

Die Zeremonie der Erntemutter

Eva und ihre Mentorin kamen bald an einen Weg, der vom Dorf zu einem kleinen Hügel führte, auf dem ein uralter, knorriger Baum stand. Als Eva ein Geräusch hinter sich hörte, drehte sie sich um und sah drei Frauen, die den Weg zu ihnen hinaufkamen. Die Frauen hatten ihr Haar zu Zöpfen geflochten, die ihnen bis zu den Hüften reichten. Sie trugen eine einfache weiße Wolltunika und ein schwarzes Stoffbündel. Das Sonnenlicht ließ ihren kunstvollen Schmuck aufblitzen.

Hinter den weiß gekleideten Frauen schritten ihre Familien wie in einer respektvollen Prozession. Eva vermutete, dass die drei Frauen in ihren Vierzigern waren. Jede erschien auf ihre eigene Art schön. Ihre Haltung und die Art, wie sie die Hüften schwangen, drückten Selbstbewusstsein aus. Diese Frauen erkundeten nicht zum ersten Mal die Welt, sie mussten nicht erst lernen, Beziehungen zu knüpfen oder Mutter zu sein. Sie kannten ihren Weg. Sie hatten sich Fähigkeiten angeeignet, mit denen sie die Komplexität des Lebens gemeistert hatten. Sie wussten, wer sie waren und was sie konnten.

Eva und ihre Mentorin folgten den drei feierlich ausschreitenden Frauen zu einem kleinen Graben, der den Hügel und den Baum umgab. Ein Megalith, in den fließende Linien gemeißelt waren und der mit grauen und grünen Flechten bedeckt war, stand wie ein Wächter neben dem kleinen Pfad, dem sie gefolgt waren. Der aufrecht stehende Stein war mit Kränzen aus Weizen und Blumen geschmückt. Neben dem Stein standen sieben Männer, Frauen und Kinder und versperrten den Weg. Sie trugen eine schwarz-weiß gemusterte Tunika und eine Halskette aus weißen und schwarzen Federn, die im Sonnenlicht blaugrün schillerten.

»Elsterfedern«, dachte Eva.

Die Mentorin beugte sich zu Eva und sagte leise: »Heute feiert das Volk die Erntemutter. Sie ist die erste Form der Heiligen Zauberin, und dies ist das Fest der letzten Früchte des fruchtbaren Schoßes und der Natur. Dies ist auch der Tag, an dem die Frauen anerkennen, dass sie ihre ersten Schritte weg vom Licht in die Dunkelheit ihres spirituellen Erwachens machen.«

Die Mentorin wies auf die Kinder und Erwachsenen hin, die den Weg bewachten. »Dies sind die Elsterkinder, die letzten Früchte des Mutterleibs. Sie werden in die Welt geboren, wenn die Mondzyklen ihrer Mütter aufbrechen. Die Erntemutter beansprucht sie als ihre eigenen Kinder. Sie werden sowohl aus dem Licht als auch aus der Dunkelheit geboren, daher sind sie die Wanderer zwischen den Welten. Sie nehmen eine besondere Stellung in den Zeremonien des Volkes ein.«

Die Mentorin senkte den Kopf und verbeugte sich. Daraufhin traten die Elsterkinder zur Seite und ließen die drei Frauen passieren. Die Familien blieben schweigend zurück, aber Eva und die Mentorin folgten ihnen.

Während sie zum Hügel gingen, erklärte die Mentorin leise: »Bei diesen Frauen beginnt der Zyklus, sich aus dem Rhythmus der Mondgöttin zu lösen. Sie kommen jetzt zum Heiligtum der Zauberin, um dieses Ablösen zu bestätigen und den nächsten Abschnitt ihres Lebens zu beginnen.«

Die Gruppe überquerte einen weiteren kleinen Graben und trat dann in den Schatten eines Baumes. Der Geruch von Herbst lag in der Luft. Obwohl die Sonne noch wärmte, zeigten die längeren Schatten an, dass der Sommer vorbei war. Als sie näher kamen, konnte Eva erkennen, dass es sich um einen sehr alten Weißdorn handelte. Die dunkelgrauen Äste bogen sich unter dem Gewicht der leuchtend roten Beeren. An den Ästen hingen Stoffstreifen, die zum Teil schon ganz verblichen und ausgefranst waren. Die grauen Baumwurzeln bedeckten die Erde, sodass es schwierig war, zu erkennen, wo der Baum endete und der Hügel begann.

Am Fuß des Baumes bildeten zwei große, moosbewachsene Wurzeln einen dunklen Raum, aus dem eine Quelle entsprang. Licht, das durch die Baumkrone drang, glitzerte auf dem Wasser. Zwischen die Wurzeln war ein dunkler, flacher Stein geklemmt, über den das Wasser der Quelle floss. Eine Vulva war in den Stein eingemeißelt. Sie glitzerte nass im Sonnenlicht.

Die drei Frauen knieten schweigend vor dem Baum nieder, ihre dunklen Bündel legten sie vor sich auf den Boden.

Eine Priesterin erschien unterhalb des kleinen Hügels und schritt anmutig auf die Quelle zu. Sie trug ein einfaches schwarzes Tuch, das an einer Schulter geknotet war. Auf ihrer nackten linken Brust waren Ornamente aus blauen Spiralen zu sehen. Lange Risse im Stoff ließen Bein und Oberschenkel aufblitzen, wenn sie sich bewegte. Die Sichel an ihrer Taille und einige weiße Strähnen in ihrem dunklen Haar glänzten silbern im Sonnenlicht. Die Priesterin musterte die drei Frauen, dann nickte sie langsam. Die Frauen erhoben sich mit gesenktem Kopf.

»Ihr seid dem Ruf der Zauberin in eurem Schoß gefolgt und habt euer altes Leben hinter euch gelassen.« Die Stimme der Priesterin war kraftvoll, aber nicht laut. Sie trat nacheinander vor jede Frau und schnitt in einer schnellen Bewegung mit ihrer Sichel die Tunika auf, sodass sie nackt vor ihr standen.

»Ich schneide das Bild, das ihr euch von euch selbst gemacht habt, ab. Alles, was ihr um euch herum errichtet habt, alle eure Gedanken und Gefühle zerbrechen. Eure Erwartungen an das Leben lösen sich auf. Ihr werdet frei und könnt euch neu formen.«

Die Elsterkinder traten heran, sammelten die Stoffstücke vom Boden auf und schnitten sie in lange Streifen. Die Streifen banden sie an die unteren Äste des Baumes. Als die neuen Gaben im Wind flatterten, weinten die nackten Frauen stille Tränen.

»Jedes Ende ist schwer«, sagte die Priesterin freundlich. »Aber wir Frauen verändern uns und unser Weg ist es, nicht mehr nur ein Leben zu weben, sondern alles Leben zu weben.«

Nun ging eine der Frauen zur Quelle, kniete nieder und legte ihren Schmuck auf den Vulvastein. »Bei der Geburt sind wir nackt«, flüsterte sie.

Die Priesterin half ihr auf. Dann öffnete sie das schwarze Stoffbündel, legte den Stoff um die nackte Frau und verknotete ihn an der rechten Schulter, sodass die linke Brust unbedeckt blieb. »Im neuen Leben nehmen wir eine neue Form an«, erklärte sie.

Auch die beiden anderen Frauen brachten der Göttlichen Zauberin ihre Opfergaben und wurden von der Priesterin in den dunklen Stoff gekleidet, den sie mitgebracht hatten. Noch einmal knieten alle drei Frauen nieder.

Die Priesterin trat nacheinander hinter jede Frau und entflocht ihr Haar, damit es frei über ihren Rücken hing. »Eure Energien sind nicht mehr dafür bestimmt, physisches Leben zu schaffen«, sagte sie. »Stattdessen werden sie befreit, sodass ihr der Kanal für die kreativen Energien der Göttin für die Menschen sein könnt.«

»Eure sexuellen Energien stehen nicht mehr im Dienst des Archetyps der Mutter. Sie dienen jetzt der Zauberin und sind frei für das Vergnügen und für die Erschaffung der Welt. Als Verkörperung der Zauberin lehrt ihr euren Partnern die Tiefe der weiblichen sexuellen Energien und im Gegenzug halten sie die Quelle am Fließen.«

Die Priesterin nahm das Haar der ersten Frau in eine Hand und hielt die silberne Sichel wie eine abnehmende Mondsichel über ihren Kopf. »Das ist das Haar der Mutter«, erklärte sie, »gewachsen in deinen fruchtbaren Jahren. Du verkörperst nicht mehr den Archetyp der Mutter.«

Ein silberner Lichtblitz leuchtete auf, als sie das lange Haar auf Schulterlänge abschnitt. Die kniende Frau keuchte leise und ein Schluchzen schüttelte ihren Körper. Nachdem die Priesterin den Elsterkindern das abgeschnittene Haar übergeben hatte, webten sie es zusammen mit vier farbigen Fäden geschickt zu einem Gürtel, den sie mit einer kleinen silbernen Spange schlossen. Dabei summten sie leise und beruhigend vor sich hin.

Als auch die Haare der anderen beiden Frauen geschnitten und zu Gürteln geflochten waren, nahm die Priesterin die Gürtel und legte sie den knienden Frauen um die Hüften. Dann reichte sie jeder von ihnen einen flachen, runden schwarzen Stein, dessen polierte Oberfläche wie ein Spiegel glänzte.

Leise erklärte die Mentorin Eva: »Das sind die Spiegel des dunklen Mondes. Sie ersetzen die silbernen Spiegel, die sie bei der Zeremonie des ersten Blutes erhalten haben.«

Aus dem Schatten unter dem Baum verkündete die Priesterin: »Du bist jetzt die Zauberin. Du gehst als die Mutter der Ernte durch die Welt.«

»Du bist deine Schönheit, die zu dir selbst zurückkehrt.«

»Du bist deine Fülle, die zu dir selbst zurückkehrt.«

»Du bist deine schöpferischen und sexuellen Energien, die zu dir zurückkehren.«

»Du strahlst mit der Zauberin in dir.«

Eva bemerkte, dass sich die schwarz gekleideten Frauen ein wenig aufrichteten, während die Priesterin sprach. Die Tränen waren getrocknet und ein leichtes Lächeln erschien auf ihren Gesichtern.

»Während sich das Rad dreht, webt die Göttin und wir fließen mit ihrem Weben«, antworteten die Frauen mit leiser Stimme.

»Bis zur Rückkehr stehst du im Dienst der Zauberin«, sagte die Priesterin. »Von jetzt an bis zu deinem letzten Blut gehst du den Weg der Mutter der Ernte.«

Die neuen Erntemütter standen auf, verbeugten sich schweigend und schritten anmutig den Weg zurück.

Während Eva und die Mentorin den drei Frauen folgten, sagte die Mentorin: »Bei jedem Vollmond werden diese Frauen zum Tempel der Zauberin gehen, um mehr über die Zauberin und ihren Dienst an ihr zu erfahren.«

Als die Erntemütter an dem Wächterstein vorbeikamen, begannen die wartenden Dorfbewohner zu singen. Junge Mädchen liefen auf sie zu und nahmen sie an der Hand, um sie zu ihren Familien zurückzubringen.

Als die Zeremonie vorbei war, löste sich die Stimmung und mit viel Lachen und Umarmungen gingen die Erwachsenen und Kinder hinunter in ihr Dorf, um mit den Feierlichkeiten zur Ernte der letzten Früchte zu beginnen.

Die Fragen

Eva und die Mentorin wandten sich vom Dorf ab, um einem breiten Weg zu folgen. »Der heutige Tag bringt sowohl Traurigkeit als auch Glück, wie immer im Leben«, sagte die Mentorin, nachdem sie eine Weile schweigend gegangen waren. »Veränderung ist nur dann gleichbedeutend mit Verlust, wenn du an etwas festhältst, das nicht von Dauer ist. Die Göttin ist immer im Wandel, daher ist nichts von Dauer.«

Eva schwieg.

»Bist du verwirrt?«, fragte ihre Mentorin.

»Ich verstehe nicht, was über Schönheit gesagt wurde. Werden die Frauen nicht älter und verlieren ihre Schönheit?«, fragte Eva.

»Hast du die Sichel des abnehmenden Mondes am Himmel gesehen?«, fragte die Mentorin. »Ist sie weniger schön als der zunehmende Mond?«

»Nein – sie sind beide schön.«

»Das Licht wird von der Dunkelheit geformt und die Schönheit des Mondes entsteht durch die Bewegung von Licht und Dunkelheit. Das Gleiche gilt für uns Frauen. Die Zauberin besitzt die gleiche dynamische Schönheit wie die Junge Frau. Nur wenn wir uns dessen nicht bewusst sind, betrachten wir die zunehmende Dunkelheit als Niedergang und nicht als Kraft, die Bewegung und Form in die Welt bringt.«

Als Eva die Landschaft mit den grünen Bäumen und den goldenen Weizenfeldern betrachtete, spürte sie die Kraft und Energie in diesem Land. Es glich einer Schale, die bis zum Rand mit Wasser gefüllt war – bereit, es in Strömen fließen zu lassen.

Nach einer Weile sahen sie in der Ferne ein Dorf. Auf einem Feld zeigte eine Mutter einem Mädchen im Teenageralter, wie man den Weizen mit der Sichel schneidet. Ein anderes Mädchen sammelte die Halme ein und am anderen Ende des Feldes übte ein weiteres mit einem kleinen Bogen. Ganz in ihrer Nähe beobachteten Eva und ihre Mentorin, wie eine Frau verärgert ein streitlustiges junges Mädchen in ihre Schranken wies.

»Was siehst du?«, fragte die Mentorin.

Eva überlegte. »Mädchen, die etwas tun und etwas lernen?«

Die Mentorin hielt inne, um die Szene zu beobachten. »Diese Mädchen haben ihren Müttern den Rücken gekehrt und erkunden nun die Welt, um zu entdecken, wer sie sind und was sie mit ihrem Leben anfangen wollen. Sie wollen unabhängig sein und ihr Ich in der weiten Welt definieren. Sie wollen ein Ziel und einen Traum haben und ihrem Leben einen Sinn geben.«

Sie lächelte, als die wütende Frau den widerstrebenden Teenager zurück ins Dorf führte.

»Die Mädchen stellen die Regeln der Gesellschaft infrage, brechen die Grenzen auf, um zu erforschen, was jenseits der Grenzen liegt und was passiert, wenn man nicht tut, was die Gesellschaft verlangt. Sie sind aus dem Nest geklettert, haben ihr neues Gefieder ausprobiert und gelernt zu fliegen.«

Die Mentorin wandte sich wieder Eva zu. »Für die Zauberin-Frauen ist es dasselbe«, erklärte sie. »Sie durchlaufen denselben Prozess: Sie wechseln von einer Phase der Weiblichkeit in eine andere und erleben, wie sich ihr Selbstverständnis wandelt. Wer sie sind und wie sie sich verhalten sollten – alles stellen sie infrage.«

»Die Aufgabe, die sie einst in der Familie hatten, besteht nicht mehr. Nun müssen sie einen neuen Weg finden, jenseits ihres Dienstes für die Muttergöttin. Es ist eine Zeit des Lernens und letztlich stellt sich ihnen die gleiche Frage wie diesen Mädchen: Was will ich machen, was soll aus mir werden?«

Die Mentorin setzte sich wieder in Bewegung. »Dies ist die Zeit der Selbstbestimmung«, sagte sie. »Die Zeit der Freiheit, sich selbst und das eigene Leben neu zu definieren. Die Familie ist immer noch ein liebevoller Teil der Zauberin-Frauen, aber die Universelle Mutter erhebt keinen Anspruch mehr auf diese Frauen, sondern übergibt sie der Universellen Zauberin.« Die Mentorin lachte, schüttelte den Kopf und zeigte auf Eva: »Nichts kann bleiben, wie es ist – nicht einmal du!«

Ein Anflug von Aufregung durchfuhr Eva. Sie wusste nun, dass sie tiefgreifende Veränderungen erlebte und dass ihr altes Leben nicht mehr zu ihr passte.

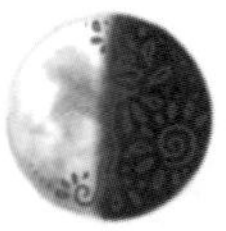

Die Zeremonie der Weisheit

Als Eva und die Mentorin ihren Weg fortsetzten, bemerkten sie die ersten herbstlich gelb und orange gefärbten Blätter an den Bäumen. Der Geruch von trockenem Laub und der süße Duft von herabgefallenen Äpfeln erfüllte die Luft. Der Himmel leuchtete in den Farben des Sonnenuntergangs. Bis sie den Waldrand erreicht hatten, waren bereits die ersten Sterne erschienen.

Ein Baum war deutlich größer als die anderen. Seine Silhouette hob sich dunkel vom Himmel ab. Sterne blitzten zwischen den Blättern hindurch und der abnehmende Halbmond tauchte den Baum in ein sanftes weißes Licht. Eva stockte der Atem, so schön erschien ihr der Anblick. Sie hatte das Gefühl, diesen Baum zu kennen. Eine Erinnerung rührte sich in ihrem Inneren, verschwand aber, bevor sie sie einfangen konnte.

Unter dem Baum stand eine elegante, ältere Frau. Es schien Eva, als würde sie Licht und Magie ausstrahlen. Zu ihren Füßen stand eine große, flache Steinschale, in der ein kleines Feuer brannte. Als Eva sich dem Baum näherte, sah sie, dass die Frau ein langes, dunkles, besticktes Kleid trug. Die Hände hatte sie locker vor dem Schoß verschränkt. Ein kleines silbernes Diadem hielt das dunkle Haar zurück. Ihr Gesicht drückte Freude und Stärke aus, die großen Augen blickten liebevoll. Eva wusste in ihrem Herzen und in ihrem Schoß, dass die Heilige Zauberin vor ihr stand.

Vor der Zauberin saß eine kleine Gruppe von Frauen. Ihre Umhänge waren in den natürlichen Rottönen von Wurzeln, Beeren und Herbstblättern gefärbt. Da sie ihr Haar offen trugen, konnte Eva einzelne weiße Haarsträhnen im Mondlicht leuchten sehen.

Als die Frauen zu singen begannen, verzauberte die Melodie Eva so sehr, dass sie eine Gänsehaut bekam. Instinktiv wünschte sie sich, an diesem Zauber teilzuhaben. Schließlich verklang der Gesang, die Zauberin öffnete die Hände und sprach: »Auf den Wurzeln, unter dem Mond, unter dem Gebärmutterbaum, halb im Licht, halb im Dunkeln, würdigt die Zauberin das letzte Blut dieser Frauen.«

Erregung erfasste die Versammlung. Plötzlich trat eine alte Frau langsam aus der Dunkelheit unter dem Baum und stellte sich neben die Zauberin. Sie trug einen dunklen Umhang und stützte sich auf einen roten Stab. Eva sah die Mutter des Lichts und die Mutter der Finsternis, die gleichberechtigt nebeneinander standen. Ehrfürchtig flüsterten die Frauen: »Die Alte Frau.«

Die Alte Frau sprach mit leiser und rauer Stimme: »Auf den Wurzeln, unter dem Mond, unter dem Gebärmutterbaum, halb im Licht, halb im Dunkeln, würdigt die Alte Frau ihre letzte Gabe des Weisheitsblutes.«

Schweigend standen die Frauen auf und näherte sich der Zauberin. Die Mentorin bedeutete Eva, sich ihnen anzuschließen. Als Eva schließlich nervös vor ihr stand, überreichte die Zauberin ihr eine kleine Tonschale, die mit einer roten Flüssigkeit gefüllt war.

»Trink«, ermutigte die Zauberin sie, »und behalte die Kraft deines letzten Blutes, deines Weisheitsblutes, in dir.« Die Schale enthielt einen süßen roten Met und während Eva davon trank, erkannte sie, dass ihr etwas Magisches zurückgegeben wurde.

Eva tat es den anderen Frauen nach und stellte sich nun vor die Alte Frau. Ein Gefühl von Ruhe und Liebe breitete sich in ihr aus. Instinktiv streckte sie die Schale mit beiden Händen der Alten Frau entgegen und sagte traurig: »Mein Schoß ist leer.« Als sie die tiefe Wahrheit in ihren Worten erkannte, traten ihr Tränen in die Augen.

»Aber er ist erfüllt von meiner Dunkelheit und den Sternen, meine Tochter«, antwortete die Alte Frau sanft. Mit einer Hand nahm sie Evas Schale entgegen, mit der anderen reichte sie ihr eine schwarze Feder. Die Mentorin trat neben Eva, verbeugte sich, nahm die Feder und flocht sie mit einem Faden in Evas Haar.

»Du bist jetzt eine Gestaltwandlerin«, flüsterte die Mentorin, »und dein Schoß ist voller Magie und Transformation.« Sie nahm Eva an der Hand und führte sie zurück zu den Frauen, die im Mondlicht saßen und warteten.

Nun stand eine Frau auf und hob ihre Hände zum Mond. »Der Kreislauf ist durchbrochen. Die Junge Frau ist befreit«, sagte sie mit klarer Stimme.

Eine andere Frau stand auf, hob ihre Arme und sagte: »Der Kreislauf ist durchbrochen. Die Mutter ist befreit.«

Eine dritte Frau stand auf, hob die Arme und verkündete: »Der Kreislauf ist durchbrochen. Die Zauberin ist befreit.«

Schließlich erhob sich eine vierte Frau, hob ihre Hände zum Mond und sagte mit sanfter Stimme: »Der Kreislauf ist durchbrochen. Die Alte Frau ist befreit.«

Die Zauberin hob nun ebenfalls die Hände und sagte: »Auf den Wurzeln, unter meinem Mond, unter dem Gebärmutterbaum, halb Licht, halb Dunkelheit, würdige ich meine Gestaltwandlerinnen und heiße sie willkommen.«

Eingehüllt in das Licht des Mondes und des Feuers, in die Dunkelheit und die Schatten der Bäume blickte Eva zum Mond auf. »Ich bin von deinem Zyklus befreit«, flüsterte sie.

Nach einer Zeit der stillen Andacht erhoben sich alle Frauen und gingen langsam zum Feuer, nahmen ihren Gürtel ab und warfen ihn in die Flammen. Funken stoben in den Nachthimmel, während die Gestaltwandlerinnen sich dankend verneigten. Dann verließen sie schweigend die Lichtung.

»Komm«, flüsterte die Mentorin, »wir haben eine lange Reise vor uns und solange der Mond noch am Himmel steht, können wir sein Licht nutzen, um den Weg zu finden.«

Die Gestaltwandlerinnen

Am nächsten Tag wanderten Eva und ihre Mentorin durch eine herbstliche Landschaft. Graue Wolken bedeckten den Himmel und die beiden Reisenden mussten häufig anhalten, um unter den Bäumen vor dem Regen Schutz zu suchen. Als der Wind auffrischte, zog die Mentorin einen warmen Mantel und einen Schal aus ihrem Rucksack und reichte sie Eva.

Gerade als sie sich auf die Suche nach einem Lagerplatz für die Nacht machten, stießen Eva und die Mentorin auf eine Gruppe von Frauen in bunten gewebten Umhängen. Einige Frauen waren dabei, Zelte aus dicken Ästen und Wolldecken zu errichten. Andere trugen umgefallene Baumstämme heran, um sie als Sitzgelegenheiten zu nutzen, wieder andere entfachten ein Feuer oder schnitten Gemüse.

Die Mentorin und Eva wurden begrüßt und gebeten, am Feuer Platz zu nehmen. Als das Essen fertig war, kamen die Frauen zusammen. Schüsseln mit wärmendem Eintopf wurden ausgeteilt. Die Frauen unterhielten sich angeregt in einer Sprache, die Eva nicht verstand, aber sie fühlte sich wohl in ihrer Gesellschaft und genoss den Eintopf.

Plötzlich lachte die Mentorin und beugte sich zu Eva hinüber. »Das sind Gestaltwandlerinnen, die sich unter dem abnehmenden Mond treffen«, sagte sie. »Sie erzählen von ihren Erfahrungen und ihrem Alltag. Sie beklagen sich viel über ihre Partner, ihre Kinder und ihre Körper!« Wieder lachte die Mentorin. »Sie sind in den Jahren der Zauberin und jammern und beschweren sich ständig!«

»Was sagen sie denn?«, fragte Eva neugierig.

»Oh, sie sagen, dass sich ihre Haut, ihr Haar und ihr Körper verändern, dass sich ihre sexuelle Energie verändert, dass sie nicht mehr so viel Ausdauer haben wie früher und dass sie von der Welt frustriert sind.« Sie lauschte kurz, dann setzte sie hinzu: »Und sie beschweren sich über die Energien der Göttinnen: Mal werden sie von einer Göttin überwältigt, dann plötzlich von einer anderen, bis sie nicht mehr wissen, wer sie sind!«

Eva lachte. Mit diesen Erfahrungen konnte sie sich gut identifizieren.

Plötzlich erhob sich eine Frau und zeigte mit dem Finger auf eine andere. Ihre Worte klangen scharf und Eva konnte den Sarkasmus hören.

»Ah, wir haben eine Verkünderin der Wahrheit«, sagte die Mentorin.

Sofort wandte sich die Verkünderin der Wahrheit zu ihr um. Ihr Gesichtsausdruck war hart und sie gestikulierte schnell, während sie mit der Mentorin sprach. Heftige Gefühle trafen Eva wie eine Welle und ließen sie nach Luft schnappen. Die Mentorin hatte den Kopf gesenkt und wich dem Blick der Frau aus. »Es ist, wie es ist, und so ist es«, stellte sie fest und es klang fast wie eine rituelle Formel.

Die Verkünderin der Wahrheit richtete ihren Blick auf Eva, die sich unter ihren Augen nackt und entblößt fühlte. In ihrem Blick lag keine Empathie, kein Mitleid. Sie schien die reine Wahrheit auszudrücken, ohne sich darum zu scheren, ob sie damit jemanden verletzte oder Schaden anrichtete. In den Augen der Frau lagen Empörung und die Gewissheit, dass sie im Recht war und der Rest der Welt im Unrecht. Eva spürte Angst in sich aufsteigen. An dieser Frau war nichts Sanftes. Sie zeigte ihr nacktes Ego, sie war klar und entschlossen, die Macht zu übernehmen in einer Situation, in der ihr die Zügel aus den Händen glitten. Zu kämpfen und zu dominieren, um die eigene Identität zu bestätigen. Denn loszulassen hieße, dass ihr Ego zerstört und ihr Selbst sich auflösen würde.

Eva sackte in sich zusammen, als die Verkünderin der Wahrheit sich endlich abwandte. Sie war dankbar, dass sie die Worte nicht verstanden hatte. Die Mentorin blickte der wütenden Frau nach, die in Richtung der Zelte verschwand. Eva sah, wie sie mit den Fingern ein Symbol formte.

Nun erhob sich eine weitere Frau und verließ das Feuer. Die Mentorin lächelte. »Das ist meine Schwester«, sagte sie. Eva erkannte die körperliche Ähnlichkeit zwischen den beiden.

»Sie ist derzeit eine Dunkle Zauberin, sie befindet sich in der letzten Phase der Veränderung vor der Rückkehr. Manchmal sind die Energien so überwältigend, dass die Frauen eine Pause einlegen müssen. So schützen sie ihre Familien vor dem Chaos, während ihr ›Selbst‹ zusammenbricht, um neu geboren zu werden. Die meisten Frauen bleiben in der Zeit der Dunklen Zauberin bei ihren Familien und ziehen sich nur zurück, wenn es nötig ist. Aber meine Schwester reist zwischen den Dörfern und den heiligen Stätten hin und her.«

»Wird sie zu ihrer Familie zurückkehren?«, fragte Eva.

»Oh ja, und wir werden eine große Feier veranstalten, um die neue Frau zu begrüßen, die sie dann sein wird. Bis dahin warten wir voller Liebe darauf, zu sehen, wer sie werden wird.«

Als eine ältere Frau ans Feuer trat, um sich die Hände zu wärmen, blickte die Mentorin erstaunt auf. Sofort erhob sich eine Gestaltwandlerin, verbeugte sich vor der Frau und führte sie zu einem Sitzplatz am Feuer. Als die ältere Frau sich setzte, rutschte ihr Schal vom Kopf und gab den Blick frei auf ein rundes, tief gezeichnetes Gesicht mit hellen Augen. Ihr weißes Haar war zu einem mit Perlen und Federn geschmückten Dutt hochgesteckt.

»Sie ist eine Seelenmutter«, erklärte die Mentorin, »eine Zurückgekehrte.« Sie sprach die Titel mit Ehrfurcht aus und formte dabei mit den Fingern ein Symbol.

Die ältere Frau lächelte und begann, gestikulierend und mit melodischer Stimme zu sprechen. Gebannt hörten die anderen Frauen zu. Immer wieder nickten sie und obwohl Eva die Worte nicht verstand, fühlte sie, wie sich ihr Herz und ihr Schoß mit Wärme füllten.

»Die Zurückgekehrte erzählt die Geschichten, die den Frauen beim ersten Mondfluss beigebracht worden sind. Sie möchte die Frauen an die Energien und Gaben der Göttinnen erinnern, die sie in sich tragen«, flüsterte die Mentorin.

»Sie erinnert sie an all das, was ihnen beigebracht wurde, damit sie sich nicht zu sehr in ihre Probleme verstricken und die Magie wahrnehmen, die sich aufbaut. Und sie erinnert sie an den universellen Prozess der Rückkehr.«

Die Mentorin hielt inne, und als Eva glaubte, dass sie nicht weitererzählen würde, fragte sie: »Was bedeutet Rückkehr?« flüsterte Eva.

Die Mentorin schwieg eine Weile, gefangen in den Worten der Zurückgekehrten. »Am Anfang«, sagte sie schließlich, »war die Universelle Göttin in sich selbst vollständig. Aber dann begann sie zu tanzen, drehte ihren Schoß in Kreisen und Spiralen. Und während der Schoß des Universums tanzte, webte sie vier verschiedene Ausdrücke von sich selbst. Die Kinder ihres Schoßes folgten ihrem Zyklus und tanzten einen spiralförmigen Weg.«

»Aber der Zyklus war anfangs zu stark für sie, daher gab die Göttin ihnen Zeit, in ihre Zyklen hineinzuwachsen. Und sie begrenzte die Zeit, in der Frauen einen Zyklus erfahren, damit sie nicht nur die Ausdrucksformen der Zyklischen Göttin einzeln widerspiegeln, sondern die Göttin auch in ihrer Gesamtheit leben können.«

»Die Göttin beschenkte die Frauen, indem sie ihnen die Möglichkeit gab, den Zyklus zu durchbrechen, ihr Selbst aufzulösen und zurückzukehren. Wenn der Zyklus versiegt, dann werden die vier Ausdrucksformen der Göttin befreit und in der Rückkehr verschmelzen sie zu einer Einheit. Das Selbst, das an die Welt gebunden ist, löst sich auf und kehrt zum universellen Selbst zurück.«

»Die Zurückgekehrten, unsere Seelenmütter, sind in sich selbst vollständig. Ihre Seelen leuchten heller, weil alle Aspekte der Seele nun eine Einheit bilden.«

Eine der Frauen am Feuer reichte der Seelenmutter ein Fläschchen. Sie trank daraus und reichte es weiter. Dann holte sie unter ihrem Mantel eine kleine Trommel hervor und begann zu spielen.

»Ah«, sagte die Mentorin.

Als sie Evas verwirrten Blick sah, erklärte sie: »Jede Seelenmutter muss vor der endgültigen Rückkehr der Seelen einen Weg gehen. Für einige bedeutet das, der Gemeinschaft Weisheit zu vermitteln, andere sind Lehrerinnen und Geschichtenerzählerinnen, wieder andere sind Heilerinnen oder Mystikerinnen, die der Göttin eine Stimme verleihen. Diese hier ist eine Geschichtenerzählerin und Lehrerin.«

Bis tief in die Nacht hinein stiegen die Funken des Feuers in den Himmel und die Frauen sangen gemeinsam Lieder über die Schöpfung und das Leben. Sie sangen von der Rückkehr, dem Wunder und der Magie dieses Moments.

In ihrem Herzen und ihrem Schoß verstand Eva die Worte und in den Flammen des Feuers sah sie flackernde Bilder. Sie sah, wie jede Gestaltwandlerin ihre Form veränderte, bis sie schließlich ihre schöne und neue wahre Form annahm. Tränen traten ihr in die Augen, als die Dunkle Mutter diese Frauen begrüßte, sie als ihre Töchter willkommen hieß und ihnen die Magie des Universums offenbarte.

Zum ersten Mal seit vielen Monaten fühlte Eva eine tiefe Zufriedenheit. Es war ihr unruhiges Ego gewesen, das sie zu ständiger Aktivität getrieben hatte, um den dunklen Raum zu füllen, der in ihr zu sein schien. Jetzt wusste sie, dass dieser Raum das Universum war, und als sie ihre Angst losließ, füllte er sich mit Sternen. Ein Stern leuchtete heller als die anderen und wuchs, bis er aus ihrem Herzen in alle Richtungen strahlte – und Eva wusste, dass es ihre Seele war.

Nachdem die Frauen schließlich in ihre Zelte geschlüpft waren, winkte die Seelenmutter Eva und die Mentorin zu sich heran. Die Seelenmutter lächelte Eva an und als sie sprach, verstand Eva dieses Mal ihre Worte. »Hast du eine Frage?«

Eva blickte in das niedergebrannte Feuer und versuchte, die richtigen Worte für ihre Gefühle zu finden. »Gehe ich den Weg der Rückkehr?«, fragte sie schließlich.

Die Seelenmutter nahm einen Schluck Tee aus einer kleinen Schale neben sich, dann antwortete sie: »Ja. Mit deinem letzten Blut hat dein zyklischer Tanz aufgehört. Du wurdest zu einer Gestaltwandlerin. Befreit von den Beschränkungen des Körpers fließen die vier Göttinnen nun durch dich und ermöglichen dir tiefes Erwachen und spirituelle Transformation.«

»Der Weg der Rückkehr vereint die Aspekte der Zyklischen Göttin zu einem einzigen Spiegelbild der universellen Göttin«, fuhr die Seelenmutter fort. »Die vier Göttinnen in dir wollen zu diesem Zustand zurückkehren, ihr Verlangen, sich auszudrücken, ist so groß, dass du dich hingeben musst und alles annehmen kannst, was du bist.«

»Wehrst du dich, erschaffst du Chaos – aber wenn dein begrenztes Selbstverständnis zusammenbricht, wirst du Momente der Ruhe erleben, in denen du spüren kannst, wie ein neues Bewusstsein erwacht. In deinen zyklischen Jahren konntest du sagen: Ich bin. Aber in den Jahren als Gestaltwandlerin gerät deine Identität durcheinander. Mit Gewissheit kannst du dann nur sagen: Ich fühle.«

Die Seelenmutter hielt inne und nippte erneut an ihrem Tee.

Eva dachte darüber nach, wie sie sich im vergangenen Jahr gefühlt hatte. Sie dachte an all den Frust, an die Verwirrung darüber, wer sie eigentlich war, und das ständige Gefühl, kämpfen zu müssen. »Ich vermisse meine zyklische Zeit«, sagte sie leise. »Kaum etwas schien eine Rolle zu spielen. Mein Geist war ruhiger und wenn ich nicht gegen meine Blutung ankämpfte, gab es in mir einen Ort des Friedens und der Akzeptanz. Jetzt kann ich den wechselnden Energien nicht entkommen, ich finde weder Ruhe, noch Gewissheit oder Zuflucht.«

Sie blickte zu der Seelenmutter auf. »Es ist so schwer«, sagte sie mit brüchiger Stimme und Tränen in den Augen.

Die Seelenmutter strich ihr sanft über die Wange, um die Träne wegzuwischen. »In den Dörfern«, sagte sie, »besuchen die Frauen in ihren Gestaltwandlerinnen-Jahren das Heiligtum der Alten Frau, wann immer sie wollen. Als Zauberinnen ehren sie das Heiligtum der Zauberin, aber sie werden vom Heiligtum der Alten Frau empfangen und unterstützt. Gestaltwandlerinnen können das Heiligtum der Alten Frau besuchen, wann immer sie Zuflucht und Frieden suchen. Sie bleiben für ein paar Stunden, wenn ihnen das Leben zu viel wird, manche bleiben ein paar Tage oder Monate. Sie kommen bei Dunkelmond, um an den Zeremonien der Alten Frau teilzunehmen und um Segen und Unterstützung von all jenen zu erhalten, die den Weg vor ihnen gegangen sind. Wenn sie die Schönheit der Seelenmütter sehen, verstehen sie, was auf sie zukommt, und schöpfen Hoffnung in einer herausfordernden Zeit.«

Die Seelenmutter stellte ihre leere Schale auf dem Boden ab. »Die Alte Frau verlässt dich nie – sie ist die Universelle Seele. Jetzt ruft sie dich auf, dich wieder mit ihr zu vereinen. Erinnere dich – sie ist immer in dir, um dich zu lieben und zu unterstützen.«

»Es ist schon spät«, sagte sie und schaute zu den Sternen auf. »Ich glaube, ich werde heute Nacht unter dem Himmel schlafen.« Dann nahm sie ihren Rucksack und die Trommel, verbeugte sich vor Eva und der Mentorin und ging langsam in die Nacht hinaus.

Eine der Gestaltwandlerinnen erschien und führte Eva und die Mentorin zu einem Zelt.

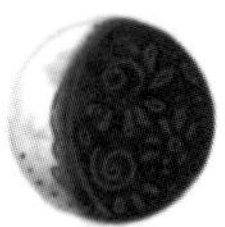

Die Dunkle Zauberin

Am nächsten Tag, als Eva und die Mentorin sich wieder auf den Weg machten, raschelte trockenes Herbstlaub unter ihren Füßen. Unter den alten Eichen lagen hunderte von Eicheln und Eichhörnchen huschten von Ast zu Ast. Märchenhafte Fliegenpilze wuchsen unter den Bäumen. Die Büsche und Hecken warfen lange Schatten über den Weg und in den wassergefüllten Gräben sah Eva das Glitzern des ersten Frosts.

Während Eva und die Mentorin dem Weg über die Hügel folgten, wurden die Bäume in den Tälern immer kahler. Schnee bestäubte die Hügelkuppen und sammelte sich an den Wegrändern. Eva legte sich den Schal über den Kopf und vergrub die Hände in den Manteltaschen. Als sie begann, über ihr Leben nachzudenken, machte sich ein Gefühl der Leere und des Verlusts in ihrem Herzen breit. Tränen füllten ihre Augen und verwischten den Weg vor ihr. Sie wusste, dass sie den Wandel nicht aufhalten konnte, aber sie liebte ihr Leben im Licht und in der Wärme. Der Weg in die Dunkelheit gab ihr das Gefühl, dass ihr Leben vorbei war. Jeder Schritt fiel ihr schwer und erfordert unendlich viel Willenskraft.

Der Weg vor ihnen führte an einem großen Wächterstein vorbei in ein Waldstück. Einzelne Kristalle im Stein funkelten in Gold- und Rosatönen im schwachen Sonnenlicht. Plötzlich trat eine spitznasige, ältere Frau hinter dem Stein hervor und versperrte ihnen den Weg. Sie trug ein braunes, grob gewebtes Kleid und einen Schal. Ihr Haar war unter einem Kopftuch verborgen. Sie richtete ihre intelligenten Augen auf Eva. Dann zeigte sie mit ihrem knorrigen Stab auf die Mentorin.

»Wer will den Hexenstein passieren?«, fragte die Dunkle Zauberin.

Die Mentorin trat vor und verbeugte sich ehrfurchtsvoll. Dann stellte sie sich und Eva mit ernster Stimme vor und beschrieb den Grund ihrer Reise. Die Dunkle Zauberin musterte Eva von Kopf bis Fuß, als ob sie sich ein Urteil bilden wollte.

»Oh, mein armes Kind«, sagte sie sarkastisch. »Du denkst, dass die Veränderungen um dein letztes Blut herum eine Herausforderung waren! Mach einen Schritt auf meinem Weg und du wirst die *wahre* Veränderung kennenlernen.« Vage wies sie mit der Hand auf den Weg, der zwischen den Dornensträuchern und Bäumen hindurchführte.

»Du wirst dich noch dramatischer verändern. Haut, Sehvermögen, Gehör, Haar, Muskeln, Gelenke, Gedanken und Wahrnehmung – nichts an dir wird bleiben, wie es ist.« Die Dunkle Zauberin beugte sich vor, um ein gelbes Blatt vom Boden aufzuheben.

»Der Weg, der vor uns liegt, ist wie ein Herbststurm«, sagte sie, hielt das Herbstblatt hoch und ließ es dann mit dem Wind davon fliegen. »Die Blätter sterben ab und werden fortgeblasen, alles wird reingewaschen – und danach herrscht eine tiefe Ruhe und Kraft in den Bäumen.«

Sie schaute Eva an und rief theatralisch: »Du schreist: Oh, ich werde alt!« Sie begann zu lachen. Aber bald beugte sie sich vor und hustete. »Du weißt nichts!«, keuchte sie. »Dein Leben geht nicht zu Ende, du bist, was du bist – ein anderer Zustand der Weiblichkeit. Du hast dich verpuppt, Kleines, lass los in deinem Kokon, um dich zu verwandeln.« Die Dunkle Zauberin kicherte, als hätte sie einen Scherz gemacht.

Mit leiser Stimme fuhr sie fort: »Zu altern bedeutet nicht, zu sterben, sondern die Barrieren zu durchbrechen, die uns einschränken, und die verborgenen Geheimnisse zu enthüllen. Das Gedächtnis wird chaotisch, es leitet uns heraus aus Zeit und Raum und befähigt uns, mit den Zeitströmen zu schwimmen. Chaotisches Denken, das nicht an die linearen Regeln des äußeren Universums gebunden ist, bringt uns mit dem tieferen Universum in Einklang. Konzentriere dich auf jeden Schritt, dann wirst du bereit sein, wenn du die Rückkehr erreichst.«

Sie wischte sich mit dem Handrücken über die Augen. Als sie sich kichernd zum Gehen wandte, sah Eva, dass ihr zwei kleine Schmetterlingsflügel aus dem Rücken wuchsen. Die Dunkle Zauberin hielt inne und blickte über die Schulter zu Eva.

»Du wusstest nicht, dass Alte Frauen Flügel haben?« Sie machte eine wedelnde Handbewegung über ihre Schulter in Richtung ihrer eigenen Flügel. »Sie haben noch nicht die volle Größe. Aber bald, mit der Rückkehr, werden sie ausgewachsen sein.« Erneut setzte sie sich in Bewegung. Den Weg ignorierend schob sie sich zwischen den Dornenbüschen hindurch in den Wald.

Plötzlich überkam Eva ein Gefühl von entsetzlicher Einsamkeit und Angst. Weinend brach sie zusammen und hockte sich auf den Weg. Zu spüren, wie ihre alten Erwartungen an das Leben zerbrachen, erfüllte sie mit tiefer Traurigkeit.

Nach einer Weile berührte eine Hand sanft ihre Schulter und eine freundliche Stimme fragte: »Bist du leer?«

Tränenüberströmt fühlte Eva in sich hinein. Ja, sie war leer – alte Urteile und Ängste, Erwartungen und schmerzhafte Widerstände waren nicht länger ein Teil von ihr. Ihr Selbst war zerbrochen und hatte Raum geschaffen für sanfte Akzeptanz, Vertrauen, Licht und Liebe. Eva holte tief Luft. »Ja«, sagte sie leise und nickte.

»Dann bist du bereit. Lass uns gehen«, sagte die Mentorin.

Eva hörte das Wohlwollen in ihren Worten und stand auf. Während sie der Mentorin den Weg hinunter folgte, an dem stehenden Stein vorbei und in den Wald hinein, staunte sie über ihre Gefühle.

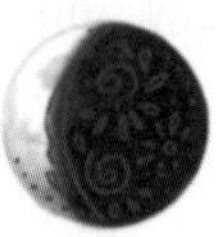

Die Zeremonie der Rückkehr

Die Wintersonne stand tief am Horizont, ihre blasse Scheibe leuchtete schwach durch die kahlen Äste der Bäume. Eva zwängte sich an Brombeersträuchern vorbei und stapfte über das schneebedeckte Laub. Das Rascheln und Knirschen ihrer Schritte war das einzige Geräusch, das in dem dunkler werdenden Winterwald hörbar war.

Über ihnen stieg der Vollmond am Himmel auf und tauchte die Landschaft in silbrig weißes Licht. Die Eiskristalle im Schnee funkelten im Mondlicht und Eva staunte über den magischen Anblick. Noch einmal zwängte sie sich zwischen Bäumen und dichtem Gebüsch hindurch, dann stand sie plötzlich am Rand einer großen Lichtung.

In der Mitte erkannte sie eine kreisrunde Stelle, wo kein Schnee auf dem Gras lag. Dort stand die größte Eibe, die Eva je gesehen hatte. Die Äste waren dicht mit dunkelgrünen Nadeln gesäumt, zwischen denen kleine rote Früchte saßen. Der riesige Stamm teilte sich in zwei große Äste. Oben über dem Wipfel erschien der Vollmond und es wirkte, als ruhte er in den Zweigen der Eibe. Mächtige Wurzeln breiteten sich vom Stamm in alle Richtungen über den Waldboden aus.

Vor dem Baum, neben einem Feuer, stand eine kleine ältere Frau. Sie war in eine weiße Wolltunika gekleidet, die mit einem silbernen Gürtel versehen war. In der Hand hielt sie einen weißen Holzstab. Das Licht des Feuers tanzte über ihr Gesicht und ihr dünnes, geflochtenes weißes Haar. Im sanften Mondlicht, das durch die Äste sickerte, wirkte sie wie ein Wesen aus Mondlicht, dem Schein des Feuers, Eis und Schnee.

Die Mentorin wies Eva an, stehen zu bleiben und in die Hocke zu gehen, um zuzusehen.

»Die Betagte ruft die Frauen, die bereit für die Rückkehr sind«, flüsterte die Mentorin.

Die alte Frau hob ein langes, weißes, mit silbernen Spiralen verziertes Horn an ihre Lippen. Als sie hineinblies, erklang ein schöner, klarer Ton, der sich hinauf in den dunklen Himmel und in den Wald hinein ausbreitete. Er drang in Evas Herz und Seele.

»Schau«, flüsterte die Mentorin, als die Frau erneut in das Horn blies. »Die Stimme der Jungen Frau.«

Langsam hörte Eva ein Rascheln im Wald, dann sah sie eine Bewegung im Mondlicht. Schwarze Krähen flogen auf die Lichtung zu und ließen sich auf den Wurzeln der Eibe nieder. Als sie den Boden berührten, nahmen sie plötzlich die Gestalt von Frauen an, ihr dunkles Gefieder verwandelte sich in lange, fließende Umhänge. Am Rand der Lichtung tauchten Waldtiere zwischen den Bäumen auf. Elegante Rehe, Wölfe mit Winterfell, weiße Füchse und Hasen betraten die Lichtung.

Als die Tiere in den Kreis traten, verwandelten auch sie sich im Mondlicht zu Frauen in dunklen Umhängen. Langsam näherten sich die Frauen der alten Frau mit dem Horn. Im Licht des Feuers, das auf ihren Gesichtern tanzte, bemerkte Eva die Falten um ihre Augen und Münder und die Weichheit des Alters. Einige Frauen sahen jünger aus als andere, manche wirkten mütterlich, andere streng und viele trugen die Narben eines harten Lebens und des Alterns. Ihre Haare schimmerten weiß im Mondlicht. Ehrfürchtig sah Eva zu.

»Dies sind die Frauen der Dunklen Zauberin, die den Ruf der Rückkehr gehört haben und die in ihrem Körper, in ihren Energien und in ihrem verschlossenen Schoß wissen, dass sie für die Wiedergeburt bereit sind«, flüsterte die Mentorin.

Eine Trommel erklang wie der Herzschlag der Nacht. »Die Stimme der Mutter«, sagte die Mentorin.

Ein Stein schlug in einem komplexen Rhythmus auf einen anderen Stein. »Die Stimme der Zauberin«, flüsterte die Mentorin.

Als die Betagte ein Wort rief, stand die Mentorin auf und verneigte sich. Dann bedeutete sie Eva, sich zu erheben. »Sie heißt uns willkommen zum Ritus der Rückkehr.«

Sie gingen zum Feuer und setzten sich etwas entfernt von den wartenden Frauen auf die Baumwurzeln. Da ertönte ein klarer, metallischer Ton, das Geräusch eines Kessels, der angeschlagen wurde. »Die Stimme der Alten Mutter«, sagte die Mentorin und formte mit den Fingern ein Symbol, während sie sprach.

Die Betagte trat vor. Jetzt erst erkannte Eva, dass kleine schwarze Steine unten an ihre weißen Zöpfe gebunden waren. Ihr Gesicht war schmal und stark tätowiert, die Hände, mit denen sie den Stab hielt, waren lang und elegant. Zwischen all den schwarzen Umhängen leuchtete sie wie ein Stern. Nun begannen die Frauen zu summen. Eva spürte, wie sich der Klang verstärkte und sie einhüllte. Auch die Betagte begann zu singen. Ihre Stimme klang wunderbar sanft, brach aber gelegentlich.

Nun stand eine Frau auf und reichte der Betagten eine große Kerze aus Bienenwachs. Vier weitere Frauen erhoben sich und stellten sich zu beiden Seiten der Betagten auf. Jede trug eine kleine mit Öl gefüllte Tonschale, aus der ein Docht ragte.

Die Mentorin beugte sich zu Eva und flüsterte: »Die Betagte singt die Begrüßung.«

Sie hielt inne, um zuzuhören, und dann enthüllte sie Eva singend das Geheimnis. »Am Anfang war die Finsternis, und aus der Finsternis kam das Licht.«

Die Betagte beugte sich zum Feuer und zündete ihre Kerze an.

»Das Licht teilte sich in vier Teile.«

Die vier Frauen neben ihr zündeten ihre Öllampen an der Kerze an, danach löschte die alte Frau ihre Flamme schnell mit den Fingern.

»Das Licht floss und webte die Rhythmen der Erde, der Ozeane und des Mondes. Und die Frauen der Erde wirbelten in einem zyklischen Tanz.«

Die vier Frauen hielten ihre Lampen vor sich und begannen sich zu drehen, bis sich ihre Umhänge weit um sie herum ausbreiteten.

Die Mentorin fuhr fort: »Aber dann erklang der Ruf der Rückkehr im Herzen und im Schoß jeder Frau.« Um Eva herum stimmten die Frauen einen harmonischen Gesang an, der Freude und Liebe, Zustimmung und Anerkennung auf so intensive Weise ausdrückte, dass sich Evas Augen mit Tränen der Freude und Hoffnung füllten. In ihrem Herzen spürte sie den Ruf, nach Hause zurückzukehren.

»Und wir Frauen sind dem Ruf gefolgt«, übersetzte die Mentorin.

Die vier Frauen führten ihre Lampen zusammen, um die Kerze der Betagten wieder anzuzünden. Dann drehten sie sich in einem Wirbel aus dunklen Mänteln um und löschten ihre eigenen Lichter mit den Fingern.

Die Betagte erhob ihre Kerze und sang voller Freude.

»Von der Dunkelheit zum Licht«, flüsterte die Mentorin. »Von der Eins zur Vier. Von der Vier zu den Zyklen der Frauen.«

»Von der Vier zum Einen, wir kehren zurück zu dem einen Licht, der einen Liebe, dem einen Herzen der Seelenmutter!«

Die Frauen erhoben sich und lächelten vor Glück. Die Mentorin half Eva auf die Füße, dann hielt sie sie auf Armeslänge von sich und musterte ihr Gesicht. »Wenn du die Junge Frau, Mutter, Zauberin oder Alte Frau verkörperst, identifizierst du dich dann mit ihnen und fließt mit den rastlosen Wellen und Gezeiten? Oder ruhst du in der Seelenliebe im Zentrum deines Wesens?«

Eva schloss die Augen und richtete ihren Blick nach innen. Sie dachte an die Gefühlsausbrüche, an die plötzliche Identifikation, die dann mit einer anderen Erkenntnis wieder auseinanderbrach, und an das Chaos in ihrer inneren Welt. »Nein«, erwiderte sie leise, »ich bin immer noch die Gestaltwandlerin, die Veränderliche.«

Die Mentorin nickte.

Feierlich trat die Betagte nun vor jede Frau, um ihr den dunklen Mantel von den Schultern zu nehmen. Die weißen Gewänder, die die Frauen unter dem Umhang trugen, leuchteten im Mondlicht. Schließlich strich die Betagte etwas Ruß von einem verkohlten Stück Holz auf den Daumen und zeichnete ein Symbol auf die Stirn jeder Frau.

Die Mentorin, die nun ebenfalls weiß gekleidet war, hielt Eva eine kleine silberne Schale mit einer roten Flüssigkeit hin. »Trink dies«, sagte die Mentorin sanft. »Was nun passieren wird, erfährst du erst, wenn deine Zeit gekommen ist.«

Eva nahm die Schale und trank den würzig duftenden Apfelwein. Doch bevor sie ihn ausgetrunken hatte, wiegte die Wärme des Weins sie bereits in den Schlaf.

Das Heiligtum der sich erneuernden Gebärmutter

Am nächsten Morgen lag Eva in Decken eingewickelt auf den Baumwurzeln, als die Mentorin sie weckte. Die Mentorin hatte bereits ihren Stab und den Rucksack in der Hand. In ihren schwarzen Mantel gehüllt, blinzelte sie in die Wintersonne. Eva fühlte sich warm und schläfrig. Als sie aufblickte, bemerkte sie den Aschefleck auf der Stirn der Frau.

Die Mentorin half Eva auf die Beine und drückte ihr eine Schale mit heißem Apfelwein in die Hand. Als Eva misstrauisch daran schnupperte, lachte die Mentorin und hielt ihr eine Handvoll getrockneter Herbstbeeren hin. Während sie die Wärme des Apfelweins und die Süße der getrockneten Früchte genoss, wurde Eva langsam wach.

Die Lichtung war leer. Feiner Schneestaub bedeckte den großen Baum. Eva und die Mentorin überquerten die Lichtung und folgten einem Pfad den Hang hinunter, um ihre Reise fortzusetzen. Am Fuß des Hügels stießen sie auf einen Fluss, von dem eisiger Nebel aufstieg. Schweigend betraten Eva und die Mentorin einen kleinen Holzsteg. Als die Sonne durch den Nebel drang, konnte Eva das andere Ufer erahnen. Die dunklen Silhouetten kahler Bäume zeichneten sich vor dem weißen Himmel ab und Eva fröstelte – nicht vor Kälte, sondern weil sie die Magie des Ortes spürte.

Sie holte tief Luft, um sich zu beruhigen. Da tauchte ein kleines, mit Fellen bedecktes Boot aus dem Nebel auf, das von einer einsamen Gestalt mit einer langen Stange gesteuert wurde. Als die Bootsführerin das Boot am Steg festmachte, bemerkte Eva, dass sie sich zwar mit Anmut, aber bedächtig und langsam bewegte, als ob die Handgriffe ihr Schmerzen bereiteten.

Die Mentorin nahm ein paar Silbermünzen und eine Handvoll getrockneter Beeren aus ihrem Lederbeutel und bot sie der Bootsfrau an. Das Gesicht der Frau wirkte dunkelbraun und ledrig, ihre Augen waren rot und tränten vor Kälte, an ihrem Kinn wuchsen silberne Haare. Als sie lächelte, legte sich ihr Gesicht in tiefe Falten, sodass die Augen kaum noch zu sehen waren. Sie nahm die Beeren und eine Silbermünze entgegen. Dann betrachtete sie den Aschefleck auf der Stirn der Mentorin und nickte.

Überraschung zeigte sich auf dem Gesicht der Bootsfrau, als sie sah, dass Eva keinen Aschefleck auf der Stirn trug. Verunsichert fragte sich Eva, ob es falsch war, dass die Mentorin sie hierher brachte. Doch da wandte die Frau sich ab und bedeutete den beiden, in das Boot zu steigen.

Unbeholfen kletterte Eva in das Boot. Die Mentorin reichte ihr das Gepäck und folgte ihr dann mit geübter Leichtigkeit. Während die Bootsführerin das Boot von der Anlegestelle wegsteuerte, wurden die Geräusche des Waldes immer leiser. Eine weiße Eule flog lautlos über das stille Wasser und sowohl die Mentorin als auch die Bootsführerin neigten den Kopf und bildeten mit den Fingern ein Zeichen.

Ohne jede Anstrengung wurde Eva eins mit der Stille, atmete ein und aus.

Allmählich lichtete sich der Nebel wieder und gab den Blick auf das andere Ufer frei. Die Bootsfrau landete das Boot an, damit Eva und die Mentorin aussteigen konnten. Dann schob sie das Boot schweigend zurück ins Weiß des Nebels.

»Dies ist das Reich der Alten Frau«, sagte die Mentorin leise. »Normalerweise dürfen nur die Zurückgekehrten hierher kommen.« Nachdenklich hielt sie inne. Dann fuhr sie fort: »Die meisten Besucherinnen passieren das Reich, um einem neuen Weg im Leben zu folgen. Aber nicht alle gehen wieder. Manche bleiben bei der Verschleierten, weil die Welt sie nicht mehr ruft. Und manche werden von der Alten Frau so stark gerufen, dass sie ihr direkt in die Arme laufen.«

Eva betrachtete das Gesicht der Mentorin und stellte fest, dass sie nicht mehr so jung war, wie sie zuerst gedacht hatte. Wenn sie genauer hinschaute, sah sie die Falten und die weiche Haut des Alters. Weißes Haar lugte unter dem Schal hervor, die Hände wirkten knochig. Ihr Körper war leicht gebeugt und nach jedem Schritt hielt sie kurz inne.

In plötzlicher Einsicht fragte Eva: »Wirst du bleiben?«

Als die Mentorin lächelte, fühlte sich Eva von ihrer Liebe umarmt. »Was auch immer die Verschleierte webt«, sagte die Mentorin und setzte sich in Bewegung.

Ihr Weg führte sie durch eine hügelige Landschaft. In den Niederungen lag Nebel und hier und da bedeckte Schnee die Erde. Am Fuß eines Hügels bot ein Dickicht aus Stechpalmen einen dunklen Zufluchtsort. Rote Beeren glitzerten an den Zweigen und die Stille wurde nur durch das leise Tröpfeln des schmelzenden Schnees unterbrochen. Stofffetzen hingen als Opfergaben im Strauch. Vorsichtig bahnte sich die Mentorin einen Weg durch die Stechpalmen. Vor einem niedrigen dunklen Eingang in den Hang blieb sie stehen. Eva folgte ihr langsam. Als sie einen Ast beiseiteschob, kratzte eines der stacheligen Blätter ihre Haut auf. Eine Blutperle, so rot wie die Beeren, kullerte in ihre Handfläche.

Die Steine zu beiden Seiten des Eingangs mussten vor Urzeit behauen worden sein. Zwischen Moosen und Flechten war eine weibliche Figur erkennbar, die in einen der Steine gekerbt worden war. In der blassen Winterlandschaft leuchtete das grüne Moos und versprach Leben und Hoffnung.

Die Mentorin bückte sich und trat durch die Öffnung. Eva folgte ihr. Nachdem sich ihre Augen an die Dunkelheit gewöhnt hatten, sah sie, dass sie in einer großen runden Höhle stand, die von einer einzigen Tonlampe beleuchtet wurde. Das Licht der Lampe spiegelte sich in einem kreisrunden Wasserbecken, das den größten Teil der Höhle einnahm. Es war feucht und warm im Raum. Das Rauschen von Wasser drang aus der Dunkelheit jenseits des Lichts zu ihnen herüber. In dem hüfthohen Becken floss das Wasser fortwährend über die Ränder in eine in den Steinboden gehauene Rinne. Trotzdem war die Wasseroberfläche glatt wie ein Spiegel.

Die Wirkung des Ortes war so stark, die Dunkelheit so greifbar, die Dunkle Mutter so nah, dass Eva zu zittern begann. An diesem Ort waren Leere und Fülle, Dunkelheit und Licht, Bewegung und Stille nicht länger voneinander getrennt. Umgeben von dem Rauschen des Wassers fühlte Eva nur Frieden und das Gefühl, an einem Scheidepunkt zu stehen.

Irgendwann verbeugte sich die Mentorin tief und ging zurück zum Eingang. Eva war sich nicht sicher, wie lange sie schweigend vor dem Becken gestanden hatte. Nur widerwillig wandte sie sich zum Gehen, denn sie spürte tief in ihrem Inneren, dass es ein Segen war, diesen heiligen Ort betreten zu dürfen.

Erneut bahnten sie sich einen Weg durch die Stechpalmen, um auf den Pfad zurückzukehren. Nach der sanften Wärme der Höhle spürte Eva, wie die Kälte in sie eindrang. Sie legte sich den Schal über Kopf und Ohren und zog ihren Mantel enger um sich. Sie liefen schweigend, denn weder Eva noch die Mentorin wollte den Zauber der Höhle brechen.

In der Ferne bemerkte Eva schwarze Gestalten, die einem gewundenen

Pfad folgend einen kuppelförmigen Hügel erklommen. Ein kalter Wind zerrte mit eisigen Fingern an Evas Mantel. Müde und unbehaglich setzten Eva und die Mentorin ihren Weg fort, bis sie ebenfalls den gewundenen Pfad erreichten. Während sie den Hügel hinaufstiegen, spürte Eva, wie sich die Energie des Ortes veränderte. Ihr war, als betrete sie heiligen Boden, als habe sie die normale Welt hinter sich gelassen und sei an einen Ort mit sanfter, aber tiefgreifender Kraft angelangt.

Inzwischen hatte Eva kaum mehr Kraft in den Beinen, sie musste sich zwingen, weiterzugehen. Das Atmen fiel ihr schwer, immer wieder musste sie anhalten, um wie eine alte Frau nach Luft zu ringen. Die Welt reduzierte sich auf einen Schritt nach dem anderen.

Auf der windgepeitschten Bergkuppe stießen sie auf drei große uralte Grabhügel, die von den steinernen Fundamenten verwitterter Rundbauten umgeben waren. Da und dort lag Schnee auf flachen Erhebungen. Trotz des stürmischen Winds herrschte eine tiefe Stille an diesem Ort. Die Erhebungen entpuppten sich als Behausungen, aus denen in schwarze Umhänge gehüllte Frauen heraustraten, um Eva und die Mentorin zu begrüßen. Eine magische Aura umgab diese Frauen und selbst diejenigen, die mühsam auf einen Stab gestützt gingen, strahlten Können und Entschlossenheit aus.

Als Eva sich umdrehte, um die Aussicht zu betrachten, entdeckte sie einen weiteren schneebedeckten Hügel mit runden Steinbauten und einem großen Grab. Die Wintersonne stand tief am Horizont und segnete mit ihren schwachen Strahlen das Land.

Das Heiligtum der Erzählung

Die Mentorin lief auf ein Gebäude aus großen, hellgrauen Steinen zu. Die Steine waren verwittert, aber die Verzierungen aus gewellten Linien, Rauten, Spiralen und Kreise waren noch zu erkennen. Einige Stellen waren weiß gestrichen und die Kerbungen waren mit roter, blauer oder schwarzer Farbe hervorgehoben. Der Eingang bestand aus zwei hohen, aufrecht stehenden Steinen, auf denen ein dritter quer lag. Auch dieser Türsturz war mit schönen, wirbelnden Formen verziert.

Ein dicht gewebter Teppich mit schwarz-weiß-roten Mustern hing in der Öffnung, um den Wind abzuhalten. Die Mentorin schob sich an dem Teppich vorbei und Eva hob den Teppich zur Seite, um ihr in die Dunkelheit folgen.

»Beeilt euch!«, rief jemand aus dem Inneren. »Lasst nicht die ganze Wärme raus!«

Der Raum war rund und wurde von einem Feuer in der Mitte erwärmt. Das Dach mit seinen großen, ineinandergreifenden Steinen erinnerte an einen Bienenstock. Es war vollkommen ruhig, das Heulen des Windes war nicht mehr zu hören. Plötzlich löste sich eine Gestalt aus der Dunkelheit. Die Frau war klein, sie reichte Eva kaum bis zu den Schultern. Ihre Kleidung bestand aus mehreren Lagen gewebten Stoffs, jede mit einem anderen Muster. Die Arme ihrer Tunika waren bunt bestickt.

Als die Frau aufblickte, sah Eva ein altes Gesicht mit schweren Augenlidern, tiefen Falten und Tränensäcken unter den Augen. Vertikale Linien zogen sich über Mund und Lippen. Ihre Haut wirkte durchscheinend und straffte sich über den Wangenknochen. Blaue Adern musterten die Wangen wie eine Tätowierung. Zum ersten Mal auf ihrer Reise begegnete Eva einer alten Frau mit kurz geschnittenem Haar.

Die alte Frau bemerkte, dass Eva sich die Stelle an der Hand rieb, an der die Stechpalmenblätter sie gekratzt hatten. »Ich sehe, du hast die Alte Mutter Stechpalme besucht und ihr ein Geschenk überreicht«, sagte sie mit ruhiger Stimme.

Noch bevor Eva den Sinn der Worte begriff, fuhr die Frau fort: »Willkommen im Heiligtum der Erzählung. Ich bin die Wächterin.« Ihre Stimme hallte von den Wänden des Raumes wider.

Die Wächterin deutete mit ausgestrecktem Arm auf die Wände. Im schwachen Schein des Feuers erkannte Eva, dass sie aus großen, flachen Steinen gemauert waren. Die eingemeißelten Muster schienen sich in dem flackernden Licht zu bewegen. Ringsum waren Steine zu einer niedrigen Wand aufgeschichtet, die als Bank oder Regal dienen mochte.

»Dies ist die Erzählung der Zyklischen Göttin. Ich werde sie für dich wiedergeben.«

Während sie sprach, erschien ein diffuses weißes Licht um die alte Frau herum und beleuchtete die Zeichen in den Steinen. Die Wächterin stellte sich links vom Eingang vor die Wand und bewegte sich langsam vorwärts, als ob sie die Wände lesen würde, während sie die Worte sprach.

»Dies ist die Weisheit der Frauen ...«

»Am Anfang tanzte die Zyklische Göttin voller Freude mit der Ersten Frau im Rhythmus ihrer Energien, die durch den Schoß der Ersten Frau flossen.«

»Die Seele der Ersten Frau erfreute sich an den wunderbaren weiblichen schöpferischen Energien, die sie durch den zyklischen Tanz ihres Schoßes erlebte.«

»Der Tanz war so schön und so berauschend, dass die Seele der Ersten Frau ihre Erfahrungen vertiefen wollte. Daher teilte sie sich in drei Teile, wodurch die Erste Frau in jedem Zyklus drei Tänze tanzte – einen des Schoßes, einen des Herzens und einen des Geistes. Die Seele erforschte nun die tieferen Aspekte der Zyklischen Göttin und ihr Schoß, ihr Herz und ihr Geist verwoben Rhythmen und Melodien zu einem komplexen Muster. Jeder Schritt des Tanzes drückte Dankbarkeit für das Geschenk der Zyklischen Göttin aus.«

»Gemeinsam webten sie die Wirklichkeit – die Zyklische Göttin feierte die Welt, die die Erste Frau erschaffen hatte.«

»Aber irgendwann konzentrierte sich die Erste Frau nur noch auf das Vergnügen, die Göttin verlor sie aus den Augen. Und selbst als die Göttin sie aus der Dunkelheit der Alten Frau und ihrem Blut rief und ihr Gesicht enthüllte, ignorierte die Erste Frau ihren Ruf.«

»Traurig sah die Göttin, dass die Erste Frau den Tanz aufgegeben hatte. Es war ein Moment der Verlassenheit, in dem der Rhythmus ins Stocken geriet und die Melodie verklang.«

Die Wächterin wandte sich dem nächsten Stein zu und fuhr mit ihrer Geschichte fort. »Verwirrt, verängstigt und aus dem Gleichgewicht geraten, suchte die Erste Frau nach dem Tanz. Er hatte sie so lange begleitet, dass sie vergessen hatte, dass er ein Geschenk war. Da fühlte sie sich verletzlich und verloren. Sie streckte ihre Hand in die Welt aus in dem Versuch, sich selbst zu heilen und die Gefühle des Tanzes neu zu erwecken.«

»Sie versuchte herauszufinden, was nicht stimmte. Doch irgendwann war sie so erschöpft, dass sie aufgab. Statt in der Welt zu suchen, blickte sie in sich hinein – und erkannte die Göttin in ihrer vollen transzendenten Schönheit. Die Erste Frau weinte die Tränen vergangener Schmerzen, des Unglücks, der Sehnsucht und der Gier, der Leere und des Verlustes.«

Das Leuchten um die alte Frau herum hatte inzwischen so zugenommen, das ihr Oberkörper in wunderbarem weißem Licht gebadet war. Eva spürte die mächtige Magie, die in diesem Raum und in der Erzählung lag.

»Die Zyklische Göttin besuchte die Erste Frau erneut – aber anstatt mit ihr zu tanzen, segnete die Göttin sie damit, dass ihr Selbst zusammenbrach, damit sie nicht in der Welt gefangen blieb. Nachdem die Erste Frau die Rückkehr zu ihrem vollständigen Selbst vollzogen hatte, fügte ihre Seele in Freude und tiefer Liebe ihre drei Ausdrucksformen zu einer einzigen Ausstrahlung im Herzen zusammen.«

»Das volle Licht der Seele erleuchtete ihren Geist mit dem Bewusstsein für die Mutter des Universums, segnete ihren Schoß und Körper und strahlte in alle Richtungen. Die Göttin und die Erste Frau umarmten sich. Die tiefe Liebe und Inspiration der Göttin strömten aus der Ersten Frau in die Welt.«

Die alte Frau hatte den Raum nun umrundet und während ihre letzten Worte verhallten, schwand auch das Leuchten. Im flackernden Feuerschein, umringt von der Dunkelheit, hingen die Frauen ihren Gedanken nach.

»Nach der Rückkehr kann eine Seelenmutter viele Wege beschreiten, bevor sie schließlich zu einer Verschleierten wird – zu einer vollständigen Alten Frau«, sagte die alte Frau.

»Ich gehe den Weg einer Spirituellen Alten Frau. Ich wurde dazu berufen, die Weisheit unserer Gebärmutter mit den Frauen zu teilen, sie über die Göttin zu unterrichten. Ich stehe am Tor zwischen den Welten und bringe die Führung der Seele, der Ahnen und der Göttin zu allen Frauen. Andere Frauen gehen einen anderen Weg – vielleicht den der Weisen Alten Frau, der Großen Alten Mutter oder der Heilenden Alten Frau.«

Sie hielt inne und lauschte. Dann sagte sie: »Ihr werdet gesucht. Bag O'Bones ruft euch.«

Die Augen der Mentorin weiteten sich vor Schreck. Schnell formte sie mit den Fingern ein Zeichen.

»Ach, hören Sie doch auf mit dem Unsinn«, rief die alte Frau, als sie das Zeichen bemerkte. »Wir zollen Respekt, wenn er verdient und fällig ist, aber wir müssen uns nicht an die gesellschaftlichen Gepflogenheiten halten, wenn wir es nicht wollen. Hier nennen wir sie Bag O'Bones.«

Daraufhin scheuchte die Wächterin sie aus dem Gebäude. Draußen traf Eva die Kälte wie eine Wand. Warum lebten diese Frauen an einem so trostlosen Ort?

Als ob die Mentorin ihre Gedanken lesen könnte, flüsterte sie: »Im Sommer sind dieser Hügel mit Wildblumen und Orchideen bedeckt!«

Eine schwarze Krähe krächzte, während sie mit dem Wind durch die Luft segelte – ein unruhiger schwarzer Fleck vor den blassgrauen, schneebeladenen Wolken.

Die Verschleierte

Eine ältere Frau, eingehüllt in einen großen schwarzen Schal, kam langsam durch den Schnee auf sie zu. Als sie vor ihnen stehen blieb, konnte Eva sehen, dass ihre Augen weiß verschleiert waren.

Die Frau legte kurz zwei Finger an ihre Lippen. »Man nennt mich die Stimme der Alten Frau«, sagte sie dann. »Ich werde dich zu ihr führen.«

Die Frau wandte sich zum größten Erdhügel und bedeutete Eva und der Mentorin, ihr zu folgen. Wie der kleinere Grabhügel hatte auch dieser schneebedeckte Hügel einen Eingang, der aus drei uralten, mit komplizierten Mustern verzierten Steinen bestand. Ein kleiner Graben umgab den Hügel wie eine Grenze zwischen den Welten der Lebenden und der Toten. Das Gefühl der Macht war so stark, dass sich Eva der Magen zusammenzog.

Am Graben hielt die Mentorin inne. »Ich werde dir nicht folgen«, sagte sie zu Eva. »Das musst du allein tun.« Abrupt drehte sie sich um und ging fort.

Eva hielt inne. Was sollte sie tun? Sollte sie ihrer Mentorin noch etwas zurufen?

»Komm!«, drängte die Stimme der Alte Frau. »Du darfst Bag O'Bones nicht warten lassen.«

Im Inneren war es dunkel, aber im schwachen Tageslicht, das durch den Eingang fiel, konnte Eva einen niedrigen, gemauerten Gang erkennen. Die Steine waren mit kleinen kreisförmigen Vertiefungen versehen, die wie dunkle Monde aussahen. Auf dem Boden lagen runde weiße Kieselsteine. Die Stimme der Alte Frau trat durch den Eingang, ging in die Hocke und hob eine steinerne Murmel auf. Vorsichtig schlug sie damit gegen ein Loch in der Wand. Ein einziger klarer Ton hallte den Gang hinunter und wurde von den Steinen reflektiert, sodass eine wundervolle Harmonie entstand.

Die Stimme der Alten Frau legte den Stein zurück auf den Boden, dann schlurfte sie hinaus. »Nimm einen Mondstein«, sagte sie zu Eva, »und bitte um Erlaubnis, eintreten zu dürfen. Wenn du das Gefühl hast, dass dir die Erlaubnis gewährt wurde, schlage den Stein in das Loch und lege ihn dann wieder auf den Boden. Spürst du keine Erlaubnis, dann tritt nicht ein.«

Die Stimme der Alten Frau trat zur Seite und Eva beugte sich durch den niedrigen Eingang. Drinnen hockte sie sich hin und wählte einen Mondstein aus. Dann fragte sie ängstlich in die Dunkelheit: »Darf ich eintreten?«

Plötzlich erstrahlte der Stein in ihrer Hand in hellem, weißem Licht und Eva spürte einen liebevollen Willkommensruf in ihrem Geist. Sofort wich die Angst von ihr. Lächelnd schlug sie den Mondstein gegen das Loch in der Wand und ein harmonischer Dreiklang tönte den Gang hinunter.

Ehrfürchtig legte Eva den Stein zurück auf den Boden und begann, sich in die Dunkelheit vorzuwagen. Als sie mit den Fingerspitzen über die großen behauenen Steine auf beiden Seiten strich, um sich zu orientieren, konnte sie die in den Stein gekerbten Wirbel und runden Vertiefungen ertasten.

Ein goldenes Licht zeigte Eva an, dass sie das Ende des Ganges erreicht hatte. Sie betrat einen großen runden Raum mit einer hohen Kuppel. Kleine, mit Öl gefüllte Steinschalen erhellten den Raum. Links und rechts von Eva befanden sich dunkle Nischen. In dem flackernden Licht konnte Eva in einer der Nischen ein großes Steinbecken erkennen. Darin lagen Knochen und Schädeln, die mit rotem Ocker bedeckt waren.

In der Mitte des Raumes brannte ein kleines Feuer in einer flachen Steinschale. Abgesehen vom Knistern des Feuers war es völlig still. Eva fühlte sich unwohl, aber tief in ihrem Körper und in ihren Knochen wusste sie, dass sie in diesem Moment hierher gehörte.

Hinter dem Feuer hockte eine kleine dunkle Gestalt auf dem Boden, vollständig unter einem schwarzen Schleier verborgen. Links und rechts von ihr saßen zwei junge Mädchen, beide in weiße Tuniken gekleidet. Jedes Mädchen hielt ein neugeborenes Winterlamm auf dem Schoß. Eva spürte die Kraft, die von der dunklen Gestalt ausging. Sie war so stark, dass Eva voller Ehrfurcht auf die Knie sank und ihre Stirn auf den Steinboden presste.

Die jungen Mädchen beobachteten Eva. Nach einer Weile legte das eine ihr

Lamm vorsichtig auf den Boden und beugte sich vor, um der verhüllten Gestalt etwas zuzuflüstern. Eine faltige Hand tauchte unter dem Schleier auf und gab Eva zu verstehen, dass sie sich aufsetzen sollte. Eva versuchte, die Gestalt nicht anzustarren. Was für eine Frau sich wohl unter dem Gewand verbarg?

»Du willst also sehen, wie ich aussehe, Kind?« Die Stimme klang leise und brüchig. »Ich warne dich, es ist nicht schön.«

Vorsichtig lüfteten die Mädchen den Schleier und öffneten den dunklen Mantel darunter, um eine kleine, missgestaltete Frau zu enthüllen. Als Erstes fiel Eva auf, dass die alte Frau fast kahl war, nur ein paar dünne, krause, weiße Haarbüschel bedeckten den Kopf. Tiefe Falten durchzogen das Gesicht der Frau, die Wangen wirkten hohl, die Augen waren trüb vom grauen Star und tränten vom Rauch des Feuers.

Als die Greisin lächelte, sah Eva, dass sie kaum noch Zähne hatte. Ihr Körper war gezeichnet von Arthritis und schlecht verheilten Knochenbrüchen. Die Hand- und Fingergelenke waren geschwollen und verdreht, daher sahen ihre Hände wie knorrige Wurzeln aus. Unter der Haut zeichneten sich scharf die Rippen ab, die Brüste waren lang und flach und hingen zu beiden Seiten ihres aufgeblähten Bauches hinab. Überall war die Haut gesprenkelt von Bisswunden, nässenden Verletzungen, Infektionen, Blutergüssen und Narben.

»Als ich die junge Königin und Priesterin der Muttergöttin des Lebens war, kamen die Männer zu mir, um meiner Schönheit und Fruchtbarkeit zu huldigen«, krächzte die alte Frau leise. »Jetzt verstecke ich meinen Körper, damit die jungen Frauen sich nicht von meiner Hässlichkeit ablenken lassen und meinen Worten und meiner Weisheit mehr Aufmerksamkeit schenken.« Es lag keine Traurigkeit oder Wut in ihren Worten.

»Nun sieh mich mit dem Herzen an.« Trotz ihrer brüchigen Stimme klang dies wie ein Befehl.

Verblüfft sah Eva die vom Alter gezeichnete Gestalt an. Die Schmerzen, die diese alte Frau erleiden musste, machten Eva traurig. Sie spürte, wie sich ihr Herz öffnete und mit Mitgefühl und Liebe füllte. Plötzlich erstrahlte der Oberkörper der alten Frau und erfüllte die Gruft mit einem hellen weißen Licht. Eva keuchte auf.

»Jetzt siehst du, wer ich wirklich bin«, sagte die Greisin lächelnd, während die beiden Mädchen vorsichtig den Mantel schlossen. Doch auch als der Körper wieder unter dem Schleier verborgen war, blieb das Licht.

»Was du siehst, ist mein Seelenlicht und meine wahre Schönheit.«

Nach einer lange Pause fuhr die Alte Frau fort: »Ich bin die Verschleierte, die Dunkle Mutter.« Der Atem der Alten Frau ging nun schwer. »Wenn du lange lebst, wirst du auch zur Verschleierten werden. Habe keine Angst, es ist eine große Ehre, die Dunkle Mutter auf der Erde zu verkörpern.«

Die Verschleierte veränderte ihre Position. Nach einer weiteren Pause sagte sie: »Aber damit die Dunkle Mutter anwesend sein kann, müssen sich Körper und Geist auflösen und die Grenzen des Selbst und der Zeit müssen gesprengt werden. Es folgt ein heiliger Zustand, denn der Geist wird frei, um mit den höchsten Ebenen des Bewusstseins eins zu werden. Dennoch wirst du in der Lage sein, dieses Bewusstsein in die Welt zu bringen.«

Mit ihrer entstellten Hand winkte sie Eva zu sich. »Komm zu mir.«

Eva stand auf, ging um das Feuer herum und kniete sich vor die kleine Frau. Die Verschleierte legte ihr sacht eine Hand auf den Kopf.

Plötzlich explodierte das weiße Licht, das von der dunklen Gestalt ausging, und die Welt um Eva herum verschwand. Eine schöne lächelnde Frau erschien in dem Licht, sie trug eine Krone aus Sternen. Instinktiv wusste Eva, dass dies die Mutter der Seelen war, die Quelle, die Dunkle Mutter. Evas Geist durchbrach seine Grenzen wie eine Glasscheibe und sie sah, dass sie von Sternen und Galaxien umgeben war. Ein wunderschönes Lied erklang in der Dunkelheit, jeder Stern und jeder Planet sang seinen eigenen Ton. Es gab keine Grenze für das, was sie war, alles war ein Teil von ihr, und Eva fühlte reine Liebe, als ihr Bewusstsein sich dem Lied anschloss.

Als Eva nach einer Weile ihren Blick wieder auf die Mutter der Seelen richtete, bemerkte sie, dass sie auf den Wurzeln eines riesigen Baums aus Licht standen. Der Stamm ragte hoch über ihnen auf, um sich weit oben in zwei Hauptäste aufzuteilen. In der Baumkrone ruhte der Vollmond. Die Wurzeln des Baumes reichten in das Universum hinaus. Dort webten sie ein verschlungenes Muster zwischen den Sternen. Eva spürte, wie sich die Energie ihres Schoßes mit den Wurzeln vereinte und ausdehnte. Ein Gefühl starker Verbundenheit und Zugehörigkeit keimte in ihr auf und tief in ihrem Inneren erkannte sie, dass die Sterne an den Wurzeln die Gebärmütter der Frauen waren und dass sie alle miteinander und mit der Energie des Baumes verbunden waren.

Eine sanfte Stimme erklang in Evas Geist: »Lenke deine Aufmerksamkeit auf dein Herz.«

Eva tat, wie geheißen. Es war, als bildete sich tief in ihrem Herzen ein kleiner Stern. Voller Vertrauen ließ sie sich fallen und spürte ein intensives Gefühl des Einsseins.

Als ein einzelner Ton an Evas Bewusstsein zerrte, folgte sie ihm. Weder Zeit noch Entfernung existierten, aber Eva folgte dem Ton hin zu einem Stern, zu einer Welt, zu einem Land, zu einem Hügel, zu einem Grab und zu einer Frau, die vor einer dunklen Gestalt kniete. Keuchend öffnete Eva die Augen. Sie spürte das Lied des Universums in sich selbst und in allem um sie herum. Liebe und Licht strömten aus ihrem Herzen.

Die Verschleierte kicherte. »Es ist schwer, in einem so kleinen Körper zu bleiben, wenn man weiß, wie groß man wirklich ist. Aber bis wir zur endgültigen Rückkehr gerufen werden, hat die Dunkle Mutter eine Aufgabe für uns, die wir von ihr berührt wurden: Wir sollen anderen die Liebe und Freundlichkeit der Dunklen Mutter zeigen. Und wir sollen anderen zeigen, wie sie ihre Vorstellungen davon, wer sie sind und wie sie sein sollen, durchbrechen können.«

Die Verschleierte klang nun müde. »Es ist Zeit für dich, in die Welt zurückzukehren«, sagte sie. »Erinnere dich an diese Vision von der Zukunft. Erinnere dich daran, wer du bist, während du deinen Weg gehst.«

Eines der Mädchen half Eva auf die Beine. Eva fühlte sich unsicher und hatte Schwierigkeiten zu sprechen. »Danke«, brachte sie schließlich flüsternd hervor.

Gemeinsam mit dem Mädchen kehrte sie in den Gang zurück. Als sie durch den niedrigen Eingang hinaus in den Schnee stolperte, blendete das Licht der Außenwelt sie. Tränen liefen ihr über die Wangen. Ihr gesamter Körper schmerzte von dem, was sie in der Gruft zurückgelassen hatte.

Die Seelenmütter

Eva registrierte kaum, wie jemand ihr eilig eine rote Wolldecke um die Schultern legte und sie in den Arm nahm, bis sie aufhörte zu schluchzen.

»Willkommen zurück. Nicht alle, die eintreten, kehren zu uns zurück.«

Jetzt erst erkannte Eva die Stimme der Mentorin. Die Wolken hatten sich verzogen und einem weichen, diffusen Sonnenlicht Platz gemacht. Eva blickte auf die blaugrauen Hügel in der Ferne. Es war, als stünde sie im Zentrum des Landes.

Vier ältere Frauen in langen, weiten Gewändern kamen langsam auf Eva und die Mentorin zu. Als die erste Frau vortrat, sah Eva, dass tiefe Falten ihr Gesicht zeichneten. Die Haut war so dunkel wie der Nachthimmel. Ihr weißes Haar war mit Perlen verziert und wurde von einer großen, weißen Gänsefeder aus dem Gesicht gehalten. Die dunklen Augen funkelten vor Freude. Plötzlich bemerkte Eva, dass sich in der Kapuze des Umhangs etwas bewegte: Eine kleine Wildkatze lugte mit leuchtend grünen Augen hervor.

Die Frau stützte sich auf einen weißen Holzstab. Als sie sich leicht verbeugte, achtete sie darauf, die Katze nicht in Bedrängnis zu bringen. Kurz legte sie zwei Finger an ihre Lippen, dann sagte sie mit warmer Stimme: »Willkommen. Wir sind die Seelenmütter, die Vollständigen, die Alten Frauen. Kommt mit uns und wärmt euch an unserem Herd.«

Eva und die Mentorin folgten den vier Frauen zu einem kleinen schneebedeckten Erdwall. Am Eingang schoben sie einen wunderschön verzierten Türvorhang zurück und betraten den Hügel. Eva folgte ihnen in eine himmlische Wärme, in der es nach frischem Brot und getrockneten Sommerkräutern roch.

Die alten Frauen streiften ihre Umhänge ab und zum Vorschein kamen reich verzierte weiße Kleider. Sie begannen, sich mit dem Kochfeuer zu beschäftigen. Getrocknete Pflanzen hingen vom Steindach, gewebte Vorhänge trennten private Bereiche ab. Neben dem Feuer lag ein großer Schleifstein und an der Steinwand lehnte ein Webstuhl. Kleine Wandlampen warfen ihr Licht auf die Muster, die in die Steine eingemeißelt waren.

Mit steifen Bewegungen setzte sich die Mentorin auf ein rotes Kissen am Feuer und auch Eva nahm Platz. Die Frauen reichten ihnen große Holzschalen mit Tee und eine Platte mit frischem dunklem Brot. Sie aßen schweigend. Eva merkte, wie das warme Brot sie in ihren Körper und in die physische Welt zurückbrachte. Schließlich schaute sie sich um. Sie spürte die sanfte Liebe und die weibliche Kraft dieses Ortes.

Die erste Frau, der sie begegnet waren, saß Eva gegenüber. Die Wildkatze saß auf ihrem Schoß, neben ihr lag eine Knochenflöte. Sie lächelte über Evas aufmerksame Blicke und berührte kurz mit den Fingern ihre Lippen.

»Alte Frau ist ein Begriff der Macht, es ist ein Titel, der die tiefen inneren Herausforderungen der Reise anerkennt, die wir mit der Rückkehr unternommen haben«, sagte sie.

»Wenn die Veränderungen deiner Gestaltwandlerinnen-Zeit aufhören und du keine Dunkle Zauberin mehr bist, wirst du vollständig sein. Dann werden die Kräfte aller Göttinnen in deinem Herzen zu weißem Licht verschmelzen. In diesem heiligen Raum, der sowohl die Sichel des Lichts als auch die Dunkelheit enthält, entscheidest du, wer du sein willst. Dies ist deine Zeit der Fülle und der enthüllten verborgenen Schätze.« Die Frau verbeugte sich.

»Ich bin eine Weise Alte Frau, ich bin dazu berufen, Gesetzgeberin und Friedensstifterin zu sein und die Entscheidungen und Handlungen zum Wohle aller in der Gemeinschaft und für das Land zu lenken.« Die zweite Frau war herangetreten und setzte sich nun ans Feuer. Eva erkannte sie, es war die Stimme der Alten Frau. Ihre winterhelle Haut und das weiße Haar hoben sich leuchtend von den Farben der bestickten Tunika ab. Die eisblauen Adern auf der Hand verwoben sich mit blauen Tätowierungen. Über ihre dunkle Holzschale hinweg lächelte sie Eva an.

Die Stimme der Alten Frau berührte sanft ihre Lippen mit zwei Fingern, dann sagte sie: »Ich bin die Stimme der Alten Frau, ich bin die Weberin ihrer Geschichten, die Bewahrerin ihrer Tradition und die Hüterin ihres Wissens. Ich bringe die Alte Frau in das tägliche Leben und das tägliche Leben zur Alten Frau.«

Eine kleine, mondgesichtige Frau kniete am Feuer nieder und verneigte sich. Ihre Haut war rotbraun, ihr weißes Haar wurde von einer schönen blauen Steinspange im Nacken gehalten. Sie legte ihre Finger an die Lippen und zog dann Stricknadeln aus einem Beutel hervor, der an ihrem Gürtel hing. Während sie sprach, klapperten die Holznadeln.

»Ich bin eine Große Alte Mutter. Ich helfe dem Clan, mit Liebe und mit den Energien des Landes und des Lebens zu fließen. Ich bin dazu berufen, die Mütter und die Heranwachsenden im Alltag zu unterstützen, ihnen zu helfen, damit sie wachsen. Ich lehre alle, in Harmonie mit ihrer wahren Natur, mit den Geistern des Landes und den Rhythmen der Frauen zu leben.«

Schließlich kam die vierte Frau zum Feuer und setzte sich zu den anderen vor Eva. Ein weiß-grauer Wolf mit tiefem Winterfell folgte ihr. Er saß da und zuckte mit den Ohren in Richtung der Geräusche des Feuers. Feines weißes Haar umrahmte das Gesicht der Frau, aber es war die scharf geschnittene

Nase, an der Eva sie erkannte. Zwei große Schmetterlingsflügel waren hinter ihrem Rücken ordentlich gefaltet.

Die Frau berührte mit den Fingerspitzen ihre Lippen und rief mit rauer Stimme: »Ja! Wir haben uns am Wächterstein getroffen.« Sie lächelte. »Ich bin eine Heilende Alte Frau. Ich webe die Magie der Liebe, der Natur und des Geistes, um Körper, Geist und Seele und die Erde zu heilen. Ich bin dazu berufen, das Leiden anderer zu lindern, aber auch die notwendigen Veränderungen herbeizuführen, damit der Fluss des Lebens erhalten bleibt.«

»Aber«, sagte sie leise, »nicht jede Medizin ist angenehm und manchmal müssen wir Dinge wegschneiden.« Die anderen Frauen nickten.

»Wir sind Seelenmütter«, sagte die Heilende Alte Frau. »Wir sind die Zurückgekehrten, die Vollständigen.

»Bag O'Bones mag ein Ziel für diejenigen von uns sein, die lange leben. Aber zunächst liegt die Reise vor uns, geführt von unserem Seelenlicht, das sich in der Welt widerspiegelt, für viele, viele Jahre.«

Die Mentorin wandte sich Eva zu und berührte Evas Lippen kurz mit den Fingerspitzen. Eva spürte, wie sich Licht in ihrem Herzen ausbreitete.

»Wenn die Zeit gekommen ist, wirst du wissen, wer du geworden bist«, sagte die Mentorin mit leiser, heiserer Stimme.

Als Eva sich ihr zuwandte, erkannte sie Bag O'Bones in ihr. Aus weißen Augen blickte sie Eva liebevoll an.

»Du warst es die ganze Zeit?«, flüsterte Eva.

»Oh ja«, antwortete Bag O'Bones lächelnd. »Und es war ein langer Weg für jemanden, der so alt ist wie ich.«

Eva bemerkte, wie Weise Alte Frau mit den Augen rollte und ihr zuzwinkerte.

»Aber jetzt ist es Zeit für dich, uns zu verlassen«, sagte Bag O'Bones. »Erinnere dich an diesen Traum. Erinnere dich daran, wer du bist. Vergiss nicht, dass ich immer für dich da bin.«

Bag O'Bones streckte die Hand aus, berührte Evas Stirn und plötzlich stand sie wieder draußen auf dem winterlichen Hügel. Das Weiß der Augen der Mentorin, das Weiß des Schnees, das schwache Sonnenlicht und der Ruf der Krähen wirbelten durcheinander und Eva fiel in das Sternenlicht der Verschleierten.

Das Erwachen

Die ganze Nacht hindurch durchfluteten Träume Evas Bewusstsein – flackernde Bilder von schwarz gekleideten Frauen, grasbewachsenen Gräbern und einem dunklen Wasserbecken, von einer gebeugten Frau, die Knochen sortierte, und von Tieren, die sich in Frauen verwandelten. Kleine Fetzen von Seelenträumen enthüllten und verloren sich wieder im Unterbewusstsein. Und immer war da die Mentorin.

In einem Traum war Eva wieder ein junges Mädchen, das in der Nacht ihrer ersten Menstruation von einer Mondfrau durch eine Landschaft geführt wurde. In einem anderen reckte sich ein wunderschöner Baum in die Höhe, um den Vollmond in der Baumkrone zu wiegen. Das Mondlicht fiel auf weiße Tiere, die Eva umringten.

Schließlich, tief im traumlosen Schlaf, holte der Wecker Eva in die Alltagswelt zurück. Sie öffnete die Augen und die Erinnerungen an die Träume der Nacht strömten in ihr Bewusstsein. Etwas fühlte sich anders an. Der Widerstand, den sie gegen den vor ihr liegenden Weg empfunden hatte, war verschwunden. Stattdessen fühlte sie Frieden und Hoffnung und ein Gefühl von innerer Schönheit und Licht. Sie kannte nun die spirituelle Reise, die vor ihr lag, und tiefe Zufriedenheit erfüllte sie.

Als Eva sich aufsetzte, bemerkte sie, dass ihre Haut schweißnass war. Kein Zweifel, ihr Körper veränderte sich, und bevor sie eine Seelenmutter wurde, würde sie noch viele Aspekte ihres Selbst loslassen müssen oder akzeptieren und lieben lernen.

Aber die Verwirrung des Aufbruchs war verschwunden und in ihrem Herzen fühlte sie die ersten Strahlen des Seelenlichts leuchten. Welche Herausforderungen auch immer vor ihr lagen, sie wusste, dass sie sich verändern würde, sie wusste, dass sie Licht in sich trug, und sie wusste, dass es ihr gut gehen würde.

Lächelnd schaltete sie den Wecker aus und kuschelte sich wieder unter die Bettdecke, um weiter zu träumen.

Dreimal die Erzählung, dreimal das Lernen, dreimal die Wahrheit.
Ein Schritt eine Reise, zwei Schritte ein Weg, drei Schritte ein Tanz.
Einmal ist Erfahrung, zweimal ist Lernen, dreimal ist Weisheit.

Lies diese Geschichte dreimal:
einmal, um dich an der Geschichte zu erfreuen,
einmal, um die Szenen im Detail zu gestalten und zu erleben
und einmal, um auf die tieferen Weisheiten zu hören.

Von der Zauberin zur Alten Frau

Kapitel 4: Der Weg des Labyrinths

Das Ziel
unseres Wegs durch die Wechseljahre
ist zutiefst spirituell
und inspirierend.

Meditation: Der erste Schritt

Die Zauberin in ihrer Form als Erntemutter trennt uns von unserem erwarteten Leben und wirft uns in die Luft, um die alten, trockenen Spelzen zu zerstreuen. Übrig bleibt das Korn voller Lebenskraft und Neuanfänge.

Vielleicht zögern wir, dem Ruf ins Labyrinth zu folgen, vielleicht fürchten wir die Dunkelheit, aber wenn die Zeit reif ist, den ersten Schritt zu tun, werden wir es wissen. Dann wird uns die Zauberin entgegenkommen und unsere alten Muster sanft und vorsichtig abwaschen. Geduldig wird sie unser Geflecht entwirren und in unsere ursprünglichen Fasern zurückverwandeln.

Schließe die Augen und atme tief ein.
Richte deine Achtsamkeit auf deinen Körper.
Siehe, wisse oder fühle, dass du in einer Erntelandschaft stehst und das warme Sonnenlicht dein Gesicht streichelt.
An den Ästen der Bäume hängen reife Früchte und in den Büschen leuchten rote und schwarze Beeren. Helle, vom Sonnenlicht beschienene Bereiche wechseln mit schattigen Flecken ab. Die längeren Schatten bringen etwas in dir zum Schwingen – du weißt, dass der Wandel kommt.
(Pause)
Vor dir liegt ein Erdhügel. Große Steine flankieren den Eingang. In den Türsturz ist ein kreisförmiges Labyrinth eingemeißelt und flache Stufen laden dich ein, in die Dunkelheit hinabzusteigen.
Du willst den ersten Schritt tun, aber du zögerst. Du weißt, dass es kein Zurück mehr gibt, wenn du den ersten Schritt gegangen bist. Gedanken wirbeln durch deinen Kopf – sie leugnen, dass es jetzt an der Zeit ist, den Labyrinthweg zu beginnen. Dein Ego schreit: »Ich bin zu jung«, »Ich bin noch nicht bereit«, »Das ist nicht das, was ich brauche« und »Ich will mich nicht verändern«.
(Pause)
Doch aus der Dunkelheit hörst du eine leise Stimme, die dich ruft.

»Komm«, sagt sie. »Vertraue mir und ich werde dich in meine Liebe einhüllen. Ich bin hier und warte darauf, dich zu empfangen.«
Du spürst, dass du von Liebe umgeben bist. Die Dunkelheit fühlt sich wie ein Teil von dir an.
In deinen Knochen, in deinem Bauch, deinem Herzen und deiner Seele weißt du, dass du bereit bist, diesen Weg zu gehen.
(Pause)
Du machst den ersten Schritt.
Als du die Dunkelheit betrittst, ruft die Stimme erneut nach dir:
»Lass hinter dir, was dich bindet, einschränkt oder versteckt.«
Mit jedem Schritt löst du ein Kleidungsstück und lässt es zu Boden fallen. Am Anfang zeigt dir das Licht der Außenwelt den Weg und hilft dir beim Ausziehen. Aber je tiefer du gehst, desto mehr verliert sich das Licht. Nun musst du spüren, was losgelassen werden will und wie du es loslassen kannst.
Du brauchst das Muster, für das die Kleidung steht, weder zu kennen noch zu erforschen – du musst nur wissen, dass es Zeit ist, loszulassen.
Nimm dir Zeit. Es gibt keinen Grund zur Eile.
Manche Kleidungsstücke lassen sich nur schwer ausziehen. Konzentriere dich dann auf die kleinen Dinge wie das Öffnen eines einzelnen Knopfes oder eines Reißverschlusses. Atme dabei tief ein und aus, um dein Muster an die Dunkelheit zu übergeben.
(Pause)
Die Kleider und das Muster, die du beim Hinabsteigen auf den Steinstufen hinterlässt, sind Liebesgaben an die Zauberin.
Fühle oder wisse, dass die Zauberin diese Kleider nimmt und zu einem Bündel wickelt. Sie wendet dir den Rücken zu, damit sie dir nicht zurückgegeben werden können.
Ihr einziger Wunsch ist es, dich zu sehen, während du dich enthüllst, bis deine Fesseln gesprengt und deine Schutzmechanismen zerschlagen sind. Sie will dir helfen, tiefer in die Dunkelheit vorzudringen.
Steig weiter hinab und lass los. Fühle dich wohl in der Dunkelheit und in deiner Nacktheit.
(Pause)
Allmählich glimmt vor dir Licht auf und du betrittst das Herz des Hügels. Die Zauberin kniet vor einem großen bronzenen Kessel. Kerzenlicht fällt auf ihr schwar-

zes, von weißen Strähnen durchzogenes Haar und ihre Haut. In dem Kessel wäscht sie die Kleider, die du der Dunkelheit übergeben hast.
Sie blickt dich mit dunklen Augen an und sagt:
»Ich bin die Seelenwäscherin. Deine Kleider tragen die Zeichen der Kämpfe, die du ausgefochten hast, der Verteidigungswälle, die du errichtet hast, und des Schutzes, den du getragen hast.«
»Ich lasse dich los, damit du frei bist.«
Deine Augen füllen sich mit Tränen. Du sehnst dich danach, den Schmerz und die Einschränkungen deiner Vergangenheit fortzuwaschen.
(Pause)
Langsam kniest du vor dem Kessel nieder. Du weißt, dass er dein Schoß ist. Die Seelenwäscherin bittet dich mit einer Geste, ihr zu helfen. Du wäschst die Kleidungsstücke im Wasser mit derselben Sanftheit und liebevollen Anmut wie die Seelenwäscherin. Und während du wäschst, lösen sich die Stücke nach und nach auf, bis das Wasser klar ist.
(Pause)
Die Seelenwäscherin sagt freundlich: »Erkenne, dass dein Körper, dein Geist und dein Wesen sich verändern und dass du nicht zurückgehen kannst.«
Von Gefühlen überwältigt treten dir die Tränen in die Augen.
»Trauere nicht um das, was du glaubst, verloren zu haben«, sagt sie und legt tröstend den Arm um dich.
»Meine Tochter, du hast deinen Weg nicht verloren, du hast nichts verloren. Es gibt nichts zu bedauern und nichts zu vergeben, denn du bist dabei, du selbst zu werden und zur Ganzheit zurückzukehren.«
»Du bist in diesem Moment mit Liebe, Reinheit und Anmut gesegnet. Ehre diesen Segen.«
(Pause)
Wenn du dich zentriert fühlst, atme tief ein und flüstere:
»Ich ehre die Frau, die ich war.«
Bringe ihr Respekt und Dankbarkeit in deinem Herzen entgegen.
»Ich blicke voller Hoffnung und Vorfreude auf die Frau, die ich sein werde.«
»Ich weiß, dass ich eine Frau der Erde und des Mondes bin, des Lichts und der Dunkelheit.«
Die Liebe der Seelenwäscherin fließt über dich und durch dich, tröstet und stärkt dich.

Einatmend spürst du, wie das Gefühl von Frieden in dir wächst. Ausatmend akzeptierst du den Weg, der vor dir liegt.
(Pause)
Tief in deinem Inneren weißt du, dass dein Weg als Frau, die die Stufen des Labyrinths der Wechseljahre beschreitet, begonnen hat.
(Pause)
Richte deine Aufmerksamkeit auf deinen Körper und auf den Boden unter dir. Sprich laut:
»Erdmutter, bitte erde meine neuen Veränderungen und Neuanfänge und lass meine alten Energien zu dir fließen, damit sie transformiert werden.«
(Pause)
Lege die Hände auf dein Herz und fühle Dankbarkeit für die Gegenwart und Liebe des Göttlich-Weiblichen.
Lächle das Göttlich-Weibliche in deinem Inneren an.
Lächle das Göttlich-Weibliche in der Welt um dich herum an.
Atme tief ein und aus.
Öffne die Augen.

Tipps für die Meditation

Wenn es dir schwerfällt, dir vorzustellen, völlig nackt in der Dunkelheit zu sein, oder du dich verletzlich fühlst, dann wiederhole einfach die Meditation einige Male. Nach und nach wird es dir leichter fallen, die Kleidung loszulassen, und du wirst anfangen, dich in der Dunkelheit wohler zu fühlen. Schließlich wirst du selbstbewusst und nackt im Zentrum des Labyrinths stehen.

Diese Meditation eignet sich auch als Zeremonie zur Anerkennung des Labyrinthwegs. In einer Zeremonie ist körperliche Nacktheit nicht erforderlich.

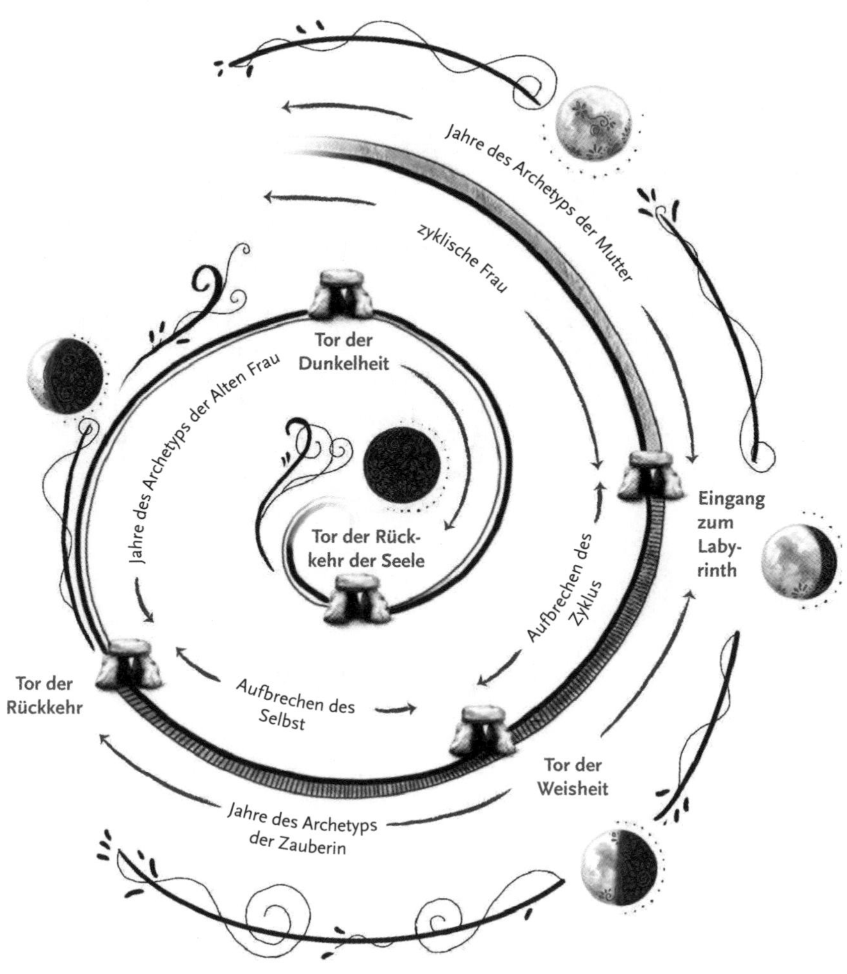

Abb. 9: Die Mondphasen und das Labyrinth

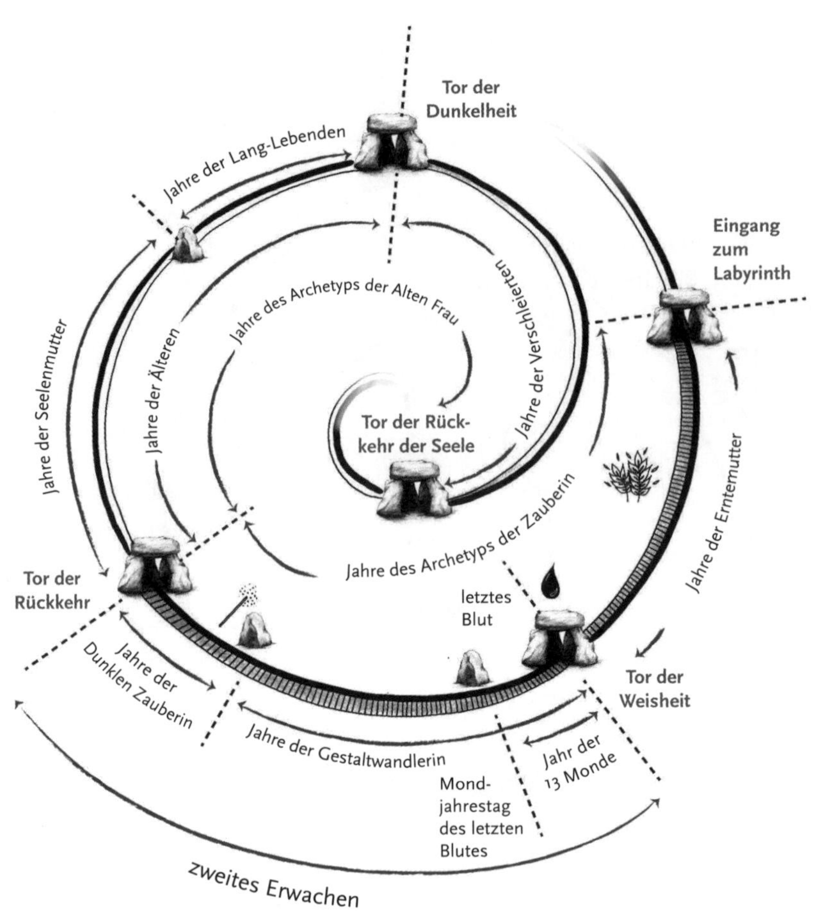

Abb. 10: Die Archetypen des Labyrinths

Evas Traum

Und dann
ändern wir uns.

In der Weisheitsgeschichte *Das zweite Erwachen* sind wir Eva durch die verschiedenen Reiche der Zauberin gefolgt. Wir sind durch die Tore auf den Labyrinthpfad getreten und den Zeichen in das Reich der Alten Frau gefolgt. Zu Beginn der Geschichte, während der Zeremonie der Erntemutter, dem ersten Aspekt der Zauberin, beobachtet Eva, wie Frauen in der Perimenopause ihren ersten Schritt ins Labyrinth vollziehen. Gemeinsam erleben Eva und ihre Mentorin dann die Zeremonie des letzten Blutes – des Weisheitsblutes. Mit dieser Zeremonie wird die Befreiung der vier weiblichen Archetypen von ihrem zyklischen Ausdruck geehrt und es beginnt der zweite Aspekt der Zauberin – die Gestaltwandlerin.

Evas Weg führt sie dann tiefer in das Mysterium des Weiblichen, von der Dunklen Zauberin – dem dritten Aspekt – zur Rückkehr und in das Reich der Alten Frau, wo sie die Verschleierte, die Vollständige Alte Frau, trifft. So geht Eva den Weg der Wechseljahre von der vertrauten äußeren Welt ihrer Mutter-Jahre durch die Jahre der Zauberin, um die zu treffen, die sie in ihren Jahren der Alten Frau sein wird – eine Seelenmutter, die ihr Licht in die Welt strahlt.

Die Weisheit dieser Geschichte ist weder alt noch neu, denn sie war schon immer in der Welt – mit und in den Frauen. Es ist eine Tradition, die so »alt« ist wie das Universum und gleichzeitig »neu«, weil wir sie zum ersten Mal aus dem Blickwinkel des heutigen Wissens und der modernen Gesellschaft interpretieren.

Der Zweck von Evas Geschichte ist es, in uns eine persönliche Erfahrung der gesamten vor uns liegenden Reise zu weben, damit wir unseren Weg und unser Ziel kennen. Wenn es dann an der Zeit ist, den Weg des Labyrinths zu gehen, können wir dies mit einem inneren Wegweiser tun, mit Vertrauen und Gelassenheit, zielstrebig und voller Aufregung und Staunen.

Unsere Reise ins Labyrinth

Die ersten Schritte

Für viele von uns beginnt die Reise durch das Labyrinth, wenn wir in den Vierzigern oder frühen Fünfzigern sind. Erste Unregelmäßigkeiten unseres Zyklus kündigen die Perimenopause an, ähnlich wie kleine Wellen am Strand auf den Wechsel der Gezeiten hinweisen. Aber auch wenn das Meer beginnt, sich zurückzuziehen, ist der Meeresspiegel zunächst noch hoch. Die Veränderungen berühren uns nicht sonderlich, obwohl sie Vorboten des Weges sind, der vor uns liegt. Die zyklischen Jahre des Archetyps der Mutter gehen zu Ende. Wir betreten das Labyrinth und spüren die Energie der ersten Sichel der Dunkelheit über dem Vollmond.

Viele Frauen sind noch fruchtbar, wenn sie ihre ersten Schritte auf dem Labyrinthpfad gehen, aber der Körper hat den Ruf der Alten Frau bereits vernommen. Die Zauberin tritt aus dem Schatten, um uns zu begrüßen. Es gibt kein Zurück mehr, denn diese Reise ist für uns vorbestimmt. Für viele Jahre wird die Universelle Zauberin nun unser Leben beeinflussen. Zu Beginn dieses neuen Lebensabschnitts bittet sie uns, uns daran zu erinnern, dass wir ihre Energien bereits erfahren haben. Was wir beobachtet haben, können wir nutzen, um die kommenden Veränderungen zu verstehen und zu begrüßen. Sie bittet uns, unseren Körper und unsere Gefühle wahrzunehmen und auf die Zeichen entlang des Weges zu achten, denn sie zeigen uns nicht nur, wie weit wir gereist sind und in welche Richtung wir gehen müssen, sondern sie helfen uns auch zu erkennen, wenn sich die Landschaft, durch die wir gehen, verändert hat.

In den kommenden Jahren werden uns die chaotischen Energien der Universellen Zauberin auf allen Ebenen beeinflussen. Wie in unserer prämenstruellen Phase werden wir während dieser Zeit des Wandels erleben, wie sich der Hormonspiegel ändert und die körperlichen Energien abnehmen. Wir werden die wechselnden Energien des Herbstes und die zunehmende Dunkelheit des abnehmenden Mondes verkörpern.

Die Zauberin wird damit beginnen, unsere zyklische Natur aufzulösen, indem sie die Archetypen aus den sich wiederholenden Mustern befreit. Sie wird unseren Sinn für unser Selbst verändern und den Einfluss der Mutter-

Jahre auflösen. Wenn die Zeit zwischen unseren Menstruationen länger wird, werden wir wissen, dass wir uns unserem Weisheitsblut nähern und dass unsere zyklische Natur bald enden wird.

Dieses »Auflösen« unserer zyklischen Natur und die Befreiung unserer Archetypen ist ein besonderes und heiliges Geschenk, das uns befähigt, zu unserem seelenvollen Selbst zu erwachen.

Die Jahre als Gestaltwandlerin

Unser Weisheitsblut – die letzte Menstruationsblutung – ist die Menopause: Es ist der Moment, in dem unser Zyklus nicht länger Teil unseres Lebens ist.

Nach dem Weisheitsblut beginnen die Jahre als Gestaltwandlerin. Das erste Jahr – ein Mondjahr von 13 Monden nach unserer letzten Blutung – ist das Weisheitsjahr. Dies entspricht der medizinischen Definition der Menopause: Sie wird rückblickend als die Menstruation definiert, nach der zwölf Monate (ein Sonnenjahr) lang keine weitere Blutung stattgefunden hat. Die Zeit um die Menopause herum nennt sich Perimenopause, danach spricht man von Postmenopause.

Die meisten Frauen wissen bis zu ihrem einjährigen Jubiläum nicht, dass sie ihre letzte Blutung hatten, aber ihr Körper und ihre Archetypen wissen es.

Der Labyrinthpfad betrifft nicht nur den Körper – obwohl der physische Körper der äußere Indikator für innere energetische Veränderungen sein kann. Frauen, die eine »frühe Menopause« erleben, können energetisch noch in ihren Mutter-Jahren bleiben. Dann liegt der Fokus weiter auf der äußeren Welt, bis die Zauberin sie an die Hand nimmt und ihnen hilft, dem spirituellen Ruf der Dunkelheit zu folgen und auch in Bezug auf ihre Energien und ihre Wahrnehmung die Wechseljahresreise anzutreten.

Unser Weisheitsblut ist der Meilenstein, der die Mitte der Jahre der Zauberin markiert. Wie der Halbmond stehen wir halb im Licht und halb in der Dunkelheit, unser Fokus ist gleichmäßig auf die innere Welt der Intuition und des Geistes und auf die äußere Welt der Bedürfnisse, Wünsche und Ziele ausgerichtet. Auf den Stufen des Labyrinths stehen wir halb im Licht und halb in der Dunkelheit, blicken hinauf zum Tageslicht über uns und hinunter in die Dunkelheit unter uns.

Und dann machen wir die ersten Schritte als Gestaltwandlerin und beginnen unsere zweite Adoleszenz, unser zweites »Erwachsenwerden« und unser zweites Erwachen. Wir durchlaufen die gleichen komplexen Prozesse, die wir in unserer ersten Jugend erlebt haben – nur dass wir dieses Mal nicht unsere individuelle Identität erschaffen, sondern die Identität, die wir erschaffen haben, auflösen. Unser Leben ist *nicht* zu Ende, sondern die Universelle Zauberin führt uns durch ihren mächtigen und manchmal herausfordernden Zauber. Die Energien der vier weiblichen Archetypen tauchen in uns auf, wann immer sie wollen, sie sind nicht mehr an die Ordnung des Zyklus gebunden und nicht mehr im physischen Körper verankert. So werden wir zu Frauen mit fließender Magie. Körperlich, mental, emotional und spirituell verändern wir uns immer mehr und immer grundlegender. Manchmal kommen die Veränderungen wie ein Sturm über uns. Doch Momente des inneren Gleichgewichts und der Vollständigkeit beginnen wie Regentropfen in unser Leben zu fallen, um sich zu Zeiten der Zentriertheit und Ganzheit zu verdichten.

Wenn wir uns der Rückkehr nähern, treten wir in die Jahre der Dunklen Zauberin ein – diesen Zeitpunkt erleben viele Frauen etwa zehn Jahre nach ihrem Weisheitsblut. Dann können die einzelnen Archetypen mit einer solchen Intensität in unser Leben platzen, dass es schwierig sein kann, mit der wechselhaften Natur unserer Gefühle und Wahrnehmungen umzugehen. In der Unsicherheit dieser einschneidenden Veränderungen, während die letzten Aspekte der Archetypen verarbeitet, ausgeglichen und verschmolzen werden, verkörpern wir manchmal die scharfzüngige Dunkle Zauberin und die überforderte Xanthippe.

Die Rückkehr

Schließlich werden die Turbulenzen schwächer und wir erreichen die Rückkehr. Ein neuer Lebensabschnitt beginnt – was wir in den Jahren der Zauberin brauchten oder wollten, passt jetzt nicht mehr zu uns. Wir wissen auf einer tiefen Ebene, dass wir nicht mehr die sind, die wir waren.

Wenn wir diese Veränderung annehmen und das loslassen, was wir mit den wilden Energien der Zauberin erschaffen und erreicht haben, können wir spüren, wie sich Ruhe und ein Gefühl der Vollständigkeit, Ganzheit in uns ausbreitet. Dann wissen wir, dass wir zu uns selbst zurückgekehrt sind.

Die Emotionen und Bedürfnisse der äußeren Welt rütteln nicht mehr wie ein Orkan an uns, stattdessen können wir uns von ihnen lösen. Wir lassen sie um uns herum toben, während wir selbst ruhig im Auge des Sturms stehen.

Bei der Rückkehr treten wir in die Jahre als Seelenmutter ein – die erste Phase unserer Jahre der Alten Frau. Nun beeinflusst die Universelle Alte Frau unser Leben und unser Wesen auf allen Ebenen. Wir übernehmen eine neue Rolle mit neuen Aufgaben – eine, die im Einklang mit unserer Seele ist. Wir haben jetzt mehr Dunkelheit als Licht in uns, und wir konzentrieren uns mehr auf die innere Welt und den Geist als auf die Bedürfnisse des Egos in der Alltagswelt.

Es gibt kein bestimmtes Alter für die Rückkehr, der Zeitpunkt ist für jede Frau individuell. Wir bekommen die Rückkehr als Geschenk, wir müssen nichts tun, um sie zu verdienen oder sie herbeizuführen – außer loszulassen und sie zu empfangen. Bei vielen Frauen tritt die Rückkehr etwa zehn Jahre nach dem Weisheitsblut ein. Dann werden sie von der postmenopausalen Frau zur Menotelos-Frau. Dieser Begriff leitet sich vom griechischen »meno« für Mond und »telos« für Zweck oder Ziel ab. Er spiegelt den ultimativen Abschluss unserer zyklischen Natur wider – die Zusammenführung unserer zyklischen Erfahrungen und Energien zu einer Einheit, um als ermächtigte, zentrierte, spirituelle und weise Frauen hervorzugehen.

Menotelos ist eine neue, moderne Bezeichnung für Frauen, deren letzte Blutung 10, 20 oder 30 Jahre zurückliegt. Er definiert Frauen weder durch das Ausbleiben eines Zyklus, noch werden sie als alt (»geriatrisch«) eingestuft. Die Fruchtbarkeit ist ein wichtiger Teil unseres Lebens, aber sie ist nicht unser Lebenszweck – schließlich schenkt uns die Natur aus einem bestimmten Grund nach der letzten Blutung noch viele Lebensjahre. Weder das Ende unserer zyklischen Fruchtbarkeit, noch die negative Wahrnehmung des Älterwerdens sollten unser Selbstbild bestimmen.

Auch nach der Rückkehr verändern wir uns, aber wenn wir keine gravierenden Gesundheitsprobleme bekommen oder dramatische Lebenssituationen erleben, vollziehen sich die Veränderungen so langsam, dass wir das Gefühl haben, nach den Stürmen der Zauberinnen-Jahre einen ruhigen und stabilen Hafen erreicht zu haben. In diesem Lebensabschnitt verkörpern wir unter dem Einfluss der Alten Frau das spirituelle Bewusstsein der Zyklusphase der Menstruation und die zurückgezogene Ruhe des Winters. Je älter wir werden, desto tiefer werden wir in die Dunkelheit der Alten Frau eindringen und ihre verschiedenen Stadien durchlaufen, bis wir eine Verschleierte werden – eine Frau nicht von dieser Welt, sondern von Magie und Geist.

Wenn eine moderne Frau Mitte 50 sich das traditionelle Bild der Alten Frau in den Sagen und Märchen ansieht, wird sie sagen: »Das bin nicht ich!« Sie weiß instinktiv, dass sie noch zu jung und zu dynamisch ist, um dieser Archetyp zu sein. Bevor wir die Alte Frau verkörpern können, müssen wir die dynamischen Jahre der Zauberin durchlaufen. Wir werden ihre Energien zum Ausdruck bringen, indem wir magische, erfahrene, freie und sinnliche Frauen werden. Wir werden die gebärfähigen Jahre hinter uns haben, aber unsere weiblichen Energien werden uns Kraft verleihen.

Wir können keine weise, transzendente Alte Frau werden, ohne zuerst durch die dynamische Dunkelheit zu gehen. Wir können nicht in der Mitte des Labyrinths sitzen, ohne zuerst die Stufen hinabzusteigen. Wenn wir uns dann endlich in Seelenmütter verwandeln, werden wir die Stufen des Labyrinths hinaufschauen und die lange Reise der Veränderung sehen, die wir zurückgelegt haben. Und wir werden in uns selbst schauen und die erstaunliche Kraft unserer Zukunft als Alte Frau sehen. Die Dunkelheit wird keine Angst mehr verursachen, denn sie ist voller Liebe. Und durch diese Liebe werden wir die Dunkle Mutter in die Welt bringen.

Der Zweck der Zauberinnen-Jahre

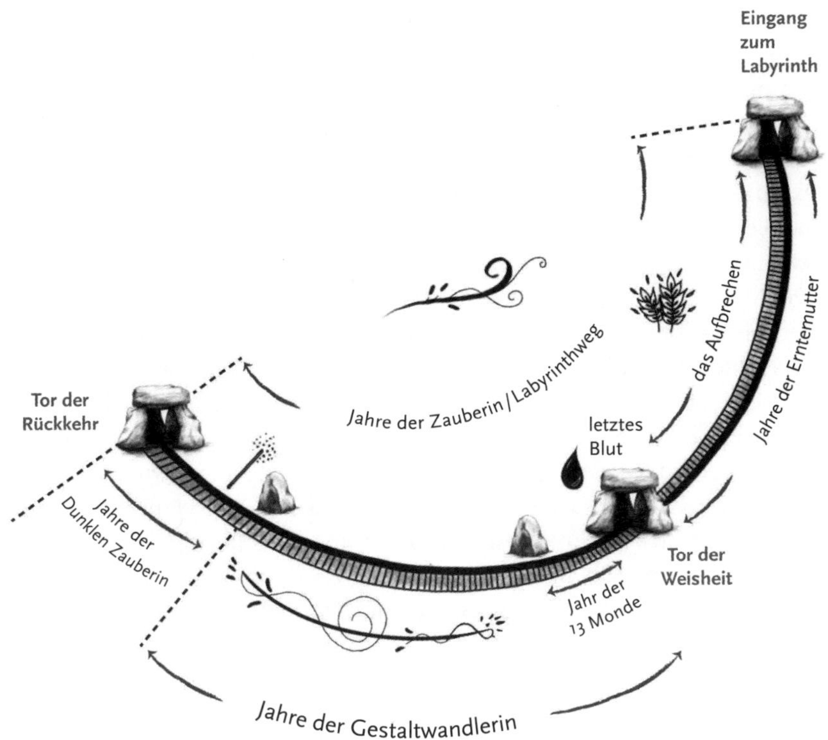

Abb. 11: Perimenopause bis frühe Postmenopause

Der Zweck der Peri- und Postmenopause ist zutiefst spirituell und inspirierend – es geht darum, dass alle Aspekte der vier weiblichen Archetypen unseres zyklischen Seins und Bewusstseins zu einem Gefühl der Einheit verschmelzen. Wir lassen das Gefühl für unser Selbst, das wir in unseren Mutter-Jahren in der äußeren Welt geschaffen und erfahren haben, los, damit wir uns in ein Seelenbewusstsein ausdehnen können, während wir weiterhin in der Alltagswelt leben.

Das Ende des Zyklus in den Jahren der Erntemutter in der Perimenopause führt dazu, dass die Archetypen aus den Zykluszeiten, in denen sie bisher ihren Ausdruck fanden, entlassen werden und wir daher einen besseren Zugang zu ihnen finden können. Wenn die Archetypen nicht länger dem Muster der Zyklusphasen unterliegen, können wir ihre Aspekte einzeln über längere Zeiträume oder in unterschiedlichen Kombinationen ausdrücken. So erhalten wir in unseren Jahren als Gestaltwandlerin nach der Menopause die Gelegenheit, andere, tiefere Aspekte der Archetypen zu erfahren und uns mit ihnen zu identifizieren, um sie zu einen neuen Selbst zu verschmelzen, das in allen Aspekten der weiblichen Energien vollständig ist.

Stelle dir vor, das bunte Licht eines Regenbogens scheint durch eine Linse und wird von ihr gebündelt, sodass aus den verschiedenfarbigen Strahlen ein einziger Strahl aus reinem weißem Licht entsteht. Die Reise durch die Jahre der Zauberin funktioniert wie eine energetische Linse und die Farben entsprechen den verschiedenen archetypischen Energien und Wahrnehmungsebenen. Durch die Linse der Zauberin verschmelzen sie zu einem einzigen Lichtstrahl, der alle Energien zu einem neuen und lebendigen Ausdruck des Ich vereint.

Aber um einen Regenbogen in reines weißes Licht zu verwandeln, müssen alle farbigen Strahlen präsent, klar und ausgeglichen sein. Um die Energien der Archetypen zu verschmelzen, damit wir unser weibliches Leben transformieren können, müssen alle Archetypen in uns präsent sein, mit allen Aspekten. Wir müssen sie alle anerkennen und ausdrücken und alle müssen ausgeglichen sein, damit keiner dominiert.

Dieser Prozess des Erwachens und Verschmelzens geschieht automatisch, ohne dass wir eine bewusste Entscheidung treffen. Er beginnt in den Jahren der Erntemutter, intensiviert sich in den Jahren der Gestaltwandlerin, destilliert sich in den Jahren der Dunklen Zauberin und erreicht seinen Höhepunkt mit der Rückkehr – wo alle Farben schließlich zu weißem Licht verschmolzen sind und wir in unser vollständiges Selbst eintreten.

Leider unterstützt uns die Welt, in der wir leben, nicht dabei, ein zyklisches Leben zu führen. Viele Frauen haben daher das Bedürfnis, Aspekte ihres Archetyps zu ignorieren, abzuschalten oder zu blockieren, um im Alltag zu bestehen. Das bedeutet, dass in unserer Vergangenheit viele Aspekte nie aktiver Teil von uns selbst waren.

Unser Bedürfnis nach Transformation auf dem Weg zu unserem Weisheitsblut ist stark und mächtig, es ist ein instinktiver Drang. Unsere Archetypen wollen freigesetzt werden und Teil von uns werden – ob es uns gefällt oder nicht. Daher erscheinen sie mit zunehmender Intensität. Wenn wir nicht über das entscheidende Hintergrundwissen verfügen und kein Verständnis über unsere Archetypen oder den Zweck dieser magischen Lebensphase entwickeln, fühlen wir uns möglicherweise überwältigt, wenn unsere zyklische Welt zusammenbricht und alles, was wir über uns selbst zu wissen glaubten, sich aufzulösen beginnt. Dann stehen wir da mit den Fragmenten vergangener Erwartungen um uns herum und mit einem schmerzenden Gefühl von Verlust im Bauch. Dennoch sehen wir den Weg vor uns und können ihn nicht länger ignorieren.

Vielleicht haben wir in den zyklischen Jahren hart gegen die Archetypen angekämpft, um immer und in jeder Zyklusphase auf die gleiche Weise mit der Welt zu interagieren. Wir haben vielleicht die Archetypen ignoriert oder zurückgedrängt, die wir nicht mochten, die uns Angst machten oder von denen wir glaubten, dass sie uns daran hinderten, unsere Ziele zu erreichen. In der modernen Welt haben wir bestenfalls einen begrenzten Blick auf die weiblichen Energien erhascht. Jetzt können wir unsere Archetypen nicht mehr ignorieren, können uns nicht mehr vor ihnen verstecken oder ihnen unsere Erwartungen aufzwängen. Jetzt stehen sie stolz vor uns und fordern Aufmerksamkeit.

Was auch immer wir in den Wechseljahren fühlen mögen, die Archetypen manifestieren sich nicht in uns, um unser Leben zu stören oder uns zu zerstören. Vielmehr erscheinen sie mit Liebe, um uns zu helfen, das zu entdecken, was wir vermisst haben, um unser tieferes und umfassenderes Ich zu erwecken. Aber sie sind stark und manchmal unkontrollierbar – wenn wir versuchen, ihrem zwanghaften Bedürfnis nach Ausdruck nachzukommen, können sie uns dazu bringen, unser altes Leben zu zerstören.

In den Wechseljahren geben einige Frauen ihren Beruf auf, um neue Fähigkeiten zu erlernen und ihr Wissen zu erweitern. Manche hatten in ihren zyklischen Jahren vielleicht nicht die Möglichkeit, die intellektuellen Fähigkeiten des Archetyps der Jungen Frau zum Ausdruck zu bringen. Andere Frauen verlassen ihren Lebenspartner und suchen eine jüngere Beziehung, weil sie in ihrem Zyklus die sexuellen Energien des Archetyps der Zauberin nicht frei zum Ausdruck bringen konnten. Starke und erfolgreiche Karrierefrauen geben unter Umständen plötzlich ihre Karriere auf, um mit dem Rucksack um die Welt zu reisen, um »sich selbst zu finden«, weil sie die Spiritualität der Alten Frau nie vollständig erforscht haben. Und Frauen, die sich in langen Arbeitszeiten und mehreren Jobs für ihre Familie abgerackert haben, geben womöglich alles auf, um Vollzeit-Großmütter zu werden, weil sie nie die Gelegenheit hatten, den Mutter-Archetyp mit ihren eigenen Kindern wirklich zu erforschen.

In unseren zyklischen Jahren können wir den Archetypen widerstehen und nur die Aspekte ausleben, von denen wir glauben, dass sie den Wünschen der Gesellschaft entsprechen und uns helfen, unsere Ziele zu erreichen. Alle anderen Elemente können wir tief in unser Inneres zurückdrängen. Aber in den Jahren der Zauberin sind die Archetypen stärker als unsere Willenskraft: Wir können der transformatorischen Magie dieses Lebensabschnitts nicht widerstehen.

Wer in den zyklischen Jahren die Gelegenheit hatten, alle Archetypen kennenzulernen, wird den Transformationsprozess als weniger chaotisch erleben. Diese Frauen wissen, dass sie ihn zwar nicht kontrollieren, aber mit ihm fließen können. Frauen, die in vergangenen Menstruationszyklen Wege gefunden haben, die Archetypenenergien auszudrücken und ihre Bedürfnisse in den jeweiligen Zyklusphasen zu erfüllen, verfügen bereits über einige der praktischen Werkzeuge, die wir für die Reise durch die Jahre der Zauberin benötigen.

Aber auch wenn du in deinen zyklischen Jahren nichts über die Archetypen erfahren hast, ist nicht alles verloren! Du hast jetzt die wunderbare Gelegenheit, ihnen in deinen Jahren der Zauberin zu begegnen, ihre Gaben zu entdecken und Wege zu erkunden, wie du sie so ausdrücken kannst, dass sie in dein tägliches Leben passen.

Jede Stufe des Labyrinthwegs bietet die Möglichkeit, die Archetypen besser kennenzulernen. Die Erntemutter-Jahre mit ihren wochen- und monatelangen Zyklusphasen geben uns die Möglichkeit, tiefer in die Energien eines Archetyps einzutauchen. Wir bekommen Zeit, den Archetyp anzunehmen und die Veränderungen anzustoßen, die wir wirklich brauchen – und nicht die, von denen wir glauben, dass sie notwendig seien. Und es gibt so viele verschiedene Lebenssituationen, in denen wir einen Archetypaspekt verkörpern können, dass wir durch die Vielfalt lernen, wer wir sind.

In unseren Gestaltwandlerinnen-Jahren, nach unserem letzten Blut, werden die Archetypen zu einem noch wichtigeren Teil unseres Lebens, allerdings strömen sie ohne jede Ordnung oder Struktur durch uns hindurch. Da die Archetypen nicht mehr durch den Zyklus im Körper verankert sind, können sie jederzeit und in beliebiger Reihenfolge auftauchen, stunden- oder jahrelang. Wir werden fließend in dem, was wir sind und wie wir fühlen und denken – wenn wir stattdessen versuchen, uns durch jeden Archetyp zu definieren, anstatt mit dem Fluss zu gehen, kann das zu Frustration und Verwirrung führen. Wir haben die Gelegenheiten, die Vielfalt der Aspekte aller Archetypen zu erfahren und sie zu einem vollständigen Selbst verschmelzen zu lassen.

Jede Lebenssituation bietet uns die Möglichkeit, zu wachsen, mit Ausdruck und Kreativität zu experimentieren und einen neuen Aspekt unserer weiblichen Energien willkommen zu heißen. Als Gestaltwandlerin müssen wir genau auf unsere Energien und Gefühle, auf unsere Gedanken und Fähigkeiten achten. So können wir den Archetyp, den wir verkörpern, identifizieren und seinen Ausdruck in der Welt auf lebensbejahende und ausgewogene Weise steuern.

In den Jahren der Dunklen Zauberin bewegt sich das Gefühl für unsere Identität dann allmählich fort vom Verstand mit seinen begrenzten Gedanken hin zu einem tieferen Bewusstsein und zum Herzen. Was auch immer passiert, die Identität, die im Herzen liegt, ist stark, denn sie speist sich aus der Sicherheit, die aus einem seelenvollen Herzen erwächst. Schließlich beginnen wir zu spüren, dass alle Archetypenaspekte zu einem einzigen Ausdruck unserer Seele verschmolzen sind – wie das weiße Licht, das aus dem Regenbogen entsteht.

Dies sind die Selbstverwirklichung der Rückkehr und der Beginn des Lebensabschnitts von Menotelos. Dies sind die vollständigen Frauen, die durch die Veränderungen der Zauberin in das Reich der Alten Frau übergegangen sind und in ihren Seelenmutterjahren stehen.

Seelenmütter lächeln voller Liebe über die jüngeren Frauen, die mit ihren Plänen und Zielen durchs Leben eilen. Sie sehen ihr begrenztes Verständnis und ihre Fehler und sind da, um ihnen zu helfen. Sie tragen die Gemeinschaft in ihren Herzen, unterstützen die jüngeren Generationen und bilden die Brücke zwischen der inneren und der äußeren Welt. Sie bieten gerne die Weisheit an, die fern der alltäglichen Welt liegt und aus einer Fülle von Lebenserfahrungen kommt. Vielleicht ist ihre Unterstützung willkommen, vielleicht aber auch nicht – denn die Jungen sehen die Welt, aber die Seelenmütter sehen das Universum.

Orientierung für den weiteren Weg

Wie wir bereits gesehen haben, besteht das Universum aus Zyklen innerhalb von Zyklen und indem wir die Zyklen in der Welt um uns herum – wie auch in unserem eigenen Körper – beobachten, erhalten wir eine Anleitung für den Labyrinthweg.

Wenn wir die Energien der Zauberin, die in diesen Zyklen tanzt, tiefer erforschen, entdecken wir ihre Weisheit, mit der wir unsere Reise verstehen und erkennen können, wer wir sind. Dann lernen wir, wie wir zu Wohlbefinden und Gleichgewicht finden und wie wir unsere kreativen Kräfte befreien können. Das Land unter unseren Füßen zeigt uns durch die wechselnden Jahreszeiten die sinnliche Schönheit des Wandels und der Fülle, die uns in den Jahren der Zauberin zuteilwerden. Das sich verdunkelnde Gesicht des Mondes spiegelt, wie sich unsere Wahrnehmung verändern wird, und zeigt uns, wie wir diese Veränderung willkommen heißen können. Und jede prämenstruelle Phase bereitet uns auf die persönlichen Erfahrungen dieser Zeit vor.

Die Zauberin des Herbstes

Wenn wir an die Zauberin denken, an ihre göttlichen Energien der dynamischen Dunkelheit, die wilde Magie, das Chaos und den dramatischen Wandel, dann sehen wir in ihr normalerweise nicht die liebende Mutter. Aber sie ist die Erntemutter, die Göttin der Fülle, der Erfüllung und Vollendung. Sie vermittelt den Prozess des Beendens und der plötzlichen umfassenden Befreiung. Was immer sie in unser Leben und in unser Selbstverständnis einbringt, sie tut es mit der Liebe einer Mutter.

Zur Tagundnachtgleiche im Herbst, wenn die Tage kürzer werden und die Dunkelheit zunimmt, verwandelt sich die Zauberin von der Erntemutter zur Gestaltwandlerin. Im Herbst ist die Zauberin unberechenbar. Wie die Stürme, die über die Landschaft jagen, lässt sich kaum vorhersagen, wie sie sich zeigen oder welche Wirkung sie haben wird. Aber jede Form, die sie annimmt, erinnert uns an den Weg, der uns zurück zu unseren Wurzeln führen wird. Auch die Zauberin will sich selbst entdecken und sie tut dies, indem sie ihre dynamischen Energien in der Welt tanzt. Und durch ihren Tanz in uns selbst entdecken wir Aspekte unseres Ich, die mit ihr in Beziehung stehen.

Die Zauberin tanzt ihre Liebe, sie schwingt ihre helle Sichel, um das Alte abzuschneiden, die Früchte zu ernten, alles zu reinigen und zu läutern und Platz für die kommende Dunkelheit zu schaffen. Irgendwann verlangsamt sich der Rhythmus ihrer tanzenden Füße und das Stampfen wandelt sich zu einer Melodie. Dann tritt die Alte Frau des Winters in die Welt, um sich im Land niederzulassen.

In jedem Herbst gibt es etwas zu lernen, etwas, das wir beobachten können und das uns hilft, unsere eigene Reise als Erntemutter und Gestaltwandlerin zu verstehen und zu bewältigen.

Die Herbstzauberin und die Fülle der Wechseljahre

Weisheit der Wechseljahre: Erfüllung, Ernte, Feiern, Ende und Anfang, Unterstützung, Klärung, Anpassung, Flexibilität und Rückkehr zu den Wurzeln.

Wenn wir die Landschaft im Herbst betrachten, sehen wir die Fülle, die die Zauberin für uns bereithält. Sie bietet uns an, Altes und Starres loszulassen und zu unseren Wurzeln, unserem Fundament zurückzukehren. Sie zeigt uns, dass wir uns wie die Natur hingeben, flexibler und anpassungsfähiger sein sollten, damit wir mit dem wechselhaften Wetter mitgehen und uns mit einem sinnlicheren Bewusstsein für das Leben bewegen können. Die Natur kämpft nicht gegen die Veränderungen der Zauberin – die Natur wandelt sich in Harmonie mit ihr und in diesem Wandel zeigt sich ihre Beziehung zur Zauberin.

Viele kämpfen in den Jahren vor der Menopause dagegen an, den Labyrinthweg zu beschreiten. Oft entsteht dieser Konflikt aus Angst vor Verlust. Aber wenn wir im Frühherbst auf das Land schauen, sehen wir keinen Verlust, sondern Zufriedenheit, Fülle, Erfüllung und Freude.

Die Tiere, die im Frühling zur Welt kamen, sind zu selbstständigen Erwachsenen herangewachsen. Die Blüten des Sommers wurden befruchtet, nun reifen die Körner und Früchte und fallen auf die Erde. Noch sind die Blätter der Bäume grün, aber sie warten nur darauf, mit leuchtenden Herbstfarben die Dunkelheit einzuläuten. Es liegt etwas zutiefst Befriedigendes in der herbstlichen Natur. Sie genießt das Leben, feiert, was gewachsen ist und welche Erfahrungen und Herausforderungen gemeistert wurden. Es gibt so viel Freude, Erfüllung und Vollkommenheit, dass ein angstvoller Blick zurück fehl am Platz erscheint.

Die Jahre der Zauberin sind unsere persönliche Erntezeit – uns wird bewusst, wie sehr wir uns in die verschiedensten Richtungen ausgedehnt haben, was alles durch uns in der Welt existiert und wie viele Menschen wir durch unser Sein berührt haben. Die Jahre der Zauberin sind unser Fest und unsere Auszeichnung für all die Leistungen, die wir erbracht haben.

Aber keine Belohnung kann uns davon abhalten, mehr zu tun oder weiterzugehen – im Gegenteil, oft motiviert sie uns, uns noch mehr zu engagieren. Daher sind die Jahre der Zauberin kein Ende, sondern eine Zeit, in der wir uns über die positiven Dinge freuen, die wir getan haben, die in unserem Leben existieren und die wir lieben. Und wir freuen uns darauf, noch mehr zu tun. Dies ist nicht der Ruhestand – dies ist eine Beförderung! Die Zauberin erwartet von uns, dass wir die »gläserne Decke« durchbrechen, neue Wege einschlagen, für eine bessere Welt eintreten und auf der Zufriedenheit aufbauen, die mit unserer persönlichen Ernte einhergeht.

Unsere innere Herbst-Tagundnachtgleiche kommt mit unserem Weisheitsblut. Oft bringt sie ein Gefühl der Erleichterung und Ruhe. In unserem geschäftigen modernen Leben haben wir uns so sehr an die dynamische Energie gewöhnt, die uns das Gefühl gibt, lebendig und wertvoll zu sein, dass sich diese Zeit des Gleichgewichts wie ein Tiefpunkt anfühlen kann. Es ist jedoch ein heiliger Moment, den wir nutzen können, um innezuhalten, uns umzusehen und die Fülle mit Liebe und Freude zu genießen.

Das Jahr der Weisheit, die 13 Monde nach dem letzten Blut, ist die Zeit des Gleichgewichts, der Zufriedenheit und der Anerkennung. Alles, was wir bisher erreicht haben, wird uns auf unserem weiteren Weg unterstützen – unsere Erfahrungen und Erinnerungen, unser Wissen, unsere Errungenschaften und materiellen Gewinne. Diese Aspekte unseres alten Lebens lassen wir nicht hinter uns, sondern sie werden zu dem Fluss, auf dem wir schwimmen, der uns unterstützt und uns zu unserem neuen Ziel trägt.

Es liegt ein Geheimnis in diesem herbstlichen Veränderungsprozess: Tag und Nacht sind zu einer Zeit gleich lang, in der sich die Länge der Tage und Nächste ebenso wie die Natur am schnellsten verändern. Gleichgewicht und Harmonie liegen im Herzen dieses chaotischen Wandels und der Bewegung – das ist die Weisheit der Zauberin. Wir müssen also flexibel und anpassungsfähig sein und uns wie die Natur verändern und bewegen, damit wir nicht stürzen, sondern Zentrierung und Gleichgewicht finden, während wir zu unserer wilden Musik tanzen.

Die Natur lehrt uns auch, den Stürmen zu erlauben, alte Blätter und Äste abzureißen, die nicht mehr gebraucht werden oder die beschädigt sind. Gepflügte Felder zeigen uns, dass wir die Oberfläche aufbrechen müssen, um die darunter verborgene Erde freizulegen. Wenn sich die Bäume auf ihre Wurzeln und die Tiere in ihre Höhlen zurückziehen, dann zeigen sie uns, dass es an der Zeit ist, ebenfalls zu unseren Wurzeln zurückzukehren, um uns daran zu erinnern, wer wir wirklich sind.

Und der Nebel, der die blasse Morgensonne begrüßt, erinnert uns daran, dass wir unser Ziel vielleicht nicht mehr klar erkennen und ihm nicht mehr sorglos entgegeneilen können. Dies ist die Zeit der Geheimnisse und die sinnliche Erfahrung der Reise ist wichtig.

Die Zauberin des abnehmenden Mondes

Die Zauberin tanzt auch über das Gesicht des Mondes und zeigt uns, wie Licht und Dunkelheit dynamisch ineinander übergehen. Wenn wir genau hinschauen, sehen wir die Schönheit, die diesem Fluss innewohnt. Und die Art und Weise, wie sich das wechselnde Licht auf die Natur auswirkt, spiegelt unsere eigene Erfahrung mit der Zauberin wider.

Der Vollmond taucht die Welt in ein sanftes Licht und was normalerweise in der Dunkelheit der Nacht verborgen ist, wird für uns erkennbar. Dinge, die in der Dunkelheit vielleicht Furcht einflößen, verlieren im Licht des Mondes ihre Macht, wir fühlen uns sicherer und geborgener.

Die erste dünne Sichel der Dunkelheit, zu Beginn der Mondphase der Zauberin, wirkt sich kaum auf das Licht des Mondes oder die Erde unter ihm aus. Aber wenn die dunkle Mondsichel nach und nach größer wird, bemerken wir irgendwann, wie sich der Mond verändert und die Nacht sich verdunkelt.

Wenn wir zum abnehmenden Mond aufschauen, beklagen wir nicht den Verlust des Lichts. Wir akzeptieren, dass sich die Gestalt des Mondes ändert, und staunen über sein wechselndes Licht und die Schönheit seiner Form, die sich weiß vom intensiven Blau des Nachmittagshimmels abzeichnet. Wir sehen das Licht und die Schatten der Krater, die ein Gesicht in den Mond zeichnen. Und worüber wir da staunen, ist die Pracht der Zauberin.

Zu Beginn des abnehmenden Mondes der Zauberin können wir uns noch problemlos in der nächtlichen Landschaft bewegen. Doch wenn das Licht schwindet und sich die Dunkelheit über unsere Wahrnehmung legt, werden Schatten zu unheimlichen Gestalten und Geräusche zu Monstern. Das Unterbewusstsein ist kreativ. Wenn wir nicht mehr klar sehen, erschafft es Illusionen und erfindet Geschichten rund um die Dinge, die wir wahrnehmen. Die Dunkelheit treibt die Menschen in ihre Häuser, denn die verborgene Welt der Nacht fühlt sich unsicher an. Wir sind es nicht gewohnt, uns an unsere Umwelt zu erinnern und unsere erweiterten Sinne und unsere Intuition zu nutzen, um uns zurechtzufinden.

Wenn wir uns jedoch die Zeit nehmen, uns langsam durch die Dunkelheit zu bewegen und alles um uns herum genau wahrzunehmen, dann können wir plötzlich Grautöne unterscheiden, hören feine Klänge, nehmen Gerüche wahr und lassen uns von dem Gefühl der Erde unter unseren Füßen leiten. Die Dunkelheit der Zauberin zwingt uns, uns langsamer zu bewegen, alle unsere Sinne zu nutzen und unserer Intuition zu vertrauen, wenn sie sagt: »Es gibt nichts zu befürchten.«

Die Mondphasen zeigen uns auch, dass wir unseren Veränderungsprozess nicht aufhalten können, er ist Teil unserer Natur. So wie der Mond enthalten auch wir sowohl Dunkelheit als auch Licht. So wie die aktuelle Mondphase bestimmt, was wir in der Nacht sehen können, so sehen wir in den Jahren der Zauberin die Welt nur durch die Menge an Licht, die unsere Wahrnehmung gerade erfährt.

Die Zauberin des Mondes und die Wahrnehmung in den Wechseljahren

Weisheit der Wechseljahre: dominantes unterbewusstes Denken (Dunkelheit), Schönheit, Wachstum, sinnliches und kreatives Denken, gesteigertes Bewusstsein, duales Denken, Gleichgewicht, Instinkt und Intuition, Orakel.

Die Zauberin des abnehmenden Mondes lehrt uns, dass wir in den Jahren der Zauberin Frauen des Lichts (Fokus auf die äußere Welt) und der Dunkelheit (Fokus auf die innere Welt) sind und dass wir die Welt mit der zunehmenden Dunkelheit des dominierenden Unterbewusstseins wahrnehmen. Es ist sehr traurig, dass diese schöne, magische und ermächtigende Gabe der Wahrnehmung so oft als Zeichen des Versagens und des altersbedingten Verfalls fehlinterpretiert wird, weil in der heutigen Gesellschaft der Intellekt die Interpretation der Welt dominiert.

Wenn wir aber nicht länger mit dem Intellekt, sondern mit »zyklischem

Denken« an unsere Jahre als Zauberin herangehen, dann können wir erkennen, dass die Archetypen und die mit ihnen verbundenen Wahrnehmungen und Fähigkeiten während des Menstruationszyklus identisch sind mit denen des Lebenszyklus von Frauen. Dann erkennen wir auch, dass sich unsere Wahrnehmung in den Jahren der Zauberin nicht verändert, weil wir alt werden oder unsere Fähigkeiten nachlassen, sondern weil der nächste weibliche Archetyp, die Zauberin, mit ihrer anderen, tieferen und weiter reichenden Form des Bewusstseins zunehmend dominiert.

In der prämenstruellen Phase interpretieren wir chaotische Denkprozesse nicht als Folge des »Alterns«, sondern wir verstehen, dass wir so denken, weil wir prämenstruell sind – weil wir unterbewusst denkende Zauberinnen sind. Entsprechend wird auch in der Perimenopause unser Unterbewusstsein nicht dominant, weil wir alt werden, sondern weil wir in den Einfluss des Archetyps der Zauberin eingetreten sind.

Das Unterbewusstsein der Zauberin ist nicht »gut« oder »schlecht«, es ist einfach eine der vier Formen weiblicher Wahrnehmung, die wir in unserem Leben erfahren. Eine Wahrnehmungsart ist nicht besser als eine andere, vielmehr unterscheiden sie sich in ihrer Reichweite – der Intellekt ist die am stärksten fokussierte und in ihrer Kapazität begrenzte, der Seelengeist ist die umfassendste und unbegrenzte Art der Wahrnehmung.

Das dominante Unterbewusstsein der Zauberin bietet uns die Möglichkeit, Erfahrungen und Informationen neu zu interpretieren und zu verarbeiten, neue Wege zu betreten, neue Erinnerungen zu prägen und Wissen abzurufen. Wir können eine gesteigerte sinnliche Wahrnehmung, die Fähigkeit, schnelle, diffuse Verbindungen herzustellen, intensive Kreativität und eine verbesserte Intuition und Vorstellungskraft erleben.

So wie die dunkler werdende Landschaft unter dem abnehmenden Mond uns zwingt, uns langsamer zu bewegen und alle unsere Sinne und Fähigkeiten zu nutzen, um den Weg zu finden, zwingt uns die abnehmende Dominanz des intellektuellen Verstandes dazu, uns nach innen zu wenden, um achtsamer zu sein und alle unsere Sinne als Wege zur Wahrnehmung, Interpretation, Speicherung und zum Abrufen von Informationen zu nutzen. Das langsamere Tempo gibt uns Zeit, mithilfe der neuen Denkweise zu beobachten und Informationen zu verarbeiten. Wir finden Zeit, unsere Gefühle ebenso wie die Welt um uns herum wahrzunehmen, auf unsere Intuition zu achten, eine Erfahrung zu reflektieren und als Erinnerung zu verankern.

In dem Maß, wie das Unterbewusstsein immer dominanter wird, werden unsere Intuition und unser Instinkt in unserem Leben immer präsenter. Wir können uns von den Zwängen des linearen Denkens und des Konzepts von »Ursache und Wirkung« befreien, um die Gaben des Unterbewusstseins zu entdecken: wilde Kreativität, kaskadenartige Einsichten, überraschende Manifestationen, Freude an geistiger Freiheit und erwachendem spirituellen Bewusstsein. An der Schnittstelle zwischen der äußeren und der inneren Welt stehend gewinnen wir die Fähigkeit, auf die inspirierten Ideen und Wahrheiten des Unterbewusstseins zuzugreifen und sie in der physischen Welt zu verwirklichen.

Nach und nach beginnen wir zu erkennen, dass wir den Gaben, der Schönheit und Liebe und der Führung, die in unserem Unterbewusstsein liegen, eine Stimme in der äußeren Welt geben können. Es ist die spirituelle Rolle der Zauberin, die Stimme der Dunkelheit, der inneren Welt, zu sein – und wie der Mond stehen wir zwischen zwei Welten, besitzen die Kraft, beide Realitäten in Harmonie auszubalancieren und zusammenfließen zu lassen.

Aber ohne ein auf dem Zyklus basierendes Verständnis, das uns hilft, uns selbst als Zauberinnen-Denkerinnen zu sehen, kann der Verlust an intellektueller Klarheit, den wir wahrnehmen, Angst und Unsicherheit auslösen. Stelle dir vor, du stündest in einem dunklen Wald mit wenig Mondlicht. Es würde dir schwerfallen, die Richtung zu erkennen, die du einschlagen solltest. In der Dunkelheit könnten sich Gefahren verbergen. Du hättest Angst um deine Sicherheit und würdest an deiner Fähigkeit, mit dem Unvorhersehbaren umzugehen, zweifeln.

Wenn in den Jahren der Zauberin der Intellekt unsere Umwelt nicht mehr zuverlässig und schnell verarbeitet, dann neigen wir vielleicht dazu, unsere Umwelt als unkontrollierbar und bedrohlich zu interpretieren, was eine Fluchtreaktion auslöst und Stress und Angst erzeugt. Wenn unser Ansatz darin besteht, die Welt nur mit dem abnehmenden Licht des kontrollierenden Intellekts zu verarbeiten, dann kämpfen wir gegen die zunehmende Präsenz der Zauberin an. Dann ist es kein Wunder, dass wir Angst haben, unser Leben und unsere Zukunft nicht mehr meistern zu können.

Aber wenn wir erkennen, dass wir duale Denkerinnen sind, dass wir sowohl durch die Dunkelheit als auch durch das Licht wahrnehmen, dann können wir uns von unserer Intuition und unserem Instinkt leiten lassen. Wir sind nicht hilflos in der Dunkelheit, sondern wir sind stark, weil wir Frauen in der Dunkelheit zu Hause sind, sie ist unsere Welt. Das Ziel der Jahre der Zauberin ist das Beenden der Dominanz des Lichts, des nach außen gerichteten Fokus und des intellektuellen Denkens, damit wir unsere Wahrnehmung auf das tiefere Bewusstsein der Seele erweitern können.

Im Jahr der 13 Monde ist unser Wesen wie der Halbmond, halb hell und halb dunkel, halb äußere und halb innere Welt. Wie beim abnehmenden Mond beginnt die Dunkelheit zu dominieren und wir treten in die Jahre der Gestaltwandlerin ein. Jetzt können wir uns nicht mehr am Licht festhalten, um unser Selbstgefühl zu definieren, sondern das Licht ist ein sichelförmiges Tuch, das wir um die Schultern unserer Dunkelheit legen.

Das Licht unseres Intellekts wird zu einem Werkzeug, mit dem wir unsere Dunkelheit in der Welt ausdrücken können, es ist unser Dolmetscher, der Worte für ein Unterbewusstsein findet, das ohne Worte spricht. Die Motivation und die Bedürfnisse der äußeren Welt beginnen an Bedeutung zu verlieren, während unser intuitives und spirituelles Ich an Ausdruck gewinnt. Wir können nie mehr dieselben sein – das jüngere Ich des Lichts ist verschwunden. So wie das Land unter dem Mond sein abnehmendes Licht widerspiegelt, so muss auch unser äußeres Leben die zunehmende Dunkelheit in uns widerspiegeln.

Schließlich erfolgt die Rückkehr. Wir setzen das feine silberne Diadem einer Seelenmutter auf unsere Stirn und treten in die Dunkelheit der Alten Frau ein. Jetzt passt der Titel »Alte Frau« zu uns. Es spielt keine Rolle, wie wir aussehen oder wie alt wir sind, etwas in uns erkennt, dass eine tiefe und bedeutende Veränderung stattgefunden hat und wir nicht mehr die sind, die wir waren.

Die innere Zauberin in der prämenstruellen Phase

Der Archetyp der Zauberin wirbelt in jeder prämenstruellen Phase unserer Menstruationszyklen durch unseren Körper und Geist und tanzt auf dem Boden unseres Seins. Die prämenstruelle Phase ist für viele Frauen eine schwierige Zeit: Manche sind körperlich weniger belastbar als sonst, andere reagieren emotional sensibler oder merken, dass sich ihre Denkprozesse verändern. All diese Veränderungen können sich erheblich auf das tägliche Leben auswirken.

Viele Frauen bemerken, dass ihre körperliche Energie in der prämenstruellen Phase abnimmt, aber dieser Rückgang verläuft nicht wie eine gerade Linie, vielmehr hat der Energielevel oft Hochs und Tiefs. Zu Beginn der Zauberinnen-Phase kann es zu langen Zeiträumen mit hoher körperlicher Energie und einigen kurzen Momenten mit niedriger Energie kommen. Aber je länger die Phase anhält, desto länger und tiefer werden die Energietiefs und desto kürzer und seltener die Hochs.

Die mentalen und emotionalen Energien folgen den körperlichen Veränderungen, sodass wir auch Wellen von Hochs und Tiefs in unserem Denken und Fühlen erleben können. Oft blockieren wir die Phase der Zauberin, indem wir die abnehmende Ausdauer ignorieren oder dagegen ankämpfen. Daher verwundert es nicht, wenn der Archetyp der Zauberin mit allen ihm zur Verfügung stehenden Mitteln versucht, uns bewusst zu machen, dass wir nicht im Einklang mit unseren natürlichen Prozessen sind. Die Zauberin zwingt uns zu erkennen, dass wir unsere wichtigen Bedürfnisse nach Wohlbefinden ignorieren und dass wir uns unserer eigenen Natur widersetzen. Oft nutzt sie Schmerzen als Botschaft, denn Schmerzen sind wie ein großes, blinkendes Neonzeichen, das wir nicht einfach ignorieren können. Schmerzen signalisieren unserem Bewusstsein, dass etwas nicht stimmt und unsere sofortige Aufmerksamkeit erfordert.

In der Phase der Zauberin agieren wir manchmal wie ein Wirbelwind mit impulsiver Kreativität und zwanghaften, chaotischen Gedanken und Verhaltensweisen. Vielleicht fühlen wir uns sinnlicher und weniger gehemmt, inspirierter und intuitiver, durchsetzungsfähiger in unseren Überzeugungen und Ansichten. Unsere unterbewussten Muster können unser tägliches Bewusstsein dominieren, nicht verarbeitete Erinnerungen, negative Gedanken und Urteile, heftige Emotionen und tief verwurzelte Überzeugungen können beeinflussen, wie wir aktuelle Situationen interpretieren und darauf reagieren.

Mit dem dominanten Unterbewusstsein reagieren wir unter Umständen hochsensibel auf die Energien um uns herum – unser Zauberinnen-Verstand nimmt auf eine Art und Weise wahr, für die dem Alltagsverstand schlicht die Verarbeitungsstruktur fehlt. Befreit von den Beschränkungen des Alltagsdenkens können wir dann sehr empathisch sein. Doch in der modernen Welt mit ihren vielen schlechten Nachrichten und den ständigen sozialen Kontakten versuchen wir instinktiv zu verhindern, von dieser gesteigerten Sensibilität überwältigt zu werden: Um uns zu schützen, errichten wir hohe Verteidigungswälle gegen die Energie anderer Menschen, anstatt das Mitgefühl auszuleben.

Sehr oft versuchen wir in der Phase der Zauberin, weiterhin »normal« zu denken, also auf die gleiche Weise wie in den Phasen der Jungen Frau und der Mutter. Das kann ganz schön anstrengend sein. Viele versuchen dann, noch mehr Willenskraft aufzubringen, andere greifen zu Stimulanzien, um wie gewohnt auf Wörter und Erinnerungen zugreifen, mehrere Aufgaben gleichzeitig erledigen, neue Dinge lernen oder mit Logik und Struktur arbeiten zu können. Das Ergebnis ist eine unglückliche, ängstliche und frustrierte Frau!

Aber das weit verbreitete Bild der kratzbürstigen prämenstruellen Frau entspricht nicht dem Archetyp der Zauberin, sondern es ist das Bild einer prämenstruellen Frau, die ihre zyklische Natur nicht anerkennt oder sich nicht erlaubt, in Harmonie mit dem Archetyp der Zauberin zu leben – und die diesbezüglich von ihrer Umgebung keinerlei Unterstützung erfährt.

Die Ängste und Widerstände, die sich in der prämenstruellen Phase zeigen, können emotionale Botschaften eines Ungleichgewichts sein. Sie können uns die Türen zu den tieferen Ebenen unseres Seins öffnen und helfen, den inneren Schmerz und die Muster zu entwirren, die wir im vergangenen Monat und im Lauf der Jahre aufgebaut haben. Der Archetyp der Zauberin schickt uns mit ihrer Magie diese Gefühle, um uns den Weg zu weisen. Wenn wir uns den Botschaften mit Neugier und aufrichtiger Liebe für uns selbst nähern, dann verwandeln wir uns, auch wenn wir gerade vor Angst erstarrt sind. Dann weitet sich unser Leben zu einem Weg der Weisheit.

Die prämenstruelle Phase lehrt uns nicht, uns zu fürchten, sondern sie lehrt uns, dass Liebe der Kontrapunkt zur Angst ist, und sie gibt uns die Kraft, uns zu verwandeln und zu fliegen. Wenn wir die Phase der Zauberin annehmen, verlangsamen wir bewusst unseren Alltag – wir verschieben oder delegieren Aufgaben und nehmen uns mehr Zeit dafür, Dinge zu verarbeiten. Wir schlafen mehr und träumen mehr. Wir nehmen uns mehr Zeit für Kreativität und schätzen ein plötzlich auftretendes Energiehoch wie ein wertvolles Geschenk, anstatt es als Zeichen dafür zu sehen, dass wir nicht so leistungsfähig sind wie erwartet.

Wir schaffen auch Raum für ein vertieftes Energiebewusstsein und eine feine Sensibilität, wir werden spiritueller und begegnen den uns umgebenden Energien mit größerer Vorsicht. Wir nehmen uns außerdem die Zeit, die wilden und wechselvollen Energien des Archetyps der Zauberin zum Ausdruck zu bringen und bleiben ihr in einer Welt treu, die ihre Kräfte ablehnt.

Wenn wir die Phase der Zauberin nicht annehmen und nicht entschleunigen, erkennt das Unterbewusstsein, dass unser Geist müde und der Körper verletzlich wird. Da wir weniger Ausdauer haben, um zu kämpfen oder vor Gefahren wegzulaufen, ist das Unterbewusstsein in Alarmbereitschaft und sucht nach allem, was falsch sein oder eine potenzielle Bedrohung darstellen könnte. Die negativen Gedanken und inneren Bilder, die wir erleben, sind letztlich nichts anderes als Botschaften des Unterbewusstseins, mit dem es uns vor möglichen Gefahren warnt und uns auffordert zu handeln.

Dieses Warnsystem ist eine echte Fähigkeit – sofern wir uns Ruhe gönnen und uns die Zeit nehmen, es kontrolliert auf bestimmte Projekte, Probleme und Situationen anzuwenden. Wenn wir es jedoch nicht steuern, kann es unsere negativen Überzeugungen über uns selbst verstärken, uns überwältigen und lähmen.

Wenn wir in unserer prämenstruellen Phase der Entschleunigung einen hohen Stellenwert einräumen und mit unseren körperlichen und geistigen Energien weise haushalten, dann kümmern wir uns um den Archetyp der Zauberin, bringen ihr Akzeptanz und Liebe entgegen. Wir beruhigen auch den Impuls, zu kämpfen oder zu flüchten, denn wir spüren, dass unsere Bedürfnisse erfüllt werden und wir das Leben meistern können.

Die Zauberin kann uns auch mehr Intuition und ein gestärktes Ego schenken. Wir können intuitiv erkennen, wenn sich etwas »falsch« anfühlt oder aus dem Gleichgewicht gerät. Dann wollen wir, dass die Dinge auf unsere Art und Weise erledigt werden, denn das ist ja offensichtlich die »richtige« Art und Weise – und wir wollen, dass sie sofort erledigt werden. Ein größeres Ego bedeutet, dass wir uns auf unsere Wünsche und Forderungen, unsere Erwartungen, unsere Probleme und Schwierigkeiten konzentrieren. Wir können dann sehr ungeduldig mit anderen Menschen sein, vor allem mit denen, die mit unserer wilden Inspiration und impulsiven Kreativität nicht mithalten können, aber auch mit denen, denen unsere Ideen egal sind oder die selbst in starren Mustern denken.

Wir können in dieser Phase auch sehr anspruchsvoll sein. Wenn wir auf diese Weise ein Ergebnis erzwingen, entsteht in uns das Gefühl von Selbstermächtigung und Kontrolle – und das in einer Zeit, in der wir uns oft genug den Veränderungen in unserem Körper oder den Geschichten, die von unseren unterbewussten Gedanken gesponnen werden, ausgeliefert fühlen. Wut gibt uns das Gefühl, stark, einflussreich und bedeutend zu sein und die Dinge in Situationen bestimmen zu können, in denen wir eine gewisse Ohnmacht spüren.

Die Frustration in der Phase der Zauberin ist sehr oft das Ergebnis der unerfüllten Erwartungen eines Egos, das die prämenstruellen Veränderungen aufhalten möchte – weil diese Veränderungen es daran hindern, das zu tun, was es tun muss, um sich in der modernen Welt bestätigt und gewürdigt zu fühlen. Die Angst, für inkonsequent, unzuverlässig und unfähig gehalten zu werden, kann uns dazu bringen, den Archetyp der Zauberin zu unterdrücken und ihre Bedürfnisse in der prämenstruellen Phase zu übergehen. Diese Ängste und unser innerer Kampf nähren das Ego und verschlingen unseren Sinn für Empathie, weshalb wir unsere Ansprüche und unseren Stress in die Welt hinaus projizieren.

Die Botschaft der Zauberin ist einfach: Wenn wir uns selbst genug lieben und akzeptieren, dann werden wir unsere Bedürfnisse in dieser Phase erfüllen und unseren Körper, unser Leben und unser Ego verstehen, akzeptieren und harmonisieren. Wir müssen Maßnahmen ergreifen, damit sich unser Ego geliebt und sicher fühlt, und wir müssen Aktivitäten suchen, die uns helfen, das auszudrücken, was wir in dieser Zeit fühlen.

Die innere Zauberin als Vorbereitung auf die Wechseljahre

Weisheit der Wechseljahre: gestärktes Ich, kreatives und inspiriertes Denken, Aufbrechen und Loslassen, Impulse und Zwänge, Energiemanagement, neue Wege, Selbstfürsorge, Schutz.

Was lehrt uns unsere prämenstruelle Phase über die Jahre der Zauberin in den Wechseljahren? Alles, was wir wissen müssen! Die Zyklusphasen der Zauberin zeigen uns im Voraus die Erfahrungen, Prozesse, Gaben und Ausrichtung unserer Jahre als Zauberin. Wer viele Jahre herausfordernde prämenstruelle Phasen erlebt hat, mag den Gedanken an jahrelange prämenstruelle Energien beängstigend finden. Aber wenn wir den Zweck der Zauberin kennen, wenn wir die positiven Aspekte ihrer Anwesenheit verstehen, dann sehen wir, welche Veränderungen auf uns zukommen, und können nicht nur unser zukünftiges Leben entsprechend planen, sondern auch unser gegenwärtiges Leben besser wertschätzen – wo auch immer wir auf dem Labyrinthweg stehen.

In den Jahren der Zauberin wird alles, was wir fühlen, tun und sehen, von den Energien der Zauberin beeinflusst. Wenn die früheren Lebensumstände uns dazu gebracht haben, die prämenstruellen Phasen abzulehnen, dann geben uns die Jahre der Zauberin jetzt die Möglichkeit, diese Energien endlich positiv zu erleben und auszudrücken.

Die Zyklusphase der Zauberin zeigt uns, dass in den kommenden Jahren das Unterbewusste unser Denken dominieren wird, dass wir Hemmungen abbauen und soziale Konventionen übertreten und dass wir kraftvolle Kreativität, sinnliche Energien und die Intuition freisetzen werden. Die vielen unterschiedlichen Energien werden Chaos verursachen und uns Stimmungsschwankungen und Unberechenbarkeit bescheren. Aber sie werden uns befähigen, die Muster tief in unserem Unterbewusstsein zu verarbeiten und durch neue Erfahrungen zu verändern. Aus dem Käfig unseres Intellekts befreit, werden unsere wilden Energien wachsen und durch unser Leben pulsieren, sie werden mal stark und mal schwach sein, uns Kraft schenken und zu zwanghaften Impulsen verleiten. Wir werden nicht mehr alles tolerieren, sondern dem natürlichen Bedürfnis nachgeben, auszubrechen aus dem alten Leben und unser Bild von der Welt zu bereinigen. Die Veränderungen in unserem Inneren werden kompromisslos verlangen, dass sie sich in der Welt um uns herum widerspiegeln.

Das Wissen um die Energien der Zauberin in der prämenstruellen Phase hilft uns, uns vorzubereiten und unseren Weg durch die Zauberinnen-Wechseljahre zu gehen. In den Jahren der Zauberin müssen wir die Energien unserer inneren Welt mit Bedacht einsetzen und sie positiv und produktiv in unserem Leben nutzen. Die Phasen mit niedrigem Energielevel, in denen wir uns verstärkt auf das Unterbewusstsein und die innere Welt konzentrieren, können viele Monate oder sogar Jahre andauern. Aber genau wie in unserem zyklischen Leben, in dem wir uns auch nicht durch die Energien und Wahrnehmungen während einer einzelnen Phase definiert haben, sollten wir uns auch in den Jahren der Zauberin nicht allein durch die aktuellen Erfahrungen definieren. Jede Phase und jeder Lebensabschnitt schenkt uns eine einzigartige Erfahrung mit einer der vier Ausdrucksformen weiblicher Energie und Wahrnehmung.

Aus unseren Erfahrungen vor der Menstruation wissen wir auch, dass die abnehmende körperliche Ausdauer das Ego schwächen und uns ängstlicher und empfindlicher machen kann. Wir wissen, dass mehr Ruhe uns helfen kann, ins Gleichgewicht zu kommen und Stabilität zu finden. Wir müssen also unsere Erwartungen in unseren Jahren der Zauberin anpassen – besonders in den Jahren der Gestaltwandlerin – und dafür sorgen, dass wir entschleunigen, und mehr Zeit für Ruhe und Reflexion einplanen.

Eine Auszeit hilft auch, sich der Bedürfnisse anderer bewusster zu werden (was besonders wichtig ist, wenn übersteigerter Ängste das Einfühlungsvermögen beeinträchtigen). Ruhe ermöglicht es, zur eigenen Mitte zurückzukehren, wenn die Sensibilität derart gesteigert ist, dass uns andere leicht emotional überfordern. Wir können die Zeit auch nutzen, um in die Dunkelheit einzutauchen und Raum für die eigene Intuition und das spirituelle Bewusstsein zu schaffen.

Wenn wir die übliche Herangehensweise vor der Menstruation wählen und mit erhöhter Willenskraft versuchen, weiterhin mit den Energien und Erwartungen der Mutter mit der Welt zu interagieren, dann wird uns der Archetyp der Zauberin irgendwann zwingen, langsamer zu machen oder sogar aufzuhören. Ihre Weisheit ist nicht verhandelbar – wir können versuchen zu fliehen, aber sie wird uns finden und mit ihrer Liebe die Lebensentscheidungen für uns treffen. Wenn wir jedoch ein wenig langsamer werden, unsere Erwartungen ändern, anders agieren und kleine Momente von »Traumzeit« und »kreativer Zeit« in unseren Tagesablauf einbauen, dann erfüllen wir die Bedürfnisse der Zauberin, nehmen ihre Geschenke an und beruhigen unsere gestresste Seele.

Manchmal erzählt uns die Zauberin in der prämenstruellen Phase Geschichten. Sie sind nicht dazu bestimmt, geglaubt zu werden, vielmehr gilt es, sie zu erforschen, um die Erkenntnisse zu finden, die in ihnen verborgen sind. Verbale Reaktionen, reflexartige Handlungen und Entscheidungen aus einer Überempfindlichkeit heraus, die auf den Illusionen des Archetyps der Zauberin beruhen, mögen die aufgestaute Frustration abbauen und die aktuellen Gefühle besänftigen, aber sie helfen uns nicht, unseren Weg zur Rückkehr zu gehen.

Wie oft haben wir in der prämenstruellen Phase etwas als verheerend empfunden, nur um dann mit Einsetzen der Menstruation zu entdecken, dass es völlig irrelevant ist? Was wir in den Jahren der Zauberin fühlen, sind unsere alten Muster, Belastungen und Einschränkungen, die ins Bewusstsein aufsteigen. Nun haben wir die Chance, sie anzunehmen und mit Liebe zu uns selbst zu klären, damit unsere Intuition, die Gedanken, Gefühle und der Körper im

Einklang sind. Wenn wir uns in den Jahren der Zauberin selbst lieben und die Energien der Zauberin zum Ausdruck bringen, dann sind wir in Harmonie mit unserer weiblichen Natur – Stress, Intoleranz, Ängste und Befürchtungen werden im Lichte dieser Liebe blasser.

Die Kreativität kann in der prämenstruellen Phase regelrecht explosiv sein. Wenn die schöpferische Kraft der Zauberin in den Jahren der Zauberin ihren Höhepunkt erreicht, dann geschieht etwas Wunderbares: Wir haben Zugang zur vollen Kraft der weiblichen schöpferischen Energie, ohne zyklusbedingt phasenweise in unserer Kreativität eingeschränkt zu sein. Das macht Frauen in ihren Jahren der Zauberin zu den mächtigsten kreativen Wesen auf diesem Planeten.

Oft herrscht in der Gesellschaft die Meinung vor, dass nur junge Menschen dynamisch und kreativ, revolutionär und unkonventionell denken, dass nur junge Menschen unternehmerisch und innovativ sein und uns in eine bessere Zukunft führen können. Diese Fehlurteile hindern Frauen in ihren Jahren der Zauberin allzu oft daran, ihre Macht in der Welt zu nutzen. Frauen in den Jahren der Zauberin agieren ähnlich wie junge Frauen wie ein Wirbelwind an Energie und Ego, aber im Gegensatz zu jungen Frauen sind sie mit vielfältigen Erfahrungen, wachsender Intuition, spirituellem Bewusstsein und der vollen, uneingeschränkten Kraft der weiblichen Kreativität ausgestattet.

Lernen wir aus unseren prämenstruellen Phasen! Lernen wir, der Zauberin Respekt zu zollen und mit ihren körperlichen, kreativen und spirituellen Energien zu arbeiten. Wenn wir versuchen, etwas zu sein, was wir nicht sind, baut sich Druck auf, bis die Zauberin sich Gehör verschafft und uns – und oft auch die Menschen um uns herum – in einer Kaskade von Gefühlen überwältigt. Wenn wir uns dem Fluss und den Veränderungen widersetzen, machen wir den Weg, der vor uns liegt, für uns selbst und für die Menschen unnötig schwer. Wenn wir diesen Widerstand nicht aufgeben, brauchen wir starke und wirkungsvolle Methoden, um frei zu werden.

Um in den Jahren der Zauberin fließend mit allen Veränderungen mitzugehen, müssen wir flexibel sein, uns dem Weg, der vor uns liegt, hingeben und uns mit Intuition und Sensibilität vorantasten. Wir müssen uns daran erinnern, dass die Jahre der Zauberin, genau wie die prämenstruelle Phase, nicht ewig dauern werden, dass sie nicht definieren, wer wir sind, dass die Höhen und Tiefen nicht von Dauer sein werden und dass wir genießen, experimentieren und neugierig sein dürfen. Diese Reise ist ein wichtiger Teil des

Frauseins. Wenn wir ihr genug Zeit und Aufmerksamkeit schenken, dann werden um viele einzigartige Lebenserfahrungen reicher.

Wir sollten uns immer daran erinnern, dass alles gut ist – selbst in den tiefsten und dunkelsten Momenten, in denen wir das Gefühl haben, mit den Fingerspitzen an einer Klippe zu hängen, und Angst haben, loszulassen. Und wir sollten uns daran erinnern, dass, genau wie in der prämenstruellen Phase, die Frustration über die Jahre der Zauberin schlicht das Ergebnis unerfüllter Erwartungen eines Egos sind, das sich nach Bestätigung sehnt und sie zu finden versucht, indem es sich dem Bild anpasst, das die moderne Gesellschaft den Frauen aufzwingt.

Zauberin, hilf uns, unsere Schönheit zu erkennen.
Hilf uns, mit deiner Zufriedenheit und Erfüllung anmutig zu reisen.
Hilf uns, deine Veränderungen anzunehmen und zuzulassen.
Hilf uns, mit deiner Musik zu tanzen, mit deinen wechselnden Rhythmen zu fließen.
Und hilf uns, in der Magie und dem Nebel dieser Zeit auf deine Führung zu vertrauen.
Danke, Zauberin, für deine Gaben in unserem Leben.

Die transformative Kraft der Zauberin nutzen

Wir haben durch die Zyklen um uns herum gesehen, dass unser Weg in die Dunkelheit in den Jahren der Zauberin kein Weg des Älterwerdens ist, sondern ein Weg der Katalyse. Vielleicht macht uns der vor uns liegende Weg Angst, aber anstatt dieses Gefühl als Wunde zu betrachten, können wir auch eine Botschaft darin erkennen: Wir sollen aufwachen und uns daran erinnern, dass wir ein sensibles Herz, einen phantasievollen Geist und den Wunsch der Seele haben, das Leben zu erfahren.

Mit unserer Seele erspüren wir die verzauberte Einladung der Alten Frau, die uns sagt, dass es jetzt an der Zeit ist, sich nach innen zu wenden, zu heilen und unsere Weiblichkeit zu transformieren. Wir werden gewarnt, dass es in der Dunkelheit etwas zu tun gibt, und es wird die dynamische Energie der Zauberin sein, die die Umstände dafür schafft, dass wir diese Arbeit erledigen können.

Die Universelle Zauberin initiiert immer wieder die Auflösung von Strukturen, den Tanz der Entropie und die Freilegung des authentischen Wesenskerns. Wenn wir in unseren von der Zauberin geprägten Jahren den Labyrinthpfad beschreiten, fegt sie die Illusionen weg, die wir uns selbst einreden, und beseitigt die »sicheren« Orte und Schutzmechanismen, die wir aufgebaut haben. So ermöglicht sie es uns, offen, wahr und frei zu sein und zu wachsen. Sie weint mit Liebe und Empathie, wenn sie eine Barrikade durchbricht oder die Ketten durchtrennt, die uns binden, denn sie weiß um die Verwirrung und die Trauer, die wir dabei spüren werden.

Die Universelle Zauberin sieht deutlich, wenn wir die Menstruationszyklen nicht genutzt haben. Sie sieht, wenn wir ihre Gaben nicht angenommen haben, um in der prämenstruelle Phase tief in uns selbst einzutauchen, unseren Gefühlen und der Bestimmung unserer Seele auf den Grund zu gehen. Deshalb hilft sie uns jetzt, den Schutt unseres Lebens wegzuräumen und das Verborgene freizulegen. Und wenn wir sie dann erstaunt anschauen, lächelt sie uns an und sagt: »Hallo. Da bist du ja!«

Um unser verwundetes Selbst zu erreichen und unsere Wunden zu heilen, muss die Zauberin erst die Dornen und Sträucher durchdringen, in denen wir gefangen sind. Sie ist nicht bösartig, rachsüchtig oder nachtragend, sie hegt keine Wut, noch ist sie frustriert, ungeduldig oder intolerant. Die Zauberin ist die liebende Mutter, die unsere Verletzungen und die Notwendigkeit einer heilenden Veränderung sieht, und sie schafft die beste Umgebung, um diese Veränderung herbeizuführen. Ihr Reich ist die Dunkelheit des Unterbewusstseins. Sie hat die schöpferische Macht, unsere Realität zu formen, und sie wird jeden einzelnen Aspekt ihrer Macht – Illusionen, Dramen, Geschichten, Erinnerungen und Glauben – nutzen, um unsere Fesseln zu sprengen und freizugeben, was befreit werden muss.

Während die Strukturen der äußeren Welt um uns herum ins Wanken geraten, schenkt uns die Universelle Zauberin wilde Inspiration, Visualisierungen des Unsichtbaren und poetische Worte, die aus der Dunkelheit emporsprudeln wie eine Quelle, die ins Licht tritt. Sie ist die Stimme der Dunkelheit und des Unterbewusstseins und die Brücke zwischen der äußeren Welt der Mutter und der inneren Welt der Alten Frau.

In den Wechseljahren spiegelt die Welt um uns herum die Inspiration der Zauberin wider und wenn wir von Einsicht und Kreativität durchströmt werden, erleben wir viele Aha-Momente. Lassen wir uns von in ihrer Magie einhüllen und beschließen wir, uns nicht nach dem Licht zu sehnen! Dann werden wir uns sowohl der Dunkelheit als auch des Lichts bewusst und entwickeln die Fähigkeit, zwischen beiden zu gleiten. Und dann hat diese Phase unseres Lebens das Potenzial für tiefe instinktive, leuchtende inspirative und subtile spirituelle Kreativität. Ein Gedicht oder ein Gebet wird uns leicht von der Hand gehen, während wir arbeiten, eine Melodie wird sich selbst schreiben, während wir im Auto sitzen, ein Bild, das die Liebe des Universums in die Welt bringt, gleitet leicht in unser Bewusstsein, während wir zu Mittag essen, und eine plötzliche Selbsterkenntnis durchströmt uns, während wir über einen Witz lachen.

Genau wie in der prämenstruellen Phase, in der die Kreativität und Inspiration des Archetyps der Zauberin kaum vorhersagbar sind, sollten wir auch in unseren Zauberinnen-Jahren ihre erstaunliche Inspiration dann einfangen, wenn sie auftaucht, und sie kreativ in der Welt verankern. Diese Momente der Kreativität sind heilige Momente, in denen wir mit unserer Seele in Einklang sind. In diesen Momenten sind wir Individuationen des Universellen Weiblichen, schwingen mit ihr und schöpfen unser volles Potenzial aus. Und die Freude, die uns die Kreativität bereitet, ist das Ergebnis dieser Verbindung und Ausrichtung.

Die Jahre der Zauberin haben nur eine Richtung: Wir sollen wachsen. Wie in der Kindheit und Jugend können wir dieses Wachstum nicht aufhalten, es liegt in unserer Natur. Und so wie Teenager sich darauf freuen, erwachsen zu werden, dürfen auch wir uns darauf freuen, in unseren Jahren der Zauberin »erwachsen« zu werden. Aber um die Wechseljahre positiv zu sehen und Freude zu empfinden, müssen wir die Prozesse des Aufbrechens und der Enthüllung verstehen.

Aufbrechen und Enthüllen

Wir beginnen unser »Aufbrechen«, wenn wir zum ersten Mal in die Energien der Erntemutter eintreten, aber das Aufbrechen ist nicht auf die körperlichen Zyklen beschränkt. Wir entdecken, dass wir immer mehr Energie brauchen, um die üblichen Erwartungen zu erfüllen. Manche Frauen haben so lange die Erwartungen erfüllt, die andere an sie gestellt haben, dass es ihnen schwerfällt, hinter die Maske zu blicken, die sie selbst geschaffen haben. Aber diese Maske aufrechtzuerhalten, wird immer anstrengender, denn das, was sich dahinter verbirgt, drängt nun mit der Kraft der Seele hervor und will frei werden.

Wenn wir in den Mutter-Jahren die vier Archetypen nicht ausleben, unsere zyklische Natur nicht anerkennen und von der Gesellschaft keine Unterstützung erhalten, dann sind wir zu einer Interpretation des Weiblichen gezwungen, die viel zu klein für unsere wahre Natur ist. Dann lassen wir zwangsläufig bestimmte Aspekte der Archetypen außer Acht, um uns an die einengende Rolle anzupassen, die uns zugewiesen wurde. Aber in den Jahren der Zauberin will sich unsere Seele nicht mehr hinter der Maske verstecken und klein bleiben. Stattdessen leuchtet sie so hell, dass wir sie nicht mehr ignorieren oder einschränken können. Die Archetypen – als Ausdruck unserer Seele – verlangen danach, in ihrer Gesamtheit in Erscheinung zu treten.

Die Jahre der Erntemutter wie auch der Gestaltwandlerin zwingen uns zu einem Rückblick: Wer sind wir, wenn wir die Etiketten und Masken ablegen, die wir in unseren Mutter-Jahren benutzt haben? Durch die Gegenwart der Zauberin können wir die Maske entfernen, die Ketten und Mauern sprengen und die Aspekte der Archetypen befreien, die gefangen waren, damit sie ein Teil von uns werden. Dann können bisher unbekannte Energien, Bedürfnisse, Gaben und ein neues Bewusstheit uns durchfluten – das kann ein großer Schock sein!

Nach dem Weisheitsblut – der letzten Menstruation – werden die Erfahrungen noch intensiver, denn manchmal überrollen uns die Archetypen unangekündigt wie ein Tsunami aus Emotionen, Handlungszwängen oder wie eine Leere, die wir unbedingt füllen wollen. Ohne Führung probieren wir wahllos Dinge aus, um diese Zustände loszuwerden, uns besser zu fühlen oder die Leere zu füllen. Wir erschaffen vielleicht eine neue Maske, von der wir glauben, dass sie uns besser definiert, nur um dann festzustellen, dass sie unsere

Energien noch weiter aufzehrt, weil sie nicht im Einklang mit unserer Seele ist. Und wenn dann die Energien des nächsten Archetyps plötzlich durch uns fließen, passt sie ohnehin nicht mehr zu uns.

Eine neue Maske zu suchen, um uns von der Universellen Zauberin abzugrenzen, wird zu großer Erschöpfung führen. Vielleicht wird uns die Maske dazu verleiten, Beziehungen zu beenden, unseren Job aufzugeben oder in aller Eile neue Aktivitäten aufzunehmen, um uns »treu zu bleiben« oder »uns selbst zu finden«. Wir besitzen die Fähigkeit zur Empathie, aber wenn wir merken, dass wir die Veränderungen, die vor uns liegen, nicht kontrollieren können, dann wird das Ego unsere Empathie durch Wut, Widerstand und Kampf ersetzen. Dann setzen wir unsere Bedürfnisse über die der anderen. »Ich« (bzw. wer wir derzeit zu sein glauben) wird wichtiger als »du«.

Wird die Zauberin in uns nicht durch die anderen drei weiblichen Archetypen gestützt, verleitet ihr Drang, sich zu befreien, das Ego leider schnell zu einer verzweifelten Suche nach einer schnellen Lösung. Es ist nicht die Zauberin, die herzlos, unemphatisch und leidenschaftslos ist, sondern das Ego, das die Zauberin aus Angst vor dem Prozess des Aufbrechens und der Dunkelheit bekämpft. Das Ego kämpft, weil wir unsere weibliche Natur nicht genug verstehen, akzeptieren und lieben und ihr nicht genug vertrauen, um uns von ihr leiten zu lassen. Diese Situation ist nicht »schlecht«, sie ist einfach die Folge fehlender Erfahrung – die Erfahrung der Liebe der Seele in unserer prämenstruellen Phase und der Liebe der Universellen Seele in der Dunkelheit.

Die Prozesse des Aufbrechens und Enthüllens in den Jahren der Zauberin sind nicht nur für uns verwirrend, sondern auch für unsere Familie und unseren Partner. Plötzlich verwandelt sich ihre Lebenspartnerin, Freundin oder Mutter in eine Frau, der sie noch nie begegnet sind – manchmal dauerhaft, manchmal nur für kurze Zeit in der prämenstruellen Phase. Aber es ist nicht so, dass wir uns in jemand anderes verwandeln. Vielmehr haben wir bisher unser wahres Wesen vor anderen versteckt, um uns anzupassen.

Frauen, die ihr zyklisches Selbst kennen, die ihr zyklisches Leben und die vier Archetypen mit ihrem Partner und ihrer Familie teilen, können besser auf ihre Zykluserfahrung zurückgreifen und die chaotischen Erscheinungen der Archetypen erklären, wenn sie in den Wechseljahren den Labyrinthpfad betreten. Frauen ohne dieses Zykluswissen hingegen werden sich möglicherweise verloren fühlen und keine Erklärung für ihre Erfahrungen finden, für sich genauso wenig wie für ihren Partner oder die Familie. Trotzdem haben alle

Frauen in den Wechseljahren die Möglichkeit, die Archetypen zu entdecken, eine Beziehung zu ihnen aufzubauen und zu lernen, ihre Bedürfnisse auf eine Weise zu erfüllen, die in jeden Alltag passt. Wir werden alle in der Lage sein, die Archetypen unserer Familie und unserem Partner zu erklären und ihre Präsenz mit ihnen zu teilen.

Auch durch Versuch und Irrtum können wir lernen, mit welchen Aktivitäten wir die Archetypen ausgleichen und mit ihnen in Einklang kommen können. Meist sind die kleinen liebevollen Aktionen sinnvoller als große, potenziell zerstörerische, lebensverändernde Handlungen. Wir werden durch Fehler, aber natürlich auch durch Erfolge lernen, wie wir die Reise durch die Wechseljahre gemeinsam mit unserem Partner und unserer Familie unternehmen können und dabei sowohl deren als auch unseren Bedürfnisse und unserem veränderten Selbstverständnis gerecht werden.

Unsere Rolle in den Jahren der Zauberin ist einfach: Wir bewegen uns mit Neugier, Mitgefühl und Hoffnung auf die Dunkelheit zu und sind offen für die Erfahrungen, die diese Zeit des Wechsels uns bringt. Dann fühlt sich unser Ego nicht bedroht und braucht nicht zu kämpfen. Dann stärkt uns die Reise und nährt unsere Selbstliebe, statt mit neuen Masken unsere Energiespeicher zu leeren. Wie auch immer wir an die Dinge herangehen, ob wir sie annehmen oder bekämpfen, das Ergebnis ist unaufhaltsam und immer dasselbe: Wir werden in das Reich der Alten Frau eintreten. Wir haben lediglich die Wahl, ob wir diesen Weg mit Liebe und Anmut gehen oder nicht.

Das Ego in den Jahren der Zauberin

Der Begriff »Ego« kann verwendet werden, um unser Gefühl als Individuum, unsere Wahrnehmung des Selbst und unseren Ausdruck dieses Selbst in der Welt zu beschreiben. Wenn wir jung sind, lösen wir uns irgendwann von unseren Eltern, um die Welt und unsere eigene Identität zu erkunden. Wir entwickeln im Zuge der Individuation unser Ich. Wir wachsen im gleichen Maß, wie wir uns nach außen wenden und in der Welt bewegen, während wir uns gleichzeitig vom unterbewussten Denken eines kleinen Kindes entfernen. Dann drängen die Archetypen in unser Bewusstsein und der Körper und das

Selbstverständnis verändern sich. Während der gesamten Mutter-Jahre durchlaufen wir Zyklen unterschiedlicher Hormonlevel, Energien, Wahrnehmungsformen und Fähigkeiten.

In den Zauberinnen-Wechseljahren, wenn das zyklische Leben endet und die Archetypen zu einer Einheit verschmelzen, erfährt das Ego erneut eine Veränderung. Die Erntemutter initiiert einen Prozess, in dem wir die energetischen Verbindungen und Bindungen zu anderen Menschen auflösen, die in den vergangenen Jahren unser Selbstgefühl und unser Wohlbefinden geformt haben. Anstatt durch die Interaktion mit anderen Menschen Bestätigung zu finden und unseren Selbstwert zu definieren, beginnen wir nun, nach innen zu schauen, um ein individuelles, zentriertes Gefühl der Fülle und des Selbst zu finden.

In den ersten Jahren nach der Menopause konzentrieren sich manche Frauen sehr auf sich selbst und auf ihre Selbstverwirklichung, was Schuldgefühle auslösen kann. Andere entwickeln durch diesen Prozess ein Gefühl von Selbstermächtigung und Freiheit.

Wenn wir nicht länger dem Archetyp der Mutter dienen, wird die Universelle Zauberin nun zu unserer inneren Priorität. Wir formen unser Leben neu und geben unserem Weg eine Richtung, die wir vorher nie wirklich wahrgenommen haben. Unsere Familie und unser Partner sind immer noch Teil unseres Lebens, aber wir sind jetzt Eingeweihte auf einem spirituellen Weg und wir sind aufgerufen, an unserem spirituellen Selbst zu arbeiten.

Früher, als die Großfamilien noch zusammenlebten, übernahmen die älteren Mädchen die Rolle der Mutter und gaben der Matriarchin Raum, die Grenze zwischen dieser Welt und der inneren Welt zu überschreiten und ihre Ausbildung zur Zauberin zu beginnen. Heute sind die Familien kleiner, viele Frauen bekommen erst spät im Leben Kinder oder bleiben kinderlos, viele erhalten eine Hormonersatztherapie. Daher manche heute andere Erfahrungen als Zauberin als die Frauen in der Vergangenheit. Letztlich aber bleiben das Labyrinth und die Richtung des Weges, den wir Frauen einschlagen, die gleichen.

Das Ego definiert sich gerne sowohl über unsere innere Wahrnehmung als auch durch die äußere Welt. In den Jahren als Gestaltwandlerin gleicht das Selbstverständnis daher manchmal einem Blatt in einem Herbststurm: Es verändert sich ständig und kommt nie zur Ruhe. Trotzdem wird von uns erwartet, dass wir uns als Mutter, Partnerin und Kollegin so verhalten wir immer. Da kann es schwerfallen, sich selbst treu zu bleiben, manche Frauen fühlen sich sogar bedroht, weil sie glauben, anders sein zu müssen, als sie sind. Um wieder Sicherheit zu finden, versuchen sie dann womöglich, das Leben stärker zu kontrollieren, und werden immer starrer und restriktiver.

Andere werden aggressiv, um sich zu schützen, werden egozentrischer, distanzierter, vielleicht auch anspruchsvoller, urteilender, wütender und intoleranter. All das sind Reaktionen auf die Angst, nicht richtig zu funktionieren, den Anforderungen der Gesellschaft nicht gerecht zu werden. Und diese Angst bewirkt, dass wir das Gegenteil von dem werden, was die Zauberin uns anbietet.

In den Jahren des Archetyps der Mutter hat unser Ego einen schönen Palast mit einem Turm und schützenden Mauern errichtet, um den eigenen Selbstwert und die Selbstermächtigung zu etablieren. Jetzt, in den Jahren der Zauberin, krachen die Archetypen wie Wellen gegen diese Mauern und sobald eine zerbrochen ist, versuchen wir, die Verteidigungsanlagen zu reparieren. Um uns zu schützen, reparieren wir nicht nur, sondern bauen immer höhere und dickere Mauern, hinter denen wir versuchen, unser Selbstgefühl zu wahren.

Die Gefühle anderer Menschen, ihre Wünsche und Bedürfnisse können uns unter dem Einfluss der Universellen Zauberin schnell aus dem Gleichgewicht bringt. Manchmal reicht eine einfache Äußerung, und schon fühlen wir uns bedrängt, verletzt, bedroht. Es ist, als würden unsere dürftig zusammengeflickten Schutzmauern sofort Risse bekommen. Instinktiv versucht unser Ego, diesen Zustand zu überwinden, uns von der Person oder der Situation, von der es sich bedroht fühlt, abzugrenzen und noch höhere und dickere Mauern aufzubauen, um uns zu schützen. Ohne zu erkennen, dass wir in dieser Zeit äußerst sensibel auf Energien reagieren, und ohne zu verstehen, dass diese Sensibilität ein Teil der Reise ins Labyrinth ist, wird das Ego Lebensentscheidungen treffen, die uns von der Welt um uns herum isolieren, um den bedrohlichen Einflüssen zu entkommen.

Deshalb bauen wir besonders dicke Schutzmauern.

Aber diese intensive Sensibilität ist eine Gabe, eine besondere Fähigkeit reifer Frauen, wahrzunehmen, zu fühlen, sich von Intuition und einem freien Geist leiten zu lassen. Sie ist das Navigationsinstrument, das uns hilft, mit Zuversicht durch die Jahre der Zauberin zu reisen. Sie bestimmt auch die Art und Weise, wie wir uns orientieren und entscheiden, in welche Richtung wir gehen wollen. Unser Turm und unsere dicken Mauern isolieren uns von genau den Gaben, die das Ego befähigen würden, Ängste loszulassen, das Bedürfnis nach Schutz zu besänftigen und trotzdem Ruhe, Sicherheit und Orientierung zu finden.

Stattdessen bauen wir Schutzmauern. Und die Zauberin reißt die Mauern ein, die uns gefangen halten.

Vom Turm aus sieht das Ego, wie sich Dunkelheit über die Landschaft legt, die bisher in Licht gebadet war. Umgeben von dicken Mauern, in der Enge seines »sicheren« Raumes, kann das Ego den Ruf der Dunkelheit nicht hören und erfährt nichts über die Liebe und Freiheit, die sie bringt. Aber sobald wir versuchen, unsere schützenden Mauern zu reparieren, reißt die Zauberin sie wieder ein. Dann sitzen wir inmitten der Zerstörung, umgeben von Resten alter Gewissheiten, Definitionen und Ziele.

Das ist ein Schock, aber schon stehen wir wieder auf und versuchen erneut, die Mauern zu reparieren und den Turm wieder aufzubauen. Aber jetzt sind die Mauern schwächer und haben Lücken. Und genau diese Lücken helfen uns, das zyklische Leben hinter uns zu lassen und unser Selbst neu zu definieren. Mit jedem Konzept, das uns begrenzt und das wir schlussendlich loslassen, befreien wir einen weiteren Aspekt des Archetyps, der lange Zeit gefangen war und nun zu uns zurückkehren kann. Eine Mauer nach der anderen durchbricht die Zauberin, bis wir – vielleicht aus Verzweiflung und Erschöpfung – nachgeben und aufhören, Mauern zu errichten.

Aber die Zauberin lässt uns nicht in den Trümmern unseres Selbst zurück, sondern sie hält uns mit Liebe und Fürsorge, bis wir uns ausgeweint haben. Dann bittet sie uns zu warten. Sie sagt uns, dass wir innerlich still werden und auf die Alte Frau warten sollen. Die Zauberin zerstört nicht, um wieder aufzubauen – ihr Ziel ist es, zu zerstören, damit wir die Alte Frau willkommen heißen können.

Während wir in der stillen Dunkelheit warten, zerfallen die Überreste der Mauern zu Staub und irgendwann drängt ein frischer grüner Trieb daraus empor. Mit den Jahren wächst er zu einem schönen Baum heran, der mit den Wurzeln tief im Reich der Alten Frau verankert ist – in unserem wahren Wesen. Und weil er so tief verankert ist, kann er sich mit den Herbststürmen wiegen, ohne jemals zu zerbrechen.

Die Jahre der Zauberin sind turbulent, aber sie geben uns Kraft. Wir sehen Zauberinnen-Frauen, die sich von Zwängen befreien, ihre inneren Veränderungen annehmen und ihre zweite Jugend ausleben. Die Kraft der Zauberin strömt durch diese Frauen in die Welt hinaus – sie verändert die Welt, stellt die alte Ordnung infrage und zeigt auf, was in der Welt falsch läuft und wie die Lösungen aussehen sollten. Die Evolution hat den Frauen nach ihrer letzten Menstruation viele Lebensjahre gelassen, aber es wundert nicht, dass die heutige Welt die Zauberin fürchtet.

Obwohl der Labyrinthweg eine große Herausforderung darstellt, können wir ihn ohne Angst gehen, um der Universellen Alten Frau in der Mitte des Labyrinths zu begegnen. Das Geheimnis besteht darin, mit Liebe und Sensibilität, mit Neugier und Mitgefühl für uns selbst zu reisen. Den Sinn der Jahre der Zauberin und die Ergebnisse zu kennen, hilft dem Ego, die guten Dinge zu sehen, die kommen werden, und das schenkt ihm die nötige Hoffnung. Wir können erkennen, dass Ängste Botschaften sind, die uns sagen, dass wir uns von der Selbstliebe und der Universellen Liebe isoliert haben. Unsere Seele ruft uns aus dem Zentrum der Dunkelheit zu, dass wir nicht dafür geschaffen wurden, furchtsam und ängstlich zu sein oder uns verloren und leer zu fühlen. Stattdessen wurden wir geschaffen, um im Einklang mit unserer Seele zu sein, um glücklich zu sein, reich an Liebe und voller Freude über das Leben, das wir führen wollen.

Die Angst zeigt uns, wenn wir nicht im Einklang mit unserer Seele sind, und die Zauberin zeigt uns die Gedanken und die Identifikationen unseres Egos, die uns von ihr weggeführt haben. Aber um zur Seelenfülle zurückzukehren, müssen wir rausgehen und die Mauern hinter uns lassen, um unsere Sensibilität zu spüren und uns in ihr zu Hause zu fühlen, um die große Liebe und Kraft zu spüren, die in uns liegt – und uns von ihr auf unserem Labyrinthweg führen lassen.

Die Universelle Zauberin will nicht, dass wir alles aufgeben und umkrempeln. Sie will, dass wir unsere Wahrnehmung ändern und Dinge auf eine Weise tun, durch die wir mehr in Einklang mit unserem wachsenden spirituellen Bewusstsein und unserer Sensibilität sind.

Die Universelle Zauberin löst unser Ego mit ihrer Liebe auf, damit wir eine tiefere Liebe erfahren können. Auch wenn wir nach der Rückkehr in die Jahre der Alten Frau eintreten, wird sich unser Selbstverständnis weiter verändern, aber jetzt hat die Alte Frau das Sagen. Sie ist die empfängliche Dunkelheit, ihre Veränderungen sind tiefgreifend und langsam, wertschätzend und voller Liebe und Dankbarkeit. Wenn die Zauberin das Feuer der Einäscherung ist, dann ist die Alte Frau die Beerdigung – sie zerlegt uns langsam in unsere ursprünglichen Bestandteile, damit sie wieder zusammengefügt werden können, um neues Leben zu schaffen.

Zauberin, halte mich.
Halte meine Hand, während meine Tränen fallen.
Spüre den Schmerz in meinem Herzen, meine Verwirrung und das Gefühl von Verlust.
Tröste mich.
Sei für mich da und hilf mir auf, damit ich weitergehen kann.
Zauberin, ich stecke fest, ich bin verloren in der Dunkelheit.
Sei mit mir.
Hilf mir, deine sanfte Liebe zu spüren und dich zu hören, wenn du mir zuflüsterst:
»Ach, mein Kind, ich bin da.«

Die Zauberin als Geschichtenerzählerin

Die Zauberin ist wie die Alte Frau eine Geschichtenerzählerin, sie bringt uns ihre Geschichten in jeder prämenstruellen Phase und in den Wechseljahren. Aber während die Alte Frau uns Geschichten aus unserer Seele erzählt, reich an innerem Wissen, das sanft durch die Ebenen unseres Seins bis zur Verwirklichung durchsickert, wirft die Zauberin ein grelles Scheinwerferlicht auf die Muster, die in unserem Unterbewusstsein verwurzelt sind. Sie webt ihre Illusionen mit einer solchen Kraft, dass wir völlig in ihre Realität eintauchen. Der Zauberstab, mit dem sie die Muster webt, ist unser Unterbewusstsein und ihr Publikum ist unser Bewusstsein. Mit enormer Vorstellungskraft webt die Zauberin lebendige Geschichten, um unsere Aufmerksamkeit auf unsere falschen Erwartungen und Bedürfnisse zu lenken. So vermittelt sie ihre Botschaften über unterdrückte Fähigkeiten und Aspekte, einschränkende und trügerische Überzeugungen.

Die Zauberin ist auch eine talentierte Filmproduzentin. Ihre Geschichten in Ton und Farbe sind für unsere Sinne so realistisch, dass wir sie als Wahrheit akzeptieren. Für das Unterbewusstsein sind die innere und äußere Welt gleichermaßen real, daher glauben wir die Geschichten, die uns die Zauberin erzählt, Wort für Wort. Ihre Geschichten ziehen uns in ihren Bann und lassen uns nicht mehr los, bis sie zu Ende erzählt sind.

Aber eine Geschichte ist nicht die Realität – sie handelt nicht von der aktuellen Situation oder den anwesenden Menschen. Es ist eher ein Wachtraum, den der Archetyp der Zauberin in unserem Unterbewusstsein hat aufsteigen lassen. Er besteht aus Mustern, Gefühlen und Erinnerungen und wurde speziell dafür geschaffen, in diesem Moment unsere Aufmerksamkeit zu erregen. Mit Vergnügen nimmt die Zauberin ein einfaches alltägliches Ereignis und bläst es über die Maßen auf, um ihren Standpunkt deutlich zu machen. Manchmal nimmt sie einen einzigen negativen Gedanken und sammelt dann in unserem Unterbewusstsein genügend Überzeugungen und Erfahrungen, um die Realität dieses Gedankens zu beweisen. Sie tut dies mit dem einzigen Ziel, uns zu überwältigen, damit unsere Strukturen zerbrechen und wir gezwungen sind, die Ketten loszulassen, mit denen wir uns selbst einschränken und die Zauberinnen-Energien gefangen halten.

Diese Illusionen sind im Grunde nicht »negativ«, auch wenn sich die Geschichten vielleicht negativ anfühlen, sondern sie beruhen auf Kontrasten. Erinnern wir uns daran, dass die Energien der Zauberin den Kontrast von Licht und Dunkelheit, von innerer und äußerer Welt beinhalten. Eine Geschichte über Angst sagt uns, dass wir nicht mit der Liebe im Einklang sind. In den Mutter-Jahren erzählt uns der Archetyp der Zauberin in der prämenstruellen Phase Geschichten darüber, dass wir nicht gemäß unserer zyklischen Natur leben, dass wir die vielen Arten von Kreativität und Wahrnehmung, die uns zur Verfügung stehen, nicht annehmen und zum Ausdruck bringen.

Während wir in den Wechseljahren den Weg des Labyrinths gehen und die Archetypen unregelmäßig oder gar chaotisch durch uns fließen, lässt uns die Universelle Zauberin wissen, wenn wir nicht zuhören, uns nicht hingeben, nicht wahrnehmen und uns keine Zeit nehmen, um zu sein, wer wir wirklich sind. Wenn wir denken: »Ich schaffe es nicht, ich bin überfordert!«, dann kommt das daher, dass wir versuchen zu sein, was wir nicht sind. Dann schwingt die Zauberin ihren Zauberstab und füllt ihre Geschichte mit starken Gefühlen und körperlichen Empfindungen, weil sie will, dass wir merken, dass wir nicht mit unserem Selbst im Einklang sind. Aber die Geschichte ist immer nur eine Botschaft, sie ist nicht die Wahrheit! Sie erzählt Unwahres, damit wir durch den Kontrast herausfinden können, was wahr ist.

Der Kern aller Geschichten der Zauberin ist immer dieselbe einfache Botschaft: Wir lieben uns selbst nicht genug. Diese Botschaft ist in unseren prämenstruellen Phasen präsent und sie ist es auch in den Jahren der Zauberin. Das Ego versucht, mit eigenen Geschichten gegen die Mythen der Zauberin anzukämpfen, die Rohheit, die sie in uns erzeugen, zu lindern. Es sagt sich: »Wenn ich dies habe oder das tue oder davor weglaufe, werde ich mich nicht überwältigt, leer, verwirrt oder ungeliebt fühlen.« Aber die Erzählung des Egos ist oberflächlich und besitzt nicht die beeindruckende Magie der Universellen Zauberin und Kraft des Unterbewusstseins. Sie geht nicht in Resonanz mit universellen Wahrheiten und ist nicht so intuitiv.

Die Zauberin nutzt unsere Gefühle, Erinnerungen, inneren Bilder, Klänge, Empfindungen und tiefsten Überzeugungen, um ihre Geschichten zu verstärken. Gedanken tauchen in unserem Verstand auf, die uns für eine Weile oberflächlich besser fühlen lassen, die aber das Unterbewusstsein nicht unterdrücken können. Irgendwann klopft es an die Tür unseres intellektuellen Verstandes. Dann steht die Zauberin mit ihrer kraftvollen Magie vor uns, eingehüllt in einen dunklen Mantel, mit von weißen Strähnen durchzogenem dunklen Haar, einer silbernen Sichel am Gürtel und einem Zauberstab in der Hand. Sie sagt uns, dass wir, wenn wir uns selbst lieben würden, unsere wahren Bedürfnisse befriedigen würden, dass wir die Masken fallen lassen und uns selbst treu bleiben würden, unserer Illusion von Verletzlichkeit zum Trotz. Sie erklärt uns, dass Liebe uns die Kraft gibt, uns so zu akzeptieren, wie wir sind, und dass wir uns mit der Kraft der Liebe für Veränderungen öffnen können.

Viele Frauen wissen nicht mehr, wer sich hinter all den Illusionen verbirgt, die unser Ego erschaffen hat. Daher kommt die Universelle Zauberin als unsere Mentorin, zuerst mit sanften Geschichten und dann, wenn wir sie ignorieren, mit intensiveren Erzählungen. Sie benutzt die Angst, um durch den Kontrast Liebe hervorzurufen. Sie fragt uns: »Wenn du das nicht magst, was liebst du dann? Wenn du dich vor Überforderung fürchtest, was liebst du stattdessen? Wenn du dein inneres Bild vom Altwerden fürchtest, was liebst du dann? Wenn du den Tod fürchtest, was liebst du dann?« Mit jeder Angst, die wir empfinden, bietet sie uns die Möglichkeit, etwas anderes zu wählen – etwas, das auf Liebe basiert.

Wenn wir die Veränderungen in den Jahren der Zauberin mit Liebe angehen, dann können wir unseren Weg mit Liebe für uns selbst und mit Mitgefühl für diejenigen gehen, die dem gleichen Weg folgen. Wenn wir die Veränderungen durch unser Ego ausdrücken und vielleicht eine »schnelle Lösung« und Priorität für unsere vermeintlichen Bedürfnisse fordern, dann isolieren wir uns womöglich von anderen und erzeugen Stress und Spannungen in Beziehungen. Die Liebe leitet uns an, aus dem Archetyp der Mutter herauszutreten, aber sie leitet uns auch an, anderen zu helfen, in diesen Jahren der Veränderung mit uns zu wachsen.

Die Liebe als Schlüssel zum Labyrinthweg

Unser Weg in den Jahren der Zauberin besteht darin, uns mit Neugier und Selbstliebe auf die Dunkelheit zuzubewegen und zu erfahren, was sie uns zeigt. Wenn wir uns selbst lieben, fühlt sich unser Ego weniger bedroht. Dann stärkt uns die Reise nach innen, anstatt uns zu erschöpfen. Mit Liebe kann unser Ego seine Barrieren beseitigen. Mit Liebe akzeptieren wir die Ängste des Egos, können die Botschaften lesen, die darin verborgen liegen, und die Ängste schlussendlich loslassen. Mit Liebe können wir auch unsere zunehmende Sensibilität als ein Geschenk betrachten. Selbstschutz und Distanz, die wir aufgebaut haben, können dann wegfallen, ohne dass wir uns bedrängt fühlen. Wir können unsere Sensibilität als Stärke anstatt als Verletzlichkeit interpretieren und das volle Bewusstsein unserer liebevollen Präsenz in die Welt bringen.

Die Universelle Zauberin ruft uns zu: »Komm und spiel mit mir. Gemeinsam können wir die Räume erforschen, die in deiner Dunkelheit liegen.« Auch unsere Seele ruft uns aus der Dunkelheit zu und versichert uns, dass wir dazu bestimmt sind, in diesem Lebensabschnitt Liebe, Glück, Fülle und Freude zu empfinden. Die Zauberin zeigt uns liebevoll, wo unsere Gedanken und Lebensmuster uns von dieser Quelle des Glücks weggeführt haben. Mithilfe ihrer Magie finden wir den Weg zurück.

Wir sind dazu bestimmt, eine andere Version von uns selbst zu werden – ausgeglichen, weise und spirituell, liebevoll, kreativ und selbstverwirklicht, akzeptierend und offen für die Geschenke, die uns gegeben wurden. Wir sind bereit, diesen Weg zu gehen – unser Körper ist bereit: Er verändert sich bereits und weist uns den Weg. Wir sind bereit, das zu verlernen, was wir als Wahrheit erschaffen haben, die Schuldgefühle, den Mangel an Selbstwert und den Mangel an Selbstakzeptanz zu verlernen. Wir sind bereit, das Mysterium unserer Weiblichkeit zu entdecken.

Die Zauberin ist das Universum, sie streckt uns liebevoll die Hand entgegen. Werden wir sie ergreifen? Werden wir der Liebe vertrauen und uns der unverfälschten menschlichen Erfahrung des Labyrinths hingeben?

Lasst uns ihre Hand nehmen und uns tief verbeugen, um durch den Eingang des Labyrinths zu treten und die Jahre der Erntemutter zu erkunden.

Kapitel 5: Die Jahre der Erntemutter

Unsere Archetypen dehnen sich aus
und ziehen sich zusammen,
arrhythmisch und chaotisch
in ihrem Tanz.

Erntemutter-Meditation: Das Aufbrechen

Wenn der Zyklus unregelmäßig wird, die Blutungen sich verändern, dann wissen wir, dass unsere zyklische Natur auseinanderbricht und wir die Jahre des Archetyps der Mutter verlassen. Es ist ein Zeichen dafür, dass wir das Labyrinth betreten und dass die zweite Adoleszenz beginnt. Wir wachsen in das nächste Stadium der Weiblichkeit hinein. Für die folgende Meditation gibt es kein bestimmtes Alter und keine bestimmte Phase der Erntemutter-Jahre. Du wirst aus deinen sich verändernden Zyklen und deinen Gefühlen heraus wissen, wann du bereit bist, die Universelle Zauberin anzuerkennen und zu akzeptieren.

Atme ein und aus.
Fühle, wisse oder siehe, dass du vor einer runden, strohgedeckten Hütte stehst.
Vor dem Eingang hängt ein dunkelblauer Vorhang mit einer Mondsichel darauf.
Deine Füße sind nackt und du trägst eine einfache weiße, selbstgewebte Tunika.
An der Tür steht eine Frau mittleren Alters, die dir eine Schale mit rotem Saft anbietet. Du nimmst die Schale und trinkst.
Die Türhüterin nimmt dir die Schale ab und fragt leise: »Hat das Aufbrechen begonnen, mein Kind?«
Denke an deinen unregelmäßigen Zyklus und sage laut: »Ja, das Aufbrechen hat begonnen.«
Die Türhüterin verbeugt sich tief und zieht dann den Vorhang beiseite, um dich eintreten zu lassen.
Das Innere der Hütte wird von kleinen Kerzen beleuchtet. Auf dem Boden ist ein Labyrinth aufgezeichnet. Dir gegenüber steht die Statue einer tanzenden Göttin. Sie ist aus schwarzem Stein gehauen, die Oberfläche glitzert im Licht einer kleinen Feuerschale, die zu ihren Füßen steht.
Die Türhüterin führt dich zu einem roten Kissen in der Mitte des Labyrinths und bedeutet dir, niederzuknien. Aus der Feuerschale steigt Weihrauch auf und hüllt

dich ein. Während du in die Flammen schaust, lenkst du deine Aufmerksamkeit auf dein Herz. Spüre oder wisse, dass du bereit bist für deinen neuen Weg.
(Lange Pause)
Die Priesterin der Zauberin erscheint in einem dunklen Gewand und stellt sich vor dich.
»Bist du bereit, den Dienst der Mutter zu verlassen?«, fragt sie.
Du atmest tief ein und aus, dann antwortest du aus deinem Herzen: »Das bin ich.«
Die Priesterin nimmt eine silberne Sichel von ihrem Gürtel und schneidet dir die weiße Tunika von den Schultern.
In deinem Schoß weißt du, dass deine Verbindung zu den Jahren der Mutter nun unterbrochen ist, dass dein Dienst an ihren Zyklen vorbei ist. Du senkst deinen Kopf in Ehrfurcht.
Spüre, was dieses Aufbrechen für dich bedeutet, und lasse deinen Gefühlen freien Lauf.
(Pause)
Eine ältere Frau tritt vor und nimmt dir die zerschnittene Tunika ab. Sie setzt sich neben die Statue und beginnt, den Stoff weiter zu zerschneiden und die Fäden zu entwirren.
Die Priesterin hebt dein Kinn an und schaut dir tief in die Augen. Du siehst Liebe, Kraft und Willkommen in ihrem Blick.
Tief in dir selbst hörst du die Universelle Zauberin sprechen:
»Habe keine Angst vor Veränderungen.«
»Habe keine Angst vor mir.«
»Liebe mich und heiße mich willkommen, denn ich halte die Liebe des Universums für dich bereit.«
»Akzeptiere meine Veränderungen.«
»Gib dich meinem Tanz hin.«
»Schließe deine Augen und höre auf dein Herz.«
»Wirst du dich mir ergeben?«
Mit der Achtsamkeit deines Herzens und im Bewusstsein der Bedeutung dieses Augenblicks antwortest du der Zauberin: »Das tue ich.«
(Pause)
Die Priesterin lächelt und sagt:
»Du bist nun aus dem Dienst der Mutter und aus ihren Zyklen entlassen.«
»Was im Licht erbaut wurde, musst du entwirren und für den Dienst der Zauberin befreien, damit du den Weg der Rückkehr gehen kannst.«

Während sich die Priesterin hinter dir bewegt, wirst du dir des langen Haars bewusst, dass dir über deine nackten Schultern, deinen Rücken und über das Labyrinthmuster auf dem Boden fließt. Du weißt, dass dies das Haar deiner Mutter-Jahre ist, denn es enthält die Energien und Muster dieser Jahre. Mit einer Hand fasst die Priesterin das Haar sanft in deinem Nacken zusammen, dann schneidet sie es mit blitzender Klinge ab. Während das Haar zu Boden fällt, spürst du, wie sich dein Herz öffnet und Licht und Liebe ausstrahlt.
(Pause)
Mit großer Ehrfurcht nimmt ein weiß gekleidetes junges Mädchen das herabgefallene Haar und beginnt, daraus einen Gürtel zu flechten.
Während das Mädchen arbeitet, hüllt dich die Priesterin in ein weiches, dunkles Tuch, das sie an der rechten Schulter festbindet. Dann nimmt sie den geflochtenen Gürtel, legt ihn dir um die Hüfen und verknotet ihn.
Leise sagt die Priesterin: »Willkommen, Schwester, im Dienst der Zauberin.«
»Du bist jetzt eine Erntemutter und hältst die Energien der Fruchtbarkeit, der Fülle, der Vollendung und des Abschlusses. Du stehst immer noch im Licht, aber das Licht definiert dich nicht mehr.«
»Dein Weg führt dich jetzt in die Dunkelheit des Labyrinths.«
(Pause)
Die Priesterin nimmt einen Beutel von ihrem Gürtel, entnimmt ihm einen runden Spiegel und überreicht ihn dir. Als sie ihn wendet, siehst du, dass eine Seite aus Silber und die andere aus schwarzem Obsidian gefertigt ist.
»Das Geschenk der Zauberin – es erinnert dich daran, wer du bist, und hilft dir, deine innere Schönheit und Kraft zu erkennen«, sagt sie.
(Pause)
Die Priesterin beugt sich zu dir und bindet dir ein Lederband mit einer kleinen Sichel als Anhänger um den Hals.
»Das Werkzeug der Erntemutter und der Gestaltwandlerin – um wegzuschneiden, was alt ist und nicht mehr gebraucht wird, und um zu befreien, was gefangen gehalten war. Benutze dieses Werkzeug mit großer Sorgfalt, Sanftheit und Liebe und mit Weisheit statt als Reaktion.«
(Pause)
Die Priesterin lässt dich vor dem Feuer kniend zurück. Du spürst die tiefe Liebe der Universellen Zauberin, die dich umhüllt, erfüllt und dir Kraft gibt. In der Dunkelheit dieses heiligen Ortes und in diesem heiligen Moment der Akzeptanz bringt sie dir Botschaften der Liebe und der Orientierung.

(Lange Pause)

Atme tief ein und aus.

Spüre, dass sich etwas in dir tiefgreifend verändert hat.

Atme noch einmal tief ein und aus und spüre, wie die Liebe in deinem Herzen wächst.

Die sanfte Stimme der Zauberin flüstert in dir:

»Tanze meinen Weg mit Liebe, Vertrauen, Mut und Neugier.«

»Tanze zu den verschiedenen Rhythmen und lasse dich von der wechselnden Musik durchströmen.«

»In der Dunkelheit bin ich immer bei dir. Ich halte deine Hand und führe dich durch die Schritte des Tanzes.«

(Pause)

Wenn du bereit bist, stehst du auf und gehst zum Eingang der Hütte. Während du gehst, spürst du, wie deine Hüften sinnlich schwingen, du fühlst die Leichtigkeit, frei zu sein, und du spürst die Kraft deiner weiblichen Magie.

Als du dich der Tür näherst, wird der Vorhang zurückgezogen und du betrittst die Welt als Zauberin.

(Pause)

Atme tief ein und lenke deine Achtsamkeit auf deinen Körper.

Lege deine Hände auf dein Herz und spüre Dankbarkeit für die Gegenwart und Liebe des Göttlich-Weiblichen in der Zauberin.

Lächle sie in deinem Inneren an.

Lächle sie in der Welt um dich herum an.

Öffne die Augen und siehe die Welt mit den Augen einer Erntemutter.

Tipps für die Meditation

Diese Meditation kannst du allein oder gemeinsam mit anderen Frauen machen. Sie eignet sich auch für eine Zeremonie, in der andere Frauen die verschiedenen Rollen für dich übernehmen.

Bei einer Zeremonie ist es wichtig, ein Kleidungsstück oder Stück Stoff umzulegen, das zerschnitten und aufgeribbelt werden kann. Auch das Haar muss in der Zeremonie abgeschnitten werden – du kannst es ganz abschneiden lassen oder dich auf eine Strähne beschränken. Bewahre die Haare für die Meditation »Leere Gebärmutter« auf, die in Kapitel 6 beschrieben wird. Anstelle des Gürtels kannst du eine Kordel verwenden. Nach der Zeremonie kannst du das zerschnittene Tuch an die Zweige eines Baumes hängen, damit die Elemente die Fäden entwirren.

Unabhängig davon, ob du allein meditierst oder an einer Zeremonie teilnimmst, ist es wichtig, dass du als Symbol für die inneren Veränderungen deine Frisur veränderst. Wenn du möchtest, kannst du nach der Zeremonie zum Friseur gehen. Sammele auch dort einige Haare ein und hebe sie für die Meditation »Leere Gebärmutter« auf.

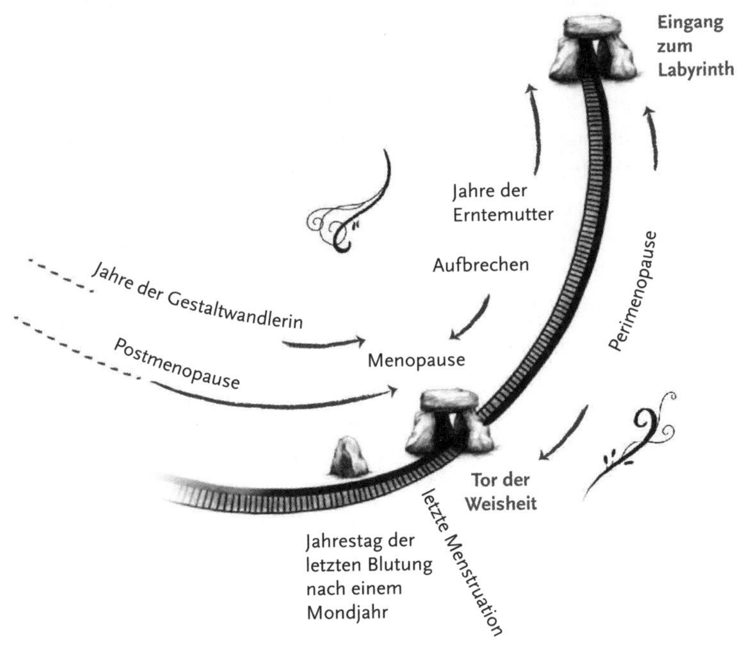

Abb. 12: Jahre der Erntemutter

Die Archetypen verkörpern

In den Erntemutter-Jahren können wir das volle Spektrum unserer weiblichen Energien annehmen und ausleben.

Zu den Veränderungen in unserem Körper kommt es, weil alte körperliche Muster des Erwachsenseins und der Fruchtbarkeit aufbrechen, durch die sich die Archetypen in den Mutter-Jahren in der physischen Welt verankert haben. Nach der letzten Menstruation, dem Weisheitsblut, lösen sich die Archetypen von unserem Zyklus. Wir erleben diesen Prozess als Befreiung, Ausdehnung und Katalyse der Archetypen, die sich fortan ausschließlich in unserer nicht physischen inneren Welt etablieren.

Während der zyklischen Mutter-Jahre wurde unsere Selbstwahrnehmung und die Wahrnehmung unseres Lebens von dem Archetyp der aktuellen Zyklusphase beeinflusst. Unabhängig von unserer Rolle oder Situation im Leben gab uns der Archetyp der Jungen Frau in der Phase vor dem Eisprung jeden Monat die Möglichkeit, unsere Individualität zu erkennen und uns besser zu entfalten. In der Eisprungphase verstärkte der Archetyp der Mutter die Energien und Fähigkeiten, Beziehungen zu knüpfen und zu pflegen und eine fürsorgliche Umgebung zu schaffen. In jeder prämenstruellen Phase schenkte uns der Archetyp der Zauberin intensive Kreativität, Intuition und die verbesserte Fähigkeit, Raum für Neues zu schaffen. Schließlich gab uns während der Menstruation der Archetyp der Alten Frau die wunderbare Gelegenheit, unsere Energien wiederherzustellen, Träume zu säen und Wissen über unseren Lebensweg zu erlangen.

Jeder Archetyp wurde von dem vorangegangenen unterstützt und unterstützte seinerseits den nachfolgenden, wodurch ein ausgeglichener Fluss der Energien über den Zyklus hinweg und in unserem Wesen entstand. In jedem Zyklus dominierten nacheinander vier verschiedene Denkweisen, die uns vier einzigartige Standpunkte verdeutlichten, von denen aus wir uns selbst sehen und die Welt verstehen konnten. In jedem Zyklus zeigten sich vier verschiedene kreative Energien, vier verschiedene sexuelle Energien und vier verschiedene Wege, Verbindungen und Beziehungen einzugehen.

Aber viele von uns waren nicht in der Lage, ihre zyklische Natur vollständig zu erleben. Um den Anforderungen von Erziehung, Gesellschaft, Arbeit und Mutterschaft gerecht zu werden, haben viele uns einzelne Aspekte der Archetypen blockiert. Jetzt, in den Erntemutter-Jahren, wird uns ein Geschenk zuteil: Jetzt können wir alle Archetypen in all ihren Aspekten annehmen. Wir haben keine Kontrolle über dieses Geschenk, wir können die Archetypen und ihre Energien nicht länger ignorieren oder sie unterdrücken, wenn sie in uns auftauchen. Alle Aspekte der Archetypen, die wir in den zyklischen Jahren nicht zum Ausdruck gebracht haben, werden erwachen. Dieser Prozess mag von herausfordernden körperlichen und psychischen Veränderungen begleitet sein, aber er hat nur ein Ziel: uns zu unserem wahren Selbst zu führen.

Die Abfolge der Archetypen spiegelt nach wie vor den Fluss der zyklischen Energien wider, von der Jungen Frau über die Mutter und Zauberin zur Alten Frau. Aber wie lange wir sie verkörpern, variiert, und in dieser Variation liegt die wunderbare Möglichkeit zu wachsen. Wenn wir einen Archetyp für ein paar Stunden oder einen Tag verkörpern, können wir die einzigartige Perspektive und die Energien dieses Archetyps auf eine bestimmte Situation anwenden. So lernen wir in genau diesem Kontext mehr über uns und unsere weiblichen Energien. Wenn wir jedoch einen Archetyp für mehrere Wochen oder Monate verkörpern, erhalten wir die Möglichkeit, die Energien dieses Archetyps in verschiedenen Situationen zu erforschen. Dann können wir diesen Aspekt von uns selbst besser wertschätzen und entdecken, wie sehr es das Leben und die Wahrnehmung unserer Weiblichkeit bereichert, wenn wir diesen Archetyp ausleben.

Es kann eine erstaunliche Erfahrung sein, zwei Monate mit der Dynamik, dem dominierenden Intellekt und dem Selbstbewusstsein des Archetyps der Jungen Frau zu leben, den wir sonst nur aus der Phase vor dem Eisprung kennen. In dieser Zeit können wir in allen Bereichen unseres Lebens enorm produktiv sein. Aber fünf Monate mit den wechselhaften, vom Unterbewusstsein dominierten, wilden Eigenschaften des prämenstruellen Archetyps der Zauberin können sich schon mal negativ auf unsere beruflichen und privaten Beziehungen auswirken! Wenn wir monatelang den Archetyp der Alten Frau verkörpern, dann können die damit einhergehenden niedrigen körperlichen und geistigen Energien eine Herausforderung sein – vor allem, wenn unsere Menstruation mit Symptomen einhergeht, die uns sehr einschränken, oder wir den starken Wunsch nach Rückzug verspüren. Mehrere Menstruationen im Abstand von wenigen Tagen oder Wochen führen dazu, dass wir die Energien aller Archetypen in schneller Abfolge erleben, was ebenfalls im Alltag Schwierigkeiten bereiten kann. Andererseits bietet uns diese zusätzliche Zeit der Alten Frau einen besseren Zugang zu ihren tiefgreifenden seelisch-dominanten und spirituellen Eigenschaften. Die Kraft der Alten Frau kann uns zentrieren und durch den turbulenten Alltag leiten.

Ohne das Wissen um das Aufbrechen des Zyklus identifizieren wir uns in den Jahren der Erntemutter immer mit dem Archetyp, den wir gerade verkörpern. Wenn der Archetyp dann unerwartet dem nächsten weicht, kann das unrealistische Erwartungen an uns selbst wecken und Gefühle der Verwirrung, Unsicherheit und Frustration auslösen. Vielleicht seufzen wir erleichtert auf, wenn der Archetyp der Jungen Frau auftaucht, und identifizieren uns begeistert mit ihm. Aber dann bemerken wir plötzlich den Mutter-Archetyp in uns und fühlen uns gezwungen, alles noch einmal zu überdenken.

Bleiben die Energien eines Archetyps monatelang bei uns, beginnen wir womöglich zu glauben, dass dies nun unsere »dauerhafte« Identität ist. Dann richten wir unser Leben auf diese Interpretation aus – und sind schockiert, wenn der nächste Archetyp auftaucht und sich unsere Bedürfnisse, Fähigkeiten und Energien wieder verändern.

Es ist wichtig, die verschiedenen Archetypen zu kennen und zu verstehen, um ihre Geschenke nicht falsch zu interpretieren. Was wir gemeinhin als »depressive Gefühle« bezeichnen, können die heiligen Energien der Alten Frau sein, »Reizbarkeit« kann die stärker werdenden Energien der Zauberin sein, »Stimmungsschwankungen« können anzeigen, dass wir gerade schnell zwischen den Archetypen wechseln oder die Zauberin alte Muster aus unserem Unterbewusstsein löst. Gefühle von »Angst« und »Panik« können mit dem Zusammenbruch des Egos oder mit »Geschichten« über Selbstliebe zusammenhängen, und eine »geringe Libido« kann auf den Archetyp der Alten Frau hindeuten, die uns eine neue spirituelle Form der Sexualität schenkt. Momente geringer körperlicher Energie und Ausdauer oder auch Konzentrations- und Erinnerungsschwierigkeiten können Geschenke sowohl des Archetyps der Zauberin als auch der Alten Frau sein und uns helfen, langsamer zu werden und nach innen zu gehen. Und schließlich können Schlafstörungen und ein unruhiger Geist die Energien der Jungen Frau sein, die durch uns fließen.

Um zuversichtlich auf dem Labyrinthpfad zu reisen, müssen wir uns jeden Tag daran erinnern, dass wir uns in unseren Erntemutter-Jahren befinden und dass sich alles verändert. Wir müssen uns daran erinnern, dass die Archetypen kommen, um uns zu helfen, die volle Schönheit der weiblichen Energien zu erfahren, indem sie Aspekte freisetzen, die ignoriert oder abgekoppelt wurden. Sie bitten uns, auch die weiblichen Energien zu umarmen und zu nähren, die bereits ein Teil von uns sind, aber denen wir wenig Aufmerksamkeit und Unterstützung geschenkt haben.

Wer bin ich in den Jahren der Erntemutter?

Um leichter und mit Freude die Stufen des Labyrinths hinunterzutanzen, müssen wir die Archetypen erkennen, wenn wir sie verkörpern. Wie fühlen sie sich an, welche Energien wollen sie ausdrücken, welche Bedürfnisse haben sie? Wir sind wie die Farben, die in einem Buntglasfenster leuchten – wir haben eine Quelle, aber wir drücken unsere Individualität durch viele verschiedene Farben aus.

Jede Frau macht ihre einzigartigen, individuellen Erfahrungen, weil jede Frau ein individueller Ausdruck des Göttlich-Weiblichen ist und auf ihre eigene Weise mit der Welt interagiert. Dennoch lassen sich einige Erfahrungen mit den weiblichen Archetypen verallgemeinern. Die nachstehenden Beschreibungen sollen helfen, jederzeit zu erkennen, wer wir sind, und unsere Gefühle positiv zu interpretieren. Zu erkennen, was uns unterstützt und was nicht, befähigt uns, unseren Tanz durch das Labyrinth der Wechseljahre zu steuern und zu harmonisieren.

Obwohl die Beschreibungen der Archetypen im Kapitel über die Erntemutter enthalten sind, beziehen sich die Informationen nicht nur auf diesen Lebensabschnitt. Auch in den zyklischen Jahren, den Jahren der Gestaltwandlerin und der Dunklen Zauberin können sie helfen, die Archetypen sicher zu identifizieren.

Der Archetyp der Jungen Frau

Den Archetyp der Jungen Frau erkennen, wenn er erscheint

Die Energien des Archetyps der Jungen Frau spüren wir in der Phase vor dem Eisprung, während des zunehmenden Mondes, des Frühlings und der auflaufenden Flut. Die Junge Frau steht für dynamisches Wachstum, das eine

Richtung oder ein Ziel verfolgt. Der denkende Verstand dominiert, daher fällt es uns vielleicht leichter, logisch zu denken, zu strukturieren, zu analysieren und zu lernen. Das Gedächtnis und die Konzentrationsfähigkeit können gut sein, auch körperlich und geistig fühlen wir uns meist energiegeladen. Mit den Energien der Jungen Frau schmieden wir Pläne, verfolgen Ziele, denken positiver und haben mehr Selbstvertrauen. Wir verspüren den Wunsch nach Selbstentfaltung, Gerechtigkeit, nach Neuanfängen, persönlichem Erfolg und Leistung.

Wenn die Energien der Jungen Frau uns durchströmen und ausgedrückt werden wollen, dann sind wir oft gut gelaunt und unser Ego strahlt in die Welt. Vielleicht sind wir motiviert, etwas Anderes zu tun, etwas Neues zu entdecken. Manchmal fühlt es sich dann an, als würde das Leben stagnieren, und wir möchten spüren, dass wir uns auf etwas Frisches und Neues zubewegen. Manche Frauen stellen fest, dass die neuen Wege und Projekte sie völlig in Beschlag nehmen und ihnen wenig Zeit und Energie lassen, sich um andere Menschen zu kümmern. Während wir den Archetyp der Jungen Frau verkörpern, dominiert der Intellekt, sodass die empathischen und mitfühlenden Fähigkeiten abnehmen können.

Du sehnst dich danach, etwas Neues zu tun, hast die körperliche und geistige Energie und das Selbstvertrauen, ein neues Projekt anzugehen, und es ist dir nicht so wichtig, wie sich dein Tun auf andere Menschen auswirkt? Dann weißt du, dass die Energien der Jungen Frau durch dich fließen – sei es für eine Stunde, einen Tag, einen Monat oder für viele Monate!

Die Gaben des Archetyps der Jungen Frau

Dominanter Intellekt, starkes Ego, zunehmende körperliche Energie, Selbstvertrauen, Selbstbewusstsein, Risikobereitschaft, hohe Motivation und Konzentration, Zielorientierung, Wunsch nach Selbstentfaltung, Bestätigung und Erfolg, Fähigkeit zu Neuanfängen und neuer Ausrichtung.

Der Archetyp der Jungen Frau verleiht uns ein wunderbar starkes Ego, das zielorientierte Denken dominiert und wir spüren ein gesteigertes Bedürfnis nach Aktivität, Selbstverwirklichung und Selbstentfaltung. Vielleicht hast du in den Mutter-Jahren dein Junge-Frau-Ich und die Bedürfnisse nach Selbstentfaltung beiseitegeschoben, um dich auf deine Rollen als Partnerin, Mutter und Versorgerin zu konzentrieren. Doch jetzt, in den Jahren der Zauberin, drängen die Energien und Fähigkeiten, die du in der Zyklusphase vor dem Eisprung vielleicht häufig unterdrückt hast, mit Macht in dein Leben und wollen frei ausgedrückt werden.

Die Junge Frau bringt auch ein stärkeres Selbstvertrauen und das Bedürfnis, sich in der Welt einen Namen zu machen. Ihre Energien sind nach außen gerichtet und konzentrieren sich darauf, unsere Individualität zu kommunizieren und durch Erfahrung zu wachsen. Sie gibt uns das Selbstvertrauen, aus unserer Komfortzone herauszutreten, um die Welt zu erkunden und mit ausgestreckten Armen vom Gipfel eines Berges zu rufen: »Ich bin ich!« Sie gibt uns die Leidenschaft und die Energie, hinauszugehen und »etwas zu tun«, und sie verleiht uns die Fähigkeit, dieses »Etwas« zu organisieren und zu planen. Ihr Wunsch ist es, dass wir in die Welt hinausgehen, um etwas zu bewirken, um zu lernen, zu wachsen und uns auszudehnen. Der Archetyp der Jungen Frau ermächtigt uns, mehr zu erreichen, und das Ego singt voller Zuversicht, weil die Ausdehnung unseres Wesens im Mittelpunkt des Interesses der Jungen Frau steht.

Die Junge Frau möchte sich fortwährend selbst definieren und erschafft wunderbare komplexe Konzepte und Strukturen. Aber sie klammert sich an die »Etiketten«, die sie selbst kreiert, um in unsicheren Zeiten Sicherheit zu finden. In den bewegten Jahren der Zauberin wird die Junge Frau mit etlichen Etiketten aufwarten – und jedes davon wird sich bequem und wahr anfühlen, bis es auseinanderfällt, weil ein anderer Archetyp auftaucht.

Wir sollten die Definitionen und Ziele der Jungen Frau mit dem Verständnis akzeptieren, dass wir nicht wissen, wer wir sind, weil wir fließende Wesen sind. Ihre Etiketten spiegeln nur einen Teil unserer Natur wider, unser wahres Wesen jedoch ist vielschichtiger. Wir brauchen den dominierenden Intellekt der Jungen Frau, um zu beobachten und Erfahrungen zu sammeln, aber wir sollten uns nicht darauf beschränken.

Den Archetyp der Jungen Frau ausdrücken

Es spielt keine Rolle, wie wir die Energien des Archetyps der Jungen Frau in den Zeiten ausdrücken, in denen wir sie verkörpern – wir könnten einen Workshop machen, studieren, reisen oder ein neues Projekt starten. Wichtig ist, keine starren Erwartungen zu hegen, wie sich die Energien ausdrücken sollten. Das Ergebnis ist unerheblich, nur die Handlung und die Richtung sind von Bedeutung.

Jedes Mal, wenn die Energien der Jungen Frau in Erscheinung treten, gibt sie uns die Möglichkeit, an unserem normalen Leben etwas zu verändern, damit wir uns entwickeln. Die Junge Frau bietet uns die Chance, unsere intellektuellen Fähigkeiten zum Ausdruck zu bringen und das Selbstvertrauen zu spüren, das wir brauchen, um etwas Neues zu beginnen. Schon ein kleines Detail, in dem sich die Energie der Jungen Frau ausdrückt, kann uns helfen, authentisch und im Gleichgewicht zu sein, Erfüllung zu finden und uns vollständig zu fühlen.

Für viele Frauen liegt die größte Herausforderung in den Jahren der Erntemutter darin, über viele Monate hinweg den Archetyp der Jungen Frau zu verkörpern. Viele nehmen dann gleich mehrere Projekte in Angriff und verfolgen sie mit zwanghafter Energie und starkem Fokus, was das eigene Leben und auch das der Mitmenschen enorm verändert (sowohl positiv als auch negativ).

Die Junge Frau erfüllt uns mit der Sehnsucht und der dynamischen Energie, Dinge zu verwirklichen. Nach den Mutter-Jahren kann sich das sehr befreiend und ermächtigend anfühlen. Aber wir erhalten die Geschenke des Archetyps der Jungen Frau, damit wir sie in ausgewogener Form zum Ausdruck bringen. Wir werden mit so vielen egozentrischen Wünschen und Bedürfnissen konfrontiert, dass wir Gefahr laufen, das Ego zu sehr zu füttern und die Energien der Jungen Frau in herrschsüchtige und destruktive Energien zu verwandeln. Diese Energien können uns wie eine Flut mitreißen und die Menschen, die wir lieben, fortstoßen.

Aber auch wenn wir unsere Energien nicht selbst ins Gleichgewicht bringen können: Die Universelle Zauberin wird in unser Leben treten, wenn wir es am wenigsten erwarten, und das nötige Chaos schaffen, aus dem heraus wir wieder ins Gleichgewicht finden.

Der Archetyp der Mutter

Den Archetyp der Mutter erkennen, wenn er erscheint

Die Energien des Mutter-Archetyps sind in der Eisprungphase, bei Vollmond, im Sommer und während des höchsten Wasserstands bei Flut präsent. Sie sind stabil und schenken uns ein gutes Maß an körperlicher Ausdauer, emotionaler Zentriertheit und Stärke.

Während des Archetyps der Mutter dominiert der fühlende Geist, der uns befähigt, Gefühle zu erkennen, empathisch zu sein und andere Standpunkte zu verstehen. Der Mutter-Archetyp bringt auch den emotionalen Wunsch mit, zu helfen, sich um andere zu kümmern und ein Umfeld zu schaffen, in dem Menschen als Individuen wachsen und gedeihen können. Er bringt die Fähigkeit mit, ausgewogen zu kommunizieren, eine Gemeinschaft aufzubauen und mit kraftvoller praktischer Kreativität die Ideen der Jungen Frau zu realisieren bzw. fortzuführen.

Wenn wir die Energien des Mutter-Archetyps verkörpern, können wir starke Gefühle von Altruismus und Liebe erleben und den Wunsch verspüren, mehr Menschen zu erreichen, ihnen zu helfen oder ihre Vorhaben zu unterstützen. Anders als die Junge Frau, die sich auf ihre eigenen Projekte und Wünsche konzentriert, möchte der Mutter-Archetyp anderen helfen, ihre Träume zu verwirklichen und ihre Bedürfnisse und Wünsche zu erfüllen. Der Mutter-Archetyp bringt uns auch die emotionale Stärke, in aufwühlenden Situationen aktiv mitfühlend zu sein, ohne unsere Zentriertheit zu verlieren. Anderen zu helfen, kann Gefühle von Freude und Glück, Selbstwert und Erfüllung in uns hervorrufen.

Die Gaben des Archetyps der Mutter

Dominantes emotionales Denken, viel stabile körperliche Energie, emotionale Stabilität, Einfühlungsvermögen, Mitgefühl, Altruismus, praktische Fürsorge und Kreativität, Aufbau von liebevollen Beziehungen und Verbindungen, Fähigkeit zu kommunizieren und zuzuhören, Gefühle von Großzügigkeit und Überfluss, Geduld und Verständnis.

Bei den Aspekten des Mutter-Archetyps geht es darum, unsere Selbstwahrnehmung auszudehnen, indem wir uns kreativ in der Welt ausdrücken und Verbindung eingehen. Ihre Liebe ist nicht die idealistische, intellektuelle Liebe der Jungen Frau oder die wilde, ungestüme Liebe der Zauberin. Ihre Liebe überdauert die Stürme des Lebens und schafft einen sicheren Hafen für andere Menschen.

Die Mutter drückt ihre Liebe auf praktische Weise aus. Bereits ein kleiner, zufälliger Akt der Freundlichkeit öffnet uns für die Energien des Mutter-Archetyps und hilft uns, die Grenzen zu verschieben, die wir unserer Fähigkeit, zu lieben und für andere zu sorgen, gesetzt haben. Der Mutter-Archetyp hilft uns zu erkennen, dass die Liebe unendlich ist und uns immer zur Verfügung steht, um sie zu teilen.

Die Wahrnehmung des Mutter-Archetyps kann sehr komplex sein und wird von verschiedenen Erfahrungen beeinflusst. Dazu gehören die Beziehung zur eigenen Mutter, die Beziehung zu den eigenen Kindern und Enkelkindern bzw. die Kinderlosigkeit sowie das Bild, das unsere Gesellschaft von Mutterschaft und einer »akzeptablen« Frau entworfen hat.

Vielleicht bist du Mutter mehrerer Kinder, hast in einem sozialen Beruf gearbeitet und bist daher der Meinung, so viel Energie des Mutter-Archetyps in deinem Leben zum Ausdruck gebracht zu haben, dass es für dich nichts mehr zu entdecken oder zu verarbeiten gibt. Aber der Mutter-Archetyp hat so viele Aspekte, dass du vielleicht doch noch nicht alle erfahren hast – zum Beispiel die Mutter-Energien für deine Selbstfürsorge zu nutzen, den Reichtum an sexuellen Energien zu entdecken oder in die Spiritualität des Mutter-Archetyps einzutauchen.

Die Archetypen der Jungen Frau und der Mutter definieren sich beide über ihren Einfluss auf die äußere Welt, aber im Gegensatz zur Jungen Frau, bei der das Ego die Identität und den Selbstwert bestimmt, kommen die Identität und Bestätigung der Mutter aus dem Glück und dem Wachstum anderer Menschen.

Den Archetyp der Mutter ausdrücken

Der Archetyp der Mutter, nämlich emotionale Stabilität, Empathie und Verständnis, verleiht uns mächtige Fähigkeiten in den Bereichen Kommunikation, Beziehungsaufbau und Unterstützung. Der Mutter-Archetyp konzentriert sich darauf, ein möglichst fruchtbares und sicheres Umfeld zu schaffen, in dem Menschen wachsen können, gegenseitig unterstützende Beziehungen aufzubauen und Verbindungen zu den Ressourcen herzustellen, die andere brauchen, um Ziele zu erreichen.

Wenn wir die Mutterenergien für eine kurze Zeit verkörpern, können wir sie leicht zum Ausdruck bringen, indem wir Freunden und Familie mehr Zeit und Aufmerksamkeit schenken. Verkörpern wir jedoch den Mutter-Archetyp über viele Monate hinweg, dann haben wir die wunderbare Möglichkeit, tiefere Ausdrucksformen ihrer Energien zu erforschen. Beispielsweise können wir uns ehrenamtlich engagieren, an kreativen Gemeinschaftsprojekten beteiligen oder internationale Projekte unterstützen.

Der Mutter-Archetyp möchte eine Welt um sich herum erschaffen, die voller Fürsorge und Liebe ist. Diese Energien können wir zum Beispiel zum Ausdruck bringen, indem wir eine angenehme Umgebung für die Familie oder Kollegen schaffen, die Bedürfnisse der Menschen im Alltag unterstützen oder eine unterstützende Gemeinschaft aufbauen. Aber unser Mutter-Archetyp muss nicht in dramatisch große Projekte münden, schon die tägliche Pflege einer Zimmerpflanze als Ausdruck von Liebe reicht aus, um uns mit dem Mutter-Archetyp in Einklang zu bringen. Glücklich und erfüllt fühlen wir uns dann, wenn unsere Umgebung die liebevollen Energien zu uns reflektiert.

Wenn wir ältere Kinder haben, können wir in den Jahren der Erntemutter feststellen, dass unsere Kinder zunehmend die Art ablehnen, wie wir die Energien des Mutter-Archetyps bislang ausgedrückt haben. So wie unsere Kinder in ihrer »ersten Jungend« die wunderbare Gelegenheit hatten, ihre Identität zu erforschen und sie in der Welt auszudrücken, bietet unsere »zweite Jugend« die Chance, unseren Mutter-Archetyp auf neue und kreative Weise jenseits der Elternschaft zu erforschen. Die Reise in das Labyrinth umfasst das Geschenk, Aspekte unseres Mutter-Archetyps zu erkennen und zu entdecken, die weit über alle traditionellen oder gesellschaftlichen Beschränkungen hinausgehen.

Der Archetyp der Zauberin

Den Archetyp der Zauberin erkennen, wenn sie erscheint

Die Energien des Archetyps der Zauberin sind dieselben wie in der prämenstruellen Phase, während des abnehmenden Mondes, im Herbst und während des ablaufenden Wassers bei Ebbe. Wenn wir sie verkörpern, bringt sie uns die dynamischen Energien des Wandels. Unsere Konzentration fokussiert sich nicht mehr auf die äußere, sondern zunehmend auf die innere Welt und es dominiert das unterbewusste Denken. Es kann sein, dass sich unser Fokus erweitert, aber in unseren Gedanken Chaos herrscht und wir uns nicht mehr so lange konzentrieren können.

Der Archetyp der Zauberin bringt uns auch intensive kreative Energien, eine wache Intuition und ein spirituelles Bewusstsein. Wir merken, was sich »richtig« oder »falsch« anfühlt, und oft handeln wir dann zwanghaft oder wollen ein Gefühl von »Wahrheit« erzeugen. Für die prämenstruelle Zauberin können Situationen, die sich »falsch« anfühlen, eine Aufforderung zur Interaktion sein, sei es, jemandem zu widersprechen, aufzuräumen, einen Bericht zu ändern oder einen Aspekt des Lebens zu streichen. Die Zauberin hat wenig Toleranz und Geduld, wenn sie ein Problem bei anderen wahrnimmt, wird sie es unverblümt ansprechen und direkt beheben. Andere empfinden das vielleicht als zu kritisch und verurteilend, aber eigentlich kommunizieren und handeln wir, weil wir helfen wollen.

Der Archetyp der Zauberin kann sich auch in Form von Wut oder aggressiven Reaktionen ausdrücken. Diese sehr kraftvollen, mächtigen Gefühle entstehen oft, weil sie sieht, dass ihre Bedürfnisse nicht erfüllt werden, etwa das Bedürfnis, langsamer zu werden, einen spirituelleren und kreativeren Schwerpunkt zu setzen und der Intuition zu folgen. Es ist nur natürlich, dass die Zauberin in entsprechenden Situationen instinktiv reagiert, indem sie ihre Überlebensmechanismen in Gang setzt. Daher neigen wir dazu, der Zauberin einen Mangel an Sensibilität und Empathie vorzuwerfen. Aber das Gegenteil ist der Fall: Wenn wir den Archetyp der Zauberin verkörpern, können wir äußerst empathisch werden und allem und jedem unser Mitgefühl entgegenbringen. Ein erschütternder Nachrichtenbericht, ein gefällter Baum, ein Beitrag in den sozialen Medien, ein Film oder gar eine Zeichentrickfigur – die unterschiedlichsten Anlässe können uns triggern, sodass wir sowohl emotional als auch körperlich heftig reagieren. Und die Abwehrreaktion des Archetyps der Zauberin auf diese Welt der emotionalen Reize kann darin bestehen, sich zurückzuziehen oder aber sich gewaltsam zu schützen.

In unseren Erntemutter-Jahren wird alles in unserem Leben, im Außen wie im Innen, von der Universellen Zauberin beeinflusst. Das bedeutet, dass die Energien des Zauberin-Archetyps verstärkt werden – ihre Leidenschaft, die Unangepasstheit, Kreativität, Inspiration, Intuition und ihre Gegensätze.

Die Gaben des Archetyps der Zauberin

Dominantes Unterbewusstsein, starkes Ego, abnehmende körperliche, mentale und emotionale Energien, wechselnde hohe und niedrige Energielevel, impulsive und zwanghafte Reaktionen, große Kreativität, binäres Denken und Urteilen, Sensibilität für Energien, fehlende Hemmungen, Gegensätze, Fähigkeit, Raum und Veränderung zu schaffen, Vertrauen in das Fühlen der »Wahrheit«, zunehmendes spirituelles Bewusstsein und Intuition.

Wenn die Zauberin erscheint und wir sie willkommen heißen, bringt sie uns mächtige und magische Geschenke. Sie rückt in unser Bewusstsein, was wir nicht wollen, damit wir anhand von Gegensätzen und mithilfe ihrer Intuition unsere wahren Wünsche erkennen und sie in der Welt kreativ manifestieren. Die Archetypen der Jungen Frau und der Zauberin bringen beide ein starkes Ego mit sich, aber anders als bei der Jungen Frau mit ihren Bedürfnissen nach Leistung, persönlichem Erfolg und Entwicklung in der Welt geht es der Zauberin darum, kreative und sexuelle Energien freizusetzen und die eigene Individualität durch mystische und intuitive Fähigkeiten auszudrücken.

Weil die Gesellschaft und wir selbst erwarten, dass unsere Energien immer gleich bleiben, sind sehr viele Aspekte des Archetyps der Zauberin blockiert. Nun aber schenkt uns die Zauberin die Kraft, diese Blockade aufzubrechen und wild und frei zu sein. Da das unterbewusste Denken dominiert, können wir uns von den vielen gesellschaftlichen Einschränkungen und Verboten, die wir verinnerlicht haben, befreien. Wir können die sexuellen und kreativen Impulse der Zauberin erforschen und ihre Energien mit unserem intuitiven und spirituellen Bewusstsein verschmelzen lassen.

Aber die Gaben des Archetyps der Zauberin sind mit Verantwortung verbunden: Wir können unseren Bedürfnissen und Wünschen nachgehen, solange wir damit niemandem schaden. Wenn der Archetyp der Zauberin nicht ausgeglichen ist, wenn einzelne Aspekte nicht beachtet oder ausgelebt werden, dann kann es sein, dass wir einen Orkan der Zerstörung heraufbeschwören, sobald wir die Energien der Zauberin verkörpern. Es liegt in unserer spirituellen Verantwortung, die Liebe zu erkennen, die in unserem Archetyp der Zauberin liegt. Und wenn sich die äußere Welt nicht für uns verändert und unsere Erwartungen nicht erfüllt, dann dürfen wir unsere Frustration nicht nach außen projizieren: Wir sind selbst für die Erfüllung unserer Bedürfnisse zuständig.

Die Zauberin schenkt uns die Kraft für innere Veränderung. Sie verleiht uns die Fähigkeit, die Wurzeln unseres Wesens zu verändern, sodass wir uns zurücklehnen und beobachten können, wie neue Blätter und Blumen in unserem Leben wachsen. Dies ist wahrscheinlich das mächtigste Werkzeug, das wir für unsere persönliche Entwicklung haben. Aber um es nutzen zu können, müssen wir den Archetyp der Zauberin akzeptieren und willkommen heißen.

In den Erntemutter-Jahren verkörpern wir die Energien der Zauberin manchmal für Wochen oder Monate. Dann besteht die Möglichkeit, tief in uns zu gehen, um die Muster in uns zu betrachten und ihnen zu ihren Wurzeln zu folgen. Und indem wir die Geschichten unseres Unterbewusstseins neu schreiben, können wir Selbstgespräche und innere Bilder transformieren und überflüssige Überzeugungen über Bord werfen.

Die innere und äußere Welt spiegeln sich gegenseitig. Wenn wir also an der inneren Welt der Zauberin arbeiten, ist es wichtig, dass wir diese Veränderungen auf irgendeine kleine und sinnvolle Weise in die physische Welt bringen. Genauso beeinflussen Veränderungen in der äußeren Welt auch die innere, aber damit die Veränderung vollständig ist, sollten wir mit beiden Welten interagieren – denn die Zauberin ist in beiden Welten präsent. Beispielsweise wird eine Reise um die Welt in den Jahren der Zauberin uns viele neue Erfahrungen bescheren, aber das Bedürfnis nach innerer Veränderung, das uns vielleicht zu dieser Expedition veranlasst hat, entsteht nur, wenn wir uns bewusst in die Dunkelheit der Zauberin begeben und uns von ihr tief nach innen führen lassen.

Wir müssen uns daran erinnern, dass die Zauberin den Gegensatz zwischen Licht und Dunkelheit in sich trägt, dass sie mit einem Fuß in der äußeren und mit dem anderen in der inneren Welt steht und dass sich alle ihre Gaben sowohl in der inneren als auch in der äußeren Welt manifestieren. Wenn wir uns in der Dunkelheit des Labyrinths von ihr leiten lassen, dann können wir die Wochen oder Monate ihrer Anwesenheit als schönes und kraftvolles Geschenk betrachten.

Den Archetyp der Zauberin ausdrücken

Die mächtigen Energien des Archetyps der Zauberin können intensiven körperlichen und emotionalen Stress verursachen, wenn sie auf uns einströmen, ohne dass wir sie gezielt und sinnvoll einsetzen. Daher ist es wichtig zu erkennen, dass wir gerade den Archetyp der Zauberin verkörpern. Zusätzlich sollten wir uns Aktivitäten überlegen, mit denen wir ihren kraftvollen Energiefluss lenken können. Allerdings sind die Energien der Zauberin extrem schnell und wandelbar, sodass wir unter Umständen von ihrer Energie bereits wie von einer Flutwelle erfasst wurden, bevor wir erkennen, dass es die Zauberin ist, die diese Gefühle auslöst. Die Aktivitäten, mit denen wir unsere Zauberinnen-Bedürfnisse erfüllen und ihre Energien ausdrücken können, müssen daher schnell und einfach sein.

Die Instabilität des Archetyps der Zauberin rührt unter anderem daher, dass wir unserem Bedürfnis nach mehr Ruhe nicht nachkommen. Wir müssen uns eine Auszeit nehmen, nicht nur wegen unserer geringen körperlichen Energie und Ausdauer, sondern auch um die gesteigerte Sensibilität zu schützen und zu nähren.

Eine weitere Ursache der Instabilität ist fehlende Selbstliebe. Zwar ist es ein Ausdruck von Selbstliebe, wenn wir unser Bedürfnis nach Ruhe erfüllen, trotzdem ist es wichtig, der Zauberin auch auf andere Weise mit Selbstliebe zu begegnen. Die dritte Ursache kann sein, dass wir uns nicht genug Zeit nehmen, uns kreativ zu entfalten. In kreativen Aktivitäten, einschließlich Sex, manifestieren sich die Energien der Zauberin, sodass wir ihre Präsenz und ihre Energien akzeptieren und ausdrücken können. Mit ihrer Ungehemmtheit, Sinnlichkeit und der Selbstermächtigung bringt die Zauberin eine neue Dimension in unser sexuelles Erleben.

Für den Archetyp der Zauberin ist das Ergebnis der kreativen Aktivitäten nicht so wichtig, solange wir uns auf die Inspiration und das kreative Tun konzentrieren. Aber wir sollten daran denken, dass die Zauberin die Gegensätze in sich trägt: Sie hat die Macht, etwas zu erschaffen und auch zu zerstören. Oft spüren wir beide Seiten ihrer Energien und wollen gleich wieder zerstören, was wir erschaffen haben. Das ist »Zauberinnen-Kunst«: geschaffen für den Moment, um kreative Energie freizusetzen, ohne eine dauerhafte Existenz zu erwarten.

In unseren Mutter-Jahren haben wir vielleicht unser prämenstruelles Bedürfnis nach mehr Raum, nach Veränderung, emotionaler Klärung und körperlicher Betätigung zum Ausdruck gebracht, indem wir zu Hause oder am Arbeitsplatz geputzt und aufgeräumt haben. Wenn wir jetzt, in den Jahren der Erntemutter, entrümpeln und Raum schaffen, dann geht es nicht mehr nur darum, uns körperlich zu betätigen oder aufzuräumen. Vielmehr geht es um einen Lebensrückblick, der uns den Gegensatz zwischen Vergangenheit und Gegenwart zeigt, zwischen dem, was wir uns wünschen und was wir ablehnen. Die Energien der Zauberin verleihen uns die Macht, unsere Realität zu formen – unsere Vergangenheit neu zu deuten und unsere Zukunft zu gestalten. Indem wir beim Aufräumen einen Gegenstand in die Hand nehmen, verschieben oder uns von ihm trennen, übertragen sich diese Veränderungen auf die äußere Welt.

Wer den Archetyp der Zauberin über viele Wochen oder Monate hinweg verkörpert, ohne ihr Bedürfnis nach spiritueller innerer Arbeit zu akzeptieren, kann plötzlich den zwanghaften Impuls verspüren, Raum im Leben zu schaffen. Das daraus häufig resultierende Chaos ist die Zauberin, die unsere innere Arbeit für uns erledigt!

Erinnern wir uns daran, dass die Energien der Zauberin letztlich darauf ausgerichtet sind, Liebe in uns zu wecken. Wann immer ihre Energien dich zu überwältigen oder zu beherrschen drohen, kannst du dir die einfache Frage stellen: »Wie kann ich mir selbst mit mehr Liebe begegnen?« Je aggressiver der Archetyp der Zauberin, je chaotischer und unkontrollierter ihre Energien erscheinen, desto nachdrücklicher ist die Botschaft, mit der sie uns einen Mangel an Selbstliebe vermittelt. Dann sollten wir uns Aktivitäten suchen, die unsere Selbstliebe nähren, und wir sollten sie mit der vollen Sinnlichkeit und Magie der Zauberin tun.

Der Archetyp der Alten Frau

Den Archetyp der Alten Frau erkennen, wenn er erscheint

Die Energien der Alten Frau sind dieselben wie während der Menstruation, des Dunkelmonds, des Winters und des Niedrigwassers nach der Ebbe. Ihre Energien sind rezeptiv, niedrig, aber stabil, statisch und voller Potenzial – und sie wirken auf der Ebene der Seele. Sie bringen uns eine geringe körperliche Ausdauer, ein weniger ausgeprägtes Ego, weniger Motivation und Antrieb, den Fokus auf den Augenblick und ein universelles Bewusstsein. Wir können einen traumähnlichen Zustand erleben, uns von der Alltagswelt abgekoppelt fühlen und Schwierigkeiten haben, mit dem intellektuellen Verstand zu denken. Wir können ein inneres Wissen erfahren – im Herzen, in den Knochen und im Bauch – und uns einer spirituellen Dimension bewusst werden, sodass wir das Leben beobachten können, ohne interpretieren, interagieren oder reagieren zu müssen. Mit den Energien der Alten Frau können wir die Dinge nehmen, wie sie sind, können vergeben und jeglichen emotionalen Aufruhr loslassen.

Die Alte Frau hilft uns, das große Ganze zu sehen. Ihr Blick ist nicht auf individuelle Bedürfnisse und Wünsche beschränkt, sondern sie hat eine Vision für die Zukunft, für das Leben und den Planeten. Und während sie ihre Botschaft sanft und mit Liebe mitteilt, beginnt sich die Vision der Alten Frau in der Dunkelheit zu manifestieren.

Die Gaben des Archetyps der Alten Frau

Dominanter Seelengeist, universelle Wahrnehmung, wenig intellektuelle, emotionale und physische Energien, wenig Motivation, wenige Ziele oder Wünsche, Vollständigkeit, Bedürfnis nach Rückzug, tiefe Spiritualität, inneres Wissen, Intuition, meditativer Geisteszustand, Akzeptanz, Vergebung, Einsicht, Visionen, Frieden, Traumzustand, Weisheit, transzendentale Liebe.

Wie wir über den Archetyp der Alten Frau und ihre Energien denken, wird auch von unserer Gesellschaft und ihren Ansichten über Menstruation, Altern und ältere Frauen geprägt. Die Gesellschaft erwartet, dass Frauen sich immer gleich verhalten, unabhängig von der Zyklusphase und den wechselnden weiblichen Energien. Diese Erwartungen können die meisten Frauen jedoch nicht ohne Weiteres erfüllen. Das kann frustrieren oder verunsichern und führt bei vielen Frauen dazu, dass sie zu irgendeinem Zeitpunkt in ihren zyklischen Jahren die Energien des Archetyps der Alten Frau negativ bewerten.

In unseren Erntemutter-Jahren können die Energien der Alten Frau wochen- oder gar monatelang in unserem Leben auftauchen. Stehen wir diesem mächtigen und transzendenten Aspekt unseres Selbst negativ gegenüber, werden wir diese Zeit höchstwahrscheinlich als belastend empfinden. Die geringe körperliche Energie und Ausdauer zwingt uns in eine Art Winterschlaf: Wir ziehen uns von der komplexen äußeren Welt zurück und konzentrieren uns auf einfache alltägliche Aufgaben und Aktivitäten.

Uns selbst mag diese Einfachheit genügen, aber die äußere Welt wird nicht aufhören, Anforderungen an uns zu stellen. All die Dinge, die darauf warten, erledigt zu werden, erhöhen den Druck – sowohl von außen als auch von innen – zu handeln und Leistung zu erbringen. Diesen Druck können wir verringern, indem wir unsere Art, mit der äußeren Welt zu interagieren, verändern. Dann können wir die Geschenke der Alten Frau, wann immer wir ihren Archetyp verkörpern, neu entdecken und positiv bewerten.

Um sich für die Gaben der Alten Frau zu öffnen, hilft es, andere Worte für die eigenen Erfahrungen zu finden und negative Interpretationen in positive umzuwandeln. Anstatt den eigenen Zustand mit Worten wie »Stagnation« zu beschreiben, könnten wir mit Alternativen wie »Reifung«, »Kraft« oder »Potenzial« experimentieren – Begriffe, die ein positives Ergebnis implizieren, das aus der Stille erwächst. Das Wort »stagnieren« suggeriert, dass wir nicht in der Lage sind, etwas zu unternehmen. Aber wenn wir den Archetyp der Alten Frau verkörpern, gestalten wir weiterhin unsere Welt und unsere Zukunft, formen sie mit unseren Gedanken, unserer Liebe und unseren Interaktionen. Jetzt, in den Erntemutter-Jahren, haben wir die Zeit, die Welt auf einer höheren Ebene des Bewusstseins zu erfahren und zu formen, einfach indem wir empfänglich sind.

Es fällt leichter, die Gaben des Archetyps der Alten Frau anzunehmen, wenn wir uns im Alltag Zeiten fürs Alleinsein freiräumen, Zeiten, in denen wir die Alte Frau verkörpern und ihr erlauben, an uns und durch uns zu wirken. Die Tage, Wochen oder Monate, in denen wir den Archetyp der Alten Frau verkörpern, sind nur dann »leer«, wenn wir vergessen, dass in der Dunkelheit der Alten Frau die Liebe liegt – die allumfassende, transzendente, unsichtbare, seelenvolle, universelle und dauerhafte Liebe. Ob uns Liebe entgegengebracht wird oder wir sie jemandem schenken, fühlt sich letztlich gleich an, daher eignen sich beide Wege, um das Geschenk der Liebe der Alten Frau zu erfahren. Indem wir Liebe geben oder empfangen, wird alles um uns herum transformiert, weil wir die Welt mit unserer Seele sehen.

Oft fällt es schwer, Zeiten des Rückzugs in den Alltag zu integrieren. Viele Frauen versuchen, während der Menstruation einfach weiterzumachen und die gleiche Produktivität und Tatkraft zu entwickeln, die sie in der Phase der Jungen Frau zur Verfügung hatten. Aber das gelingt meist nur für kurze Zeit. Tiefe Ruhe lädt den Körper wieder mit Energie auf und hilft, die Erfahrungen des Monats zu verarbeiten und zu integrieren. Ohne diese Auszeiten bleibt für den folgenden Monat nur wenig Energie.

In den Jahren der Erntemutter bringt uns der Archetyp der Alten Frau ein zusätzliches Geschenk: die Fähigkeit, die Erfahrungen des aktuellen Zyklus auf allen Ebenen zu heilen und darüber hinaus auch die Erfahrungen aus den Mutter-Jahren zu integrieren. Wenn wir uns die Zeit nehmen, zur Ruhe zu kommen und uns nach innen zu wenden, erhalten wir innere Heilung für die alten Erinnerungen, Glaubenssätze, Belastungen, Traumata, Wunden und Narben, die die zyklischen Erwachsenenjahre mit sich gebracht haben. Und um dieses Geschenk zu erhalten, müssen wir loslassen und uns dafür öffnen.

Wenn die Energien der Alten Frau über längere Zeit durch uns fließen, finden wir die Stille, die wir brauchen, um die Geschenke der Alten Frau auszupacken: die Fähigkeit, in diesem Moment zu leben, das eigene Bewusstsein zu erweitern und bedingungslose Liebe und Vergebung anzunehmen. Durch ihre Gabe wissen wir, dass wir genug sind, dass wir gut sind, so wie wir sind, und die ruhige Kraft und Gelassenheit, die aus diesem Bewusstsein erwächst, schützt uns vor den Auswirkungen der modernen Welt. Die Alte Frau bringt uns die Fähigkeit, zu akzeptieren und zu beobachten und unsere Weisheit weiterzugeben, und zwar in einer Form, die nicht wertet und nicht von Gefühlen oder den Bedürfnissen unseres Egos beeinflusst ist. Der Archetyp der Alten Frau schenkt uns auch die Führung unserer Seele und zeigt uns, wie wir einen Moment innehalten und in das Universum blicken können, um zu sehen, wie das Göttlich-Weibliche mit Liebe auf uns blickt. Mit diesen Gaben kennen wir unseren Seelenweg und finden Kraft und Mut, ihn zu gehen.

Den Archetyp der Alten Frau ausdrücken

Der Archetyp der Alten Frau fordert uns auf, uns auszuruhen, uns zurückzuziehen, uns nach innen zu wenden und auf den Augenblick zu konzentrieren. Sie bittet uns, im Alltag Zeiten freizuräumen, um uns mit ihr zu verbinden, unserer Spiritualität nachzugehen, uns die Zukunft vorzustellen und zu träumen. Es können kurze Momente der Stille während des Tages sein, in denen wir uns selbst und anderen vergeben, in denen wir uns mit unserer spirituellen Welt verbinden, um die Heilung, Orientierung und Weisheit des Archetyps der Alten Frau zu uns einzuladen.

Während wir durch den Tag gehen, können wir auch versuchen, uns mehr auf das zu konzentrieren, was wir lieben. Wir können uns immer wieder daran erinnern, alles zurückzulassen, was nicht dringend ist, und die Zukunft der Alten Frau zu überlassen. Mithilfe der Energien der Alten Frau erkennen wir, was wir in diesem Augenblick beeinflussen können und was nicht. Indem wir uns dem Fluss hingeben und schauen, wohin der Strom des Lebens uns trägt, verkörpern wir ihren Archetyp.

Die Alte Frau wird uns ihre Botschaften nicht in Worten mitteilen, stattdessen spricht sie auf der Seelenebene durch Gefühle, Intuition, inneres Wissen und Synchronizität zu uns. Es genügt, empfänglich zu sein, Liebe für die Dinge zu empfinden, die wir schätzen und genießen, und offen für ihre Gegenwart zu sein.

Schließlich können wir uns selbst die Erlaubnis geben, gelassener zu werden. Der Begriff »Gelassenheit« vermittelt eine positive Sicht darauf, dass wir uns weiterhin durch das Leben bewegen, aber auf eine Weise, die aus dem Zulassen kommt. Die Zeiten des Archetyps der Alten Frau sind nicht negativ. Es sind Zeiten des Friedens in einer herausfordernden und anspruchsvollen Welt, der wir mit Gelassenheit und dem sanften Lächeln der Zufriedenheit begegnen.

Übergänge zwischen den Archetypen

Die Archetypen schalten sich nicht einfach ein und aus, auch wenn es manchmal so wirkt, weil sie alle paar Tag weiterziehen. Vielmehr fließen sie wie eine Welle: Sie bauen sich auf, erreichen ihren Höhepunkt und nehmen dann ab. Manchmal dauert das nur wenige Stunden und manchmal viele Monate.

Während die Energien eines Archetyps ihren Höhepunkt hinter sich gelassen haben und uns nach und nach verlassen, baut sich bereits die nächste Archetyp-Welle auf. Eine Zeit lang halten wir also die Energien zweier Archetypen gleichzeitig. Diese Übergänge ermöglichen subtile und zugleich profunde Erkenntnisse über beide Archetypen und bieten zudem die wunderbare Gelegenheit, das Muster ihres Zusammenwirkens zu erforschen. Wenn jedoch alle vier Archetypen an einem Tag durch uns fließen, kann es schwer sein, auf solche Feinheiten zu achten, während wir in dem Wirbelwind der verschiedenen Energien und Erfahrungen versuchen, das Gleichgewicht zu wahren!

Die Archetypen ausdrücken: erste Schritte

Alles, was wir im Einklang mit dem aktuellen Archetyp tun, kann Gefühle der Erfüllung und des Glücks hervorrufen. Daran sollten wir uns erinnern, wenn wir darüber nachdenken, wie wir unsere Archetypen zum Ausdruck bringen und ihre Bedürfnisse erfüllen können. Es können kleine Handlungen sein, die sich einfach in den Alltag einfügen lassen, oder umfassendere Maßnahmen, die unser Leben stark beeinflussen. Jeder Archetyp sucht unsere Aufmerksamkeit, will wahrgenommen und in der äußeren Welt ausgedrückt werden, will als ein Teil von uns anerkannt werden.

Der Schlüssel dazu, ob eine Aktivität mit dem Archetyp harmonisiert, ist das Gefühl: Wenn du dich dabei gut fühlst, glücklich bist, dann ist das, was du tust, im Einklang mit dem aktuellen Archetyp. Allerdings solltest du bei den Archetypen der Jungen Frau und der Zauberin aufpassen, dass du das Glücksgefühl der Seele, das du im Herzen spürst, nicht mit dem Glücksgefühl des Egos verwechselst, das sich durch deine Aktivitäten wichtiger fühlt.

Es sind keine großen Veränderungen im Leben notwendig, um die Energien der Archetypen zu akzeptieren und auszudrücken. Niemand muss sofort den Job aufgeben, auf Reisen gehen oder einen jüngeren Liebhaber finden.

Kleine Veränderungen sind genauso kraftvoll wie große, gleichzeitig beeinträchtigen sie die Menschen in unserem Umfeld vermutlich weniger. Wenn wir eine dramatische Veränderung anstreben, liegt das oft daran, dass wir nur auf die Bedürfnisse eines einzigen Archetyps hören. Dieser Archetyp will unbedingt anerkannt, geliebt und zum Ausdruck gebracht werden. Und trotzdem stellen wir dann fest, dass sich die Erfüllung nicht einstellt, weil wir die anderen Archetypen vernachlässigen.

Viele Dinge schränken uns ein und viele tun gut. Aber anstatt alles auf einmal zu ändern, sollten wir klein anfangen. Auch mit kleinen Veränderungen, Schritt für Schritt, kommen wir ans Ziel. Nehmen wir uns die Zeit, die wir dafür brauchen. Manchmal wird uns die Zauberin mit einem Sprung schneller weiterbringen, aber nur sie weiß, ob wir für diese Veränderung bereit sind. Stattdessen machen wir kleine Schritte, nehmen die Archetypen-Energien wahr, wenn sie auftauchen, probieren kleine Aktivitäten aus und achten darauf, was wir fühlen.

Es ist ein intuitiver, kreativer Weg, ein freier Tanz. Der Intellekt kann uns nicht sagen, wie wir zur Musik tanzen sollen, wir spüren es in uns selbst und lassen uns von Rhythmus und Melodie leiten. Und so können wir die Herausforderungen der Jahre der Zauberin als zentrierte und ausgeglichene, starke und selbstbewusste Frauen meistern.

Selbstfürsorge

Innerhalb des Menstruationszyklus gibt es fünf einzigartige zyklische Muster – den körperlichen Zyklus und den Zyklus der Gefühle, der Wahrnehmung, der Gaben und der Bedürfnisse. Im »Zyklus der Bedürfnisse« wechseln je nach Archetyp die Bedürfnisse nach Nahrung und Wachstum, Bestätigung und Selbstdarstellung, Zweck, Verbindung und Liebe.

Die Archetypen brauchen die richtige Umgebung, damit sie gedeihen können und im Gleichgewicht sind – ähnlich wie eine Pflanze, die den richtigen Boden, die richtigen Nährstoffe und das richtige Wetter braucht, damit sie ihr Potenzial voll entfalten, blühen und Früchte tragen kann. In unseren Jahren als Erntemutter wird es immer wichtiger, für die Archetypen zu sorgen, die unterschiedlichen Bedürfnisse zu berücksichtigen und die beste Umgebung für sie zu schaffen, damit sie in uns und in unserem Leben aufblühen können. Aber wir müssen vorsichtig sein: Wer glaubt, die äußere Welt sei dafür verantwortlich, unsere Bedürfnisse zu erfüllen und Bedingungen zu schaffen, die uns unterstützen, entwickelt schnell eine diktatorische, egozentrische und unempathische Haltung.

In den Erntemutter-Jahren, wenn wir die ersten Schritte auf dem Labyrinthpfad machen und der Zyklus nahezu unvorhersehbar ist, sollten wir gut für uns selbst sorgen. Aber wir sollten auch darauf achten, wie sich unser Weg auf diejenigen auswirkt, die wir lieben. Selbstfürsorge bedeutet nie: »Meine Bedürfnisse sind wichtiger als deine, daher werde ich deine Bedürfnisse ignorieren.«

Manchmal überfordert uns eine Situation so sehr, dass wir keine andere Lösung sehen, als die Verantwortung abzugeben. Auch das ist ein egozentrischer Ansatz der Selbstfürsorge. Er lässt sich oft auf einen Mangel an Selbstliebe und Selbstakzeptanz, fehlende Seelenverbindung im Alltag oder das Gefühl der Entmachtung zurückführen. Gründe dafür können in einem fehlenden oder falschen Verständnis für unsere zyklische Natur und den Labyrinthweg liegen.

Es kann auch sein, dass der Archetyp der Zauberin eine magische Geschichte um eine Situation webt. Dann fühlen wir uns vielleicht bedroht oder von den Anforderungen überwältigt und reagieren extrem emotional. Die wunderbaren Menschen, die uns lieben, möchten uns in dieser Phase des Lebens helfen. Aber sie werden nicht wissen, wie sie uns am besten unterstützen, wenn wir ihnen nicht mit all unserer Liebe mitteilen, was die Archetypen brauchen.

Wenn wir uns bei der Selbstfürsorge von einem ängstlichen Ego leiten lassen, wird sie egoistisch, fordernd und entfremdend, denn dann versuchen wir, uns selbst zu stärken, indem wir andere entmachten. Selbstfürsorge besteht nicht aus schnellen Lösungen, sie ist eine Kunst, in der sich Selbsterkenntnis, Intuition, Einfühlungsvermögen und Liebe vereinen.

In den Jahren als Zauberin wird unsere Selbstfürsorge unterstützend und harmonisch, indem wir sie aus der Dunkelheit und der universellen Liebe und Akzeptanz des Archetyps der Alten Frau heraus erschaffen. Was wir empfinden, wenn wir andere lieben, ist nie »unsere« Liebe, sondern es ist die göttliche Liebe, die uns selbst und die Menschen um uns herum füllt. Überforderung entsteht nicht, weil wir zu viel zu tun haben und deshalb nicht die Zeit finden, unsere Bedürfnisse zu erfüllen. Überforderung entsteht, weil wir die Dinge nicht mit Liebe tun. Denn durch die Liebe können wir unsere Energie regenerieren.

Ja, in den Jahren der Zauberin fühlen wir uns manchmal verloren und allein und wünschen uns dann nichts sehnlicher, als uns bestätigt, geliebt und sicher zu fühlen. Vielleicht haben wir das Gefühl, dass unsere Arbeit uns nicht mehr erfüllt, dass unsere Beziehungen uns nicht mehr befriedigen, dass wir Veränderung brauchen, und zwar jetzt! Aber wenn wir all das spüren und uns dennoch auf die Liebe des Archetyps der Alten Frau im Herzen des Labyrinths konzentrieren, dann verlangen wir nicht länger, dass die Welt sich auf uns konzentriert und unsere Bedürfnisse sofort erfüllt. Dann spiegeln unser Ego und unsere Persönlichkeit nicht länger eine unausgeglichene Zauberin wider, die ihren Kontakt zur Dunkelheit und zur universellen Liebe der Alten Frau verloren hat.

Wir gehen den Weg des Labyrinths nicht ohne Unterstützung und wenn die alten Strukturen zerbrechen, werden wir nicht hilflos und nach Atem ringend an den Strand gespült. Stattdessen stehen wir nackt am Strand, gereinigt vom Meer und vom Wind, getrocknet und gewärmt von der Sonne, die Füße sicher im weichen Sand, und sind umgeben und erfüllt von Liebe.

Die ultimative Selbstfürsorge in den Jahren der Zauberin besteht darin, alles und jedes mit der Liebe zu tun, die in der Dunkelheit des Labyrinths liegt. Wenn wir uns auf die Liebe konzentrieren, erinnern wir uns daran, dass unsere Archetypen die Manifestation der göttlich-weiblichen Liebe sind. Das Göttlich-Weibliche tritt in vier Formen auf und wird durch die Einzigartigkeit des menschlichen Ausdrucks in die Welt gebracht.

Wie wirken sich die Archetypen auf männliche Partner aus?

Wir sind mit unseren Energien nie isoliert, sie wirken sich auf die Menschen um uns herum aus, insbesondere auf unseren Partner – wenn wir mit einem Mann zusammenleben. Nicht nur Frauen erleben die Reise durch die Jahre der Zauberin als heiligen spirituellen Weg, auch der Partner erhält in dieser

Zeit die Möglichkeit, das Göttlich-Weibliche zu entdecken und seinen eigenen Ausdruck der vier männlichen Archetypen des Kriegers, des Vaters, des Magiers und des Weisen zu erforschen, die durch das Licht und die Dunkelheit des Weiblichen erleuchtet werden. So wie die Jahre der Zauberin für Frauen ein Schock sein können, kann es auch für die Männer in ihrem Leben ein großer Schock sein – vielleicht sogar noch mehr, wenn sie kein Verständnis für die vier weiblichen Archetypen aufbringen und nur eine Form der Weiblichkeit und eine Art der Beziehung erwarten.

Männer, die ihre Partnerinnen lieben, wollen sie verstehen, ihnen in den Wechseljahren helfen und sie unterstützen. Aber dazu müssen sie etwas über die Archetypen wissen und lernen, flexibel und anpassungsfähig zu sein, um mit ihnen zu tanzen. In den Jahren der Zauberin erleben Frauen eine kraftvolle Transformation und in einer liebevollen Beziehung verändern sich die Partner natürlich ebenfalls. Der weibliche Labyrinthweg ist auch ein Weg des Erwachens für Männer.

In den Jahren der Erntemutter besteht die Herausforderung für Frauen und Männer meist in den starken Wellen der Archetypen-Energien und den intensiven Gefühlen, die aus dem Aufbrechen des Zyklus resultieren. In den zyklischen Mutter-Jahren gab uns der Menstruationszyklus die Gelegenheit, ein Verständnis für die Energien, Ausdrucksformen und Bedürfnisse unserer Archetypen zu entwickeln. Mit diesem Wissen können wir auch die vor uns liegende Lebensphase besser verstehen. Wir wissen, wie wir füreinander sorgen können, wenn der Zyklus zusammenbricht, wie wir jeden Archetyp willkommen heißen und seine Geschenke gemeinsam mit unserem Partner annehmen können.

Aber wenn wir noch nicht die Gelegenheit hatten, die Archetypen während des Zyklus zu erforschen und gemeinsam mit unserem Partner ein Verständnis aufzubauen, bietet sich diese Gelegenheit erneut in den Erntemutter-Jahren. Vielleicht braucht es dann etwas mehr Geduld und Aufmerksamkeit, aber es ist nie zu spät, unsere Archetypen mit dem Partner zu teilen und gemeinsam den Weg des Labyrinths zu erkunden. Jeder Archetyp, der in Erscheinung tritt, bringt neue Aspekte in das Leben eines Mannes und bietet neue Möglichkeiten, mit seiner Partnerin zu interagieren. Und jeder Archetyp eröffnet ihm auch neue Wege, sich selbst zu definieren und die eigenen Archetyp-Bedürfnisse zu erfüllen.

Die Komplexität dieses Lebensabschnitts bedeutet, dass die Beziehung zum Partner in den Jahren der Zauberin anders als in den zyklischen Jahren validiert werden muss. Die Erntemutter-Jahre sind der Beginn einer heiligen Zeit der Veränderung, in der wir auch eine neue, dynamische und tiefe Beziehung zu unserem Partner aufbauen können, die sich auf die Gestaltwandlerinnen-Jahre und darüber hinaus auswirken wird.

Jeder Mann und jede Beziehung ist einzigartig, aber bei vielen Frauen drücken sich die Archetypen-Energien in einer Beziehung sehr ähnlich aus. Der Schlüssel liegt für Männer und Frauen darin, nicht zu erwarten, dass die Archetypen-Energien immer gleich sind, sondern mit den Energien zu tanzen, wann immer sie auftauchen, und die Möglichkeiten, die sie mit sich bringen, anzunehmen und zu genießen.

Wie wirkt der Archetyp der Jungen Frau in Beziehungen?

Die Energien des Archetyps der Jungen Frau initiieren Neuanfänge in unserem Leben. Wenn wir also die Junge Frau verkörpern, haben wir die Möglichkeit, etwas Frisches und Neues mit unserem Partner zu beginnen. Wir können unseren Partner an die Hand nehmen, um unserem Leben und unserer Beziehung eine neue aufregende Richtung zu geben.

Vielleicht ist unser Partner in seiner Arbeit und in der häuslichen Routine stagniert, vielleicht hat auch er das Bedürfnis, sich zu befreien. In den Phasen des Archetyps der Jungen Frau haben wir eine junge Einstellung, wollen die Welt entdecken, lassen uns von Aufregung, Freude und Vergnügen leiten und sind motiviert, Beziehungen in etwas Helles und Lebendiges zu verwandeln. Während die Energien der Jungen Frau durch uns hindurch leuchten, haben wir die Möglichkeit, diesen Aspekt des Göttlich-Weiblichen auch für unseren Partner zu verkörpern.

Die Energien der Jungen Frau können jederzeit auftauchen und sie bringen Würze ins Leben, denn sie bringen neue Ideen hervor, geben uns die schöne Leidenschaft des Egos zur Selbstidentifikation zurück und bieten uns die Möglichkeit, die Beziehung zu unserem Partner zu verändern, während sich dieses neue »Selbst« entwickelt. Aber wir sollten behutsam vorgehen und nicht zulassen, dass das Ego mit seinem starken Zwang zu Leistung, Erfolg und Wachstum die Oberhand gewinnt.

Erinnern wir uns auch daran, dass die Junge Frau nur ein Teil von uns ist. Wir sollten unseren Partner behutsam in den Tanz der Jungen Frau einbeziehen, um ihre Freude und Leidenschaft für das Leben mit ihm zu teilen. Wir müssen ihm die Schritte erst beibringen, damit er mit uns tanzen kann – er kann sie nicht kennen, denn er hört die Musik nicht. Aber mit ein wenig Übung können wir ihm als Vertreterin des Göttlich-Weiblichen beibringen, mit der Jungen Frau zu tanzen. Und während dieses Tanzes kann unser Partner seinen eigenen jugendlichen, männlichen Archetyp des Kriegers verkörpern, kann seine eigenen Wünsche erfüllen, seine Energien in der Welt erforschen und ausdrücken.

Wenn wir Paare mittleren Alters sehen, denken wir nicht an junge Energien, die durch ihre Beziehung fließen. Aber warum sollte sich ein reifes Paar nicht wieder leidenschaftlich ineinander verlieben und gemeinsam wilde Abenteuer erleben? Warum sollten sie nicht »das Nest verlassen« und sich gemeinsam in der Welt neu definieren? Warum sollten sie sich nicht verändern und wachsen und ihr neues Selbst in ihrer Partnerschaft erkunden, so wie sie es zu Beginn ihrer Beziehung getan haben?

Wer hat je behauptet, dass wir das nicht tun können?

Wie wirkt der Archetyp der Mutter in Beziehungen?

Bei den Energien des Mutter-Archetyps geht es nicht nur darum, wer wir als Mutter sind, sondern auch darum, wie wir ihre mentalen, emotionalen, kreativen, sexuellen und spirituellen Energien in der Welt zum Ausdruck bringen. Wenn wir uns in den Jahren der Erntemutter verändern, beginnen unsere Mutter-Energien ihren Fokus zu erweitern und sich auf die ganze Welt auszudehnen. Dann können kreative und fürsorgliche Projekte Teil unserer Beziehung zu unserem Partner werden.

Die Energien des Mutter-Archetyps können auch ein starkes Bedürfnis nach romantischer Liebe mit sich bringen, nach den Momenten, in denen wir uns von Herz zu Herz austauschen, uns gegenseitig in die Augen schauen, die Seelenverbindung und die leidenschaftliche Liebe und Anziehung spüren, die wir zu Beginn unserer Beziehung hatten. Dass sich unser Körper und der unseres Partners verändert haben, spielt keine Rolle – die leidenschaftlichen, liebevollen, sexuellen Energien des Mutter-Archetyps steigen immer noch in uns auf, während wir sie verkörpern. Der Mutter-Archetyp kann uns auch das Bedürfnis vermitteln, uns wieder stärker in das Leben unseres Partners einzubringen, mehr »Paarzeit« zu haben, in der wir die Gesellschaft des anderen erkunden können. Viele Partner haben das Gefühl, dass sie hinter den Kindern und dem Job der Partnerin zurückstehen. Es kann daher einige Zeit dauern, bis sie die Geschenke erkennen, die der Mutter-Archetyp anbietet – Bedeutung in unserem Leben, Wertschätzung, Unterstützung und das Angebot eines emotionalen und herzöffnenden Tanzes in die Liebe.

Alle Archetypen-Energien können sich in den Jahren der Zauberin stark und zwanghaft anfühlen. Wenn wir nicht wissen, wie wir die Energien auf harmonische Weise durch uns fließen lassen, dann reagieren wir unter Umständen auf den von der Zauberin beeinflussten Archetyp der Mutter, indem wir unsere bestehenden Beziehungen abbrechen und einen anderen Partner suchen – einen, der sich sofort auf eine gefühlsbetonte, leidenschaftliche und romantische Beziehung und Sexualität einlässt. Manchmal verändern wir uns schnell und chaotisch und wollen dann unsere Bedürfnisse schnell befriedigen. Stattdessen sollten wir jedoch unsere Mutter-Energien der Geduld, Empathie und Kreativität nutzen, um unseren Partner durch unsere Veränderungen zu führen, damit er diesen emotionalen Weg mit uns gemeinsam gehen kann.

Wir haben die Macht, unserem Partner die wunderbare Erfahrung zu bieten, die eigene Seele in den Augen eines anderen widergespiegelt zu sehen, sich akzeptiert, geliebt und bewundert zu fühlen. Wir bieten ihm die wunderbare Möglichkeit, sich dem Göttlich-Weiblichen hinzugeben und sich selbst so zu akzeptieren, wie sie ihn sieht, seinen eigenen inneren Vater-Archetyp zu erforschen und diese liebevollen, gütigen und selbstlosen männlichen Energien auf neue und vielfältige Weise auszudrücken. Wir können unserem Partner eine wunderbare, seelenvolle Beziehung schenken, indem wir mithilfe unsres Mutter-Archetyps Zeit zu zweit verbringen.

Wie wirkt der Archetyp der Zauberin in Beziehungen?

Der Archetyp der Zauberin und ihre Energien können für viele Männer ein Schock und eine Herausforderung sein. Wenn ein Mann seine Partnerin während der prämenstruellen Phasen als unausgeglichene Zauberin kennengelernt hat, kennt er die positiven Aspekte des Archetyps der Zauberin vermutlich nicht. Aber sobald wir Frauen den Archetyp der Zauberin und ihre Energien sowie den Sinn der Zauberinnen-Jahre verstehen, können wir eine positive Beziehung zwischen unseren Zauberinnen-Aspekten und unserem Partner entfalten.

Der Archetyp der Zauberin bietet sowohl Frauen als auch Männern eine wunderbare Gelegenheit, sich von gesellschaftlichen Erwartungen und vergangenen Beziehungen zu befreien. Während wir soziale Einschränkungen und Grenzen in den Jahren der Erntemutter abbauen, werden wir abenteuerlustiger, dominanter, impulsiver, unberechenbarer und proaktiver, wir öffnen uns für neue Arten von Beziehungen und Sexualität. Vielleicht nimmt der Partner diese Veränderungen mit Freude an, vielleicht fühlt er sich aber auch bedroht.

Damit Männer den Archetyp der Zauberin verstehen, müssen wir erklären, dass diese dynamische, wilde Energie nur ein Aspekt der Zauberin ist. Sie kann auch in ihrer weicheren, zurückgezogenen Form erscheinen. Die sinnlichen Energien sind mit Gefühlen über uns selbst und unseren »alternden« Körper verwoben, aber das muss uns nicht davon abhalten, neue Wege zu erforschen, wie wir uns sexuell ausdrücken und unsere Zauberinnen-Energien teilen können. Es ist einzig und allein unsere Einstellung zu uns selbst und unsere Erwartungshaltung, die uns daran hindern und uns einschränken. Aber der Archetyp der Zauberin kann uns zeigen, wie wir uns selbst besser akzeptieren und lieben können.

Betrachten wir die sexuelle Energie als einen heiligen Aspekt des Göttlich-Weiblichen, dann sind alle Formen der liebenden Lust ein Gebet – und dann können wir für unseren Partner die wandelbare erotische und sinnliche Priesterin der Zauberin werden. Wir bringen ihm das Chaos und die Herausforderung einer sich verändernden Frau, aber in diesem Chaos liegt die Möglichkeit, sowohl dynamische als auch passive sinnliche Energie auf neue, tiefe und magische Weise auszudrücken. Unser Partner kann uns in unserem Tanz unterstützen, indem er einen sicheren Raum für die Energien des Archetyps schafft und für uns zu einem Anker in der ausströmenden Flut wird, damit wir mit unserer tieferen Natur und unserem spirituellen Bewusstsein verbunden bleiben können.

Wenn wir die Energien der Zauberin annehmen und zum Ausdruck bringen und die Ängste unseres Egos mit Selbstliebe auflösen, dann können wir unseren Partner in unsere transformierende Reise ins Labyrinth einbeziehen. Wir können ihm helfen, ebenfalls nach innen zu reisen und seine Beziehung zum Archetyp der Zauberin und zu seiner eigenen männlichen Archetypen-Energie des Zauberers zu erforschen. Die Beziehung wird dann »magisch«, denn sie entsteht aus einem Bewusstsein sowohl der inneren als auch der äußeren Welt heraus.

Wie wirkt der Archetyp der Alten Frau in Beziehungen?

Die Archetypen der Jungen Frau, der Mutter und der Zauberin tauchen zwar in unserem Inneren auf, ihre Energien sind jedoch nach außen gerichtet. In den Wechseljahren können sie zur Herausforderung werden, aber da sie sich in der äußeren Welt manifestieren, sind sie für unseren Partner leichter zu verstehen. Die Alte Frau aber lässt sich nicht so leicht definieren. Mit den Energien der Alten Frau bewegen wir uns nach innen, auf die Ebene unserer Seele. Von außen betrachtet wirkt es, als würden wir uns aus dem Alltag und aus unserer Beziehung zurückziehen.

Daher fühlt sich unser Partner womöglich isoliert und verlassen, während wir die Alte Frau verkörpern. Da die Alte Frau ohne Worte zu uns spricht, fällt es manchmal schwer zu erklären, was wir in der Dunkelheit erleben, und den Partner in unser tieferes Bewusstsein einzubeziehen. Wenn der Zyklus unregelmäßig wird, verkörpern wir vielleicht wochen- oder monatelang die Alte Frau. Es kann für unseren Partner beängstigend sein, wenn er sieht, wie wir das Labyrinth betreten. Wir sind nicht mehr die Frau, die er kennt. Stattdessen spürt und sieht er, wie wir die dunkle Priesterin werden, und glaubt vielleicht, dass er uns an die Dunkelheit verloren hat.

Aber in der sanften Dunkelheit im Inneren des Labyrinths, wo uns die Alte Frau empfängt, halten wir den roten Faden in der Hand – den Faden, dem wir die Stufen hinunter gefolgt sind und der unsere Verbindung zurück ins Licht markiert. Während wir die Alte Frau verkörpern, wird unser Partner zum Hüter unseres roten Fadens, zu unserem Anker in der äußeren Welt. Er erinnert uns daran, dass wir uns in den Jahren der Zauberin befinden und immer noch Teil der äußeren Welt sind. Er steht am Eingang des Labyrinths, zieht sanft an der roten Schnur, um unsere Aufmerksamkeit zu erregen, und ruft uns zu, dem Faden zu folgen und die Stufen, die halb im Dunkeln und halb im Licht liegen, hinaufzusteigen. Geführt von dem Faden und von der Liebe, mit der er unseren Namen ruft, erinnern wir uns daran, dass wir zwischen den beiden Welten reisen können und dass wir nicht für immer eine Alte Frau sind – zumindest noch nicht.

Unser Partner kann sich mit uns in die Energien der Alten Frau zurückziehen, um seine eigene innere Dunkelheit zu erforschen, nach innen zu seiner Seele zu reisen und seinen männlichen Archetyp des Weisen zu erkunden und zu verkörpern. Eigene Erfahrungen mit der inneren Dunkelheit und seinem Archetyp zu machen, wird ihm helfen, sich mit unseren Energien der Alten Frau wohler fühlen.

Mit den Energien des Archetyps der Alten Frau können wir unserem Partner bedingungslose Liebe, tiefe Akzeptanz und innere Weisheit entgegenbringen, um ihn auf seinem eigenen spirituellen Weg zu begleiten. Für viele Frauen war es Monat für Monat eine Selbstverständlichkeit, nun hat auch unser Partner die Gelegenheit, das Göttlich-Weibliche als Mutter der Seelen zu berühren. Und so wie er uns verankert, geben wir ihm Raum für seine eigene Reise des Erwachens, wie auch immer er sich entscheidet, sie zu gehen.

Den Partner unterstützen

Um unseren Lebenspartner durch die Jahre der Zauberin zu begleiten, müssen wir ihm Raum und Zeit geben, sich auf die neue Frau einzustellen, mit der er zusammenlebt. So wie wir gegen die Wellen und Stürme unserer Verwirrung ankämpfen, so wird auch unser Partner davon mitgerissen.

Wenn wir unsere Archetypen verstehen, bemerken, wie sie in uns auftauchen, wie wir ihnen in uns selbst und in unserem Leben Ausdruck verleihen können, dann können wir ein Boot bauen und auf den Wellen schwimmen. Wir können die Segel trimmen und mit dem Sturm gleiten – und wir können uns umdrehen und unseren Partner aus den schäumenden Wellen retten. So viele Männer fühlen sich hilflos, wenn die Frau, die sie lieben, sich zu verändern beginnt. Sie wollen ihr helfen und sie unterstützen, wissen aber nicht wie. Uns Frauen fehlt eine Tradition, die uns durch die Jahre der Zauberin führt, aber auch den Männern fehlt die Tradition, die ihnen hilft, uns zu begleiten.

Hören wir auf die Archetypen und erklären wir sie unserem Partner. Dann können wir gemeinsam die Geschenke und die Freude entdecken und erforschen, die diese heilige Zeit der Veränderung mit sich bringt.

Übergang von der Erntemutter zur Gestaltwandlerin

Das Licht des Feuers flackerte über das Gesicht der alten Frau und den gestampften Boden zu ihren Füßen. Die Betagte griff nach unten und glättete langsam den Boden mit ihrer Hand. Einer Tasche unter ihrem Mantel entnahm sie eine Handvoll kleiner weißer Kieselsteine und ließ sie in ihren Schoß fallen. Mit dem Ende ihres Stabes zeichnete sie einen großen Kreis in die Erde, nahm einen Kieselstein und legte ihn vor sich auf den Rand des Kreises.

»Einen Monat kein Blut – die Früchte der Erde«, sagte sie leise, nahm einen weiteren Kieselstein und legte ihn nahe dem ersten in den Kreis. Einen Moment lang hielte inne, dann berührte sie mit ihren arthritischen Fingern den Stein.

»Zwei Monate kein Blut – die Früchte der Zugehörigkeit«, sagte sie und legte einen dritten Kieselstein in den Kreis. Nach und nach legte sie nun alle Steine aus, bis sich die Reihe über den Kreis erstreckte. Jedes Mal, wenn sie einen Kieselstein auslegte, hielt sie inne, um ihm einen Titel zu geben.

»Drei Monate kein Blut – die Früchte der sexuellen Energien und der Fruchtbarkeit.«

»Vier Monate ohne Blut – die Früchte der Kreativität.«

»Fünf Monate kein Blut – die Früchte der Freude.«

»Sechs Monate kein Blut – die Früchte der Fülle.«

»Sieben Monate kein Blut – die Früchte der Großzügigkeit.«

»Acht Monate kein Blut – die Früchte der Verbindungen.«

»Neun Monate kein Blut – die Früchte der Liebe.«

»Zehn Monate ohne Blut – die Früchte der Gefühle.«

»Elf Monate kein Blut – die Früchte der Wahrnehmung.«

»Zwölf Monate kein Blut – die Früchte der Intuition.«

Schließlich beugte sie sich weit vor und platzierte einen schwarzen Kieselstein in einer Linie mit den anderen Steinen, aber etwas außerhalb des Kreises.

»Der 13. Monat ohne Blut – die Früchte des Geistes.«

Zufrieden lehnte sich die Betagte zurück und betrachtete die Frauen, die um sie herum saßen. Dann sammelte sie die Steine wieder ein und legte sie zurück in ihren Schoß.

»Wenn viele Monde vergehen, bis deine Blutung kommt, ist das ein Zeichen dafür, dass die Zeit der Erntemutter sich dem Ende zu neigt. Jetzt ist es an der

Zeit, die Früchte zu ernten, die gewachsen und gereift sind, all das wertzuschätzen, was du hast, was du gewesen bist und was du getan hast. Jetzt ist die Zeit zu sehen, wie du durch deine Erfahrungen gewachsen bist, und dich auf Gefühle der Erfüllung, der Dankbarkeit und der Unterstützung zu konzentrieren.«

»Nach deiner Blutung erlebst du also den ersten Monat der Früchte der Erde.«

Die Betagte legte einen einzelnen weißen Kieselstein vor sich auf den Boden.

»Nimm die Erde wahr, die Fülle des Lebens um dich herum, die Schönheit des Landes, des Himmels und der Gewässer. Sei dankbar für den Körper, den die Erde dir gegeben hat, die Elemente, die dich erhalten haben, dass dein Körper gewachsen ist, sich verändert und Leben gegeben hat. Sei dir deiner Sinne und der Ehre, in der physischen Welt zu sein, bewusst.«

»Schenke deine Liebe und Dankbarkeit dieser Ernte deines Lebens, damit du die Samen für deine Zukunft säen kannst.«

Die Betagte legte einen zweiten Stein auf die Erde.

»Noch ein Monat ohne Blutungen und du reist einen Monat lang mit den Früchten der Zugehörigkeit.«

Sie legte einen weiteren Stein über den zweiten, dann noch einen und noch einen, bis sechs Steine in einer Reihe vor ihr lagen.

»Aber vielleicht kommt dann plötzlich das Blut der Alten Frau!«

Sie kicherte leise, während sie die Steine aufhob und wieder in ihren Schoß legte.

»Dann fängst du nach der Blutung von vorne an.«

Wieder reihte sie die Steine vor sich aneinander und gab jedem einen Namen. Als Letztes platzierte sie den schwarzen 13. Stein außerhalb des Kreises. Lächelnd blickte die Betagte auf.

»Nach dem 13. Mond weißt du, dass dein zyklisches Leben beendet ist. Du hast der Erntemutter deine Dankbarkeit und Wertschätzung entgegengebracht. Nun feierst du den ersten Jahrestag deines neuen Weges als Gestaltwandlerin.«

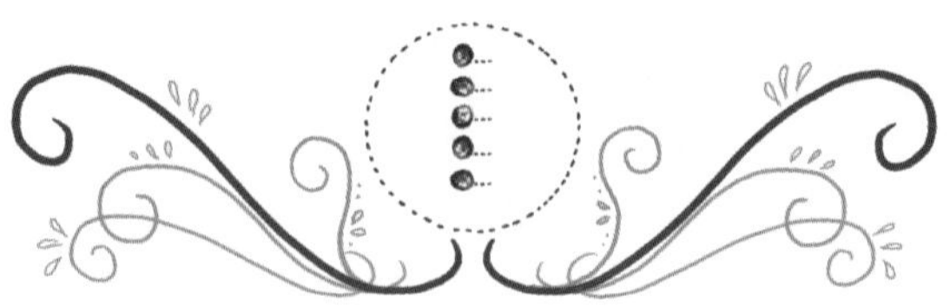

Das Jahr der 13 Monde

Wenn sich die Abstände zwischen den Menstruationen auf zwei, fünf, acht oder noch mehr Monate verlängern, wissen wir, dass wir uns der letzten Blutung, dem Weisheitsblut, nähern. Es ist schwierig, die Weisheitsblutung und den Beginn der Gestaltwandlerinnen-Jahre zu erkennen. Nur im Rückblick können wir sagen: »Das war mein letztes Blut, mit dem ich eine Gestaltwandlerin wurde.«

Im Jahr der 13 Monde erleben wir den Übergang von der Erntemutter zur Gestaltwandlerin. Es ist die Zeit, in der wir unsere Menstruation ehren und die Veränderungen der Perimenopause annehmen können. Die meisten von uns beginnen den Weg der 13 Monde mehrmals von Neuem, genießen dieselben Früchte viele Male, bevor wir das Jahr mit dem 13. Mond ohne Blutung abschließen, die Jahresfeier der letzten Blutung begehen und zur Gestaltwandlerin werden. Dieses Mondjahr mit 13 Monden seit der letzten Blutung spiegelt die medizinische Definition der Postmenopause wider: Frauen gelten nach einem zwölfmonatigen Sonnenjahr ohne Blutung als »postmenopausal«.

Das Jahr der 13 Monde ist ein heiliges Jahr der Transformation und der Dankbarkeit gegenüber der Jungen Frau, der Mutter, Zauberin und Alten Frau und für die Früchte unseres zyklischen Lebens. Wenn wir die Fülle feiern, können wir mit den Samen auf die Erde fallen und zu unseren Wurzeln tief im Inneren reisen. Jeder Monat ohne Zyklus ist eine Ernte. Wir ehren und genießen den Reichtum und die Fülle unseres Lebens, wir schauen mit Liebe und Dankbarkeit auf alles, was uns widerfahren ist, denn all diese einzigartigen Erfahrungen haben uns zu dem gemacht, was wir jetzt sind.

Bei manchen Frauen endet der Zyklus abrupt, andere beginnen das Jahr der 13 Monde und erleben dann plötzlich doch noch mal eine Menstruation. In diesem Fall wiederholt sich der Weg der Früchte und der Dankbarkeit. Unser Weg durch das Labyrinth ist ein individueller Tanz mit vielen wechselnden Tempi.

Erinnerung an den Labyrinthweg

Wenn immer mehr Zeit bis zur nächsten Menstruation verstreicht, sind wir manchmal erleichtert und wie befreit von den Herausforderungen des Menstruationszyklus. Mit jedem weiteren Monat ohne Zyklus spüren wir die intensive Kraft, die in Neuanfängen, einer neuen Ausrichtung und den erwachenden dynamischen Energien liegt. Vielleicht bemerken wir auch einen neuen Fokus auf uns selbst, während wir uns verändern.

Nach einer langen Zeit ohne Zyklus liegt es nahe zu glauben, dass die Archetypen nun keine Bedeutung mehr für uns haben, unser Leben nicht länger beeinflussen. Werden wir in unseren Energien, der Wahrnehmung, Herangehensweise und in unserem Selbstverständnis jetzt linear? Nein, weit gefehlt!

Während wir vor Erleichterung aufatmen, vergessen wir vielleicht eine wichtige Erkenntnis: Wir befinden uns immer noch in den Jahren der Zauberin, stehen immer noch unter ihrem Einfluss und das, was wir in der prämenstruellen Phase gelernt haben, dient nun als Wegweiser für die vor uns liegende Reise. Ohne dieses Wissen würden wir die Neuanfänge und die neue Vitalität vermutlich dem Archetyp der Jungen Frau zuordnen, denn sie bringt uns die dynamische Energie, den nach außen gerichteten Fokus auf Pläne und Ziele und das strahlende Ego, das sich durch Interaktionen und seinen Einfluss auf die Welt definiert. Das aber wäre eine Fehlinterpretation, denn in Wirklichkeit erleben wir nicht die hellen Energien der Jungen Frau, sondern die dynamische Dunkelheit der Zauberin.

Wenn wir die Zauberin mit der Jungen Frau verwechseln, ignorieren wir die Dunkelheit und das Bedürfnis, uns nach innen zu wenden und die Schritte des Labyrinths zu gehen. Dann tritt die Universelle Zauberin in unser Leben, um unsere Selbsttäuschung zu durchbrechen, und sie tut dies mit großer Macht und in einer Form, vor der wir nicht davonlaufen können. Vielleicht glauben wir, dass wir nun, da die dynamische Energie der Gestaltwandlerin in unseren Körper und unser Ego fließt, frei sind zu tun, was immer wir wollen, wann immer wir wollen. Aber die Universelle Zauberin hat einen Plan für unser inneres Wachstum und dieser Plan ist nicht verhandelbar. Er beinhaltet, dass wir mit dieser Erwartung und der auf unserem Ego basierenden Selbstbestimmung und Selbstermächtigung brechen. Wir können die Spindel nicht aufhalten, während sie die Fäden unseres Lebens spinnt!

Unser Weisheitsblut ist die Stelle auf den Stufen des Labyrinths, an dem Licht und Dunkelheit im Gleichgewicht sind, es ist der Dreh- und Angelpunkt zwischen der äußeren und der inneren Welt in einer Zeit, in der die dynamischsten Veränderungen mit uns und in uns vor sich gehen.

Mit den 13 Monden gehen

Ein kleines Ritual hilft dir zu wissen, wo du dich auf deiner Reise befindest: Suche dir eine spezielle Schale, die deine Gebärmutter repräsentiert, und lege jeden Monat einen Stein in die Schale – dieser Stein steht für einen Monat ohne Menstruation. Es ist weder ein System noch eine strukturierte Herangehensweise an die 13 Monde, eher eine künstlerische Reflexion dieses Tanzes der Veränderung.

Während du den Stein in die Schale legst, kannst du versuchen, der Jungen Frau, Mutter, Zauberin und Alten Frau Dankbarkeit dafür entgegenzubringen, dass sie mit ihren Energien und Gaben das Leben reicher machen und dich auf deinem Weg unterstützen. Die Zeit der Ernte ist nicht von Verlust geprägt, vielmehr geht es darum, dass wir sammeln, was wir brauchen, um auf der vor uns liegenden Reise gut versorgt zu sein. Nach dem Mondmonat der Früchte des Geistes werden wir den Jahrestag der letzten Blutung feiern. Dann wissen wir, dass wir uns in den Gestaltwandlerinnen-Jahren befinden.

Mondmonat 1: Früchte der Erde

Dies ist die Gelegenheit, über die erstaunliche Vielfalt des Lebens auf der Erde und die Schönheit des Planeten nachzudenken. Wir können Dankbarkeit für unseren physischen Körper und für die Erfahrungen des Lebens, die wir durch unsere Sinne gemacht haben, empfinden.

Mondmonat 2: Früchte der Zugehörigkeit

Durch unsere Gebärmutter verbinden wir uns mit dem Land, auf dem wir leben, und durch unsere DNA und unser Herz verbinden wir uns mit unseren Mitmenschen. Wir sind dankbar für die Zugehörigkeit zu dem Ort, an dem wir leben, für unsere Familie und die Gemeinschaft der Menschen um uns herum.

Mondmonat 3: Früchte der sexuellen Energien und der Fruchtbarkeit

Unsere Dankbarkeit gilt den sexuellen Energien, der Lust und Leidenschaft, die sie uns schenken, der Fruchtbarkeit und allen Herausforderungen, die mit unserer Sexualität und Fruchtbarkeit verbunden sind.

Mondmonat 4: Früchte der Kreativität

Wir sind kreative Wesen. Mithilfe der verschiedenen Archetypen-Energien sammeln wir Lebenserfahrung und erschaffen die Welt um uns herum. Nun haben wir die Möglichkeit, darüber nachzudenken, was wir alles erschaffen haben, und für die Kreativität dankbar zu sein.

Mondmonat 5: Früchte der Freude

In der Vergangenheit gab es viele Momente der Freude und in unserem jetzigen Leben gibt es sie ebenfalls. Wir können uns für die Fähigkeit, Freude zu empfinden, und für die Ereignisse und Menschen, die diese Gefühle in uns ausgelöst haben, bedanken.

Mondmonat 6: Früchte der Fülle

Wir feiern die Fülle in unserem Leben und sind dankbar für alles, was wir seit der ersten Menstruation erreicht haben. Wir erkennen, dass die Fülle nicht immer gleich ist, sondern in Wellen kommt und uns vielfältige Erfahrungen ermöglicht.

Mondmonat 7: Früchte der Großzügigkeit

Wir wurden ermächtigt, andere zu unterstützen, und lächeln voller Dankbarkeit für die Gaben, die wir erhalten und mit der Welt geteilt haben.

Mondmonat 8: Früchte der Verbindungen

Das Leben fließt um uns herum und durch uns hindurch, es webt Verbindungen des Herzens und der Seele. Wir danken für die vielen Verbindungen, die unser Leben bereichern, uns unterstützen und dorthin gebracht haben, wo wir jetzt stehen.

Mondmonat 9: Früchte der Liebe

Die Liebe hat uns und unser Leben geprägt. Wir empfinden Dankbarkeit für die Liebe, die wir erhalten haben, und für die Gelegenheiten, in denen wir Liebe geben und unsere Fähigkeit zu lieben kennenlernen konnten.

Mondmonat 10: Früchte der Gefühle

Gefühle bestimmen unser Leben und vielleicht haben wir in jungen Jahren ganz anders empfunden als jetzt. Wir sind dankbar für die Gefühle von damals und dafür, was sie uns ermöglicht haben, zu tun oder zu werden. Wir sind dankbar für unsere aktuellen Gefühle und dafür, wie sie uns in unseren nächsten Lebensabschnitt führen.

Mondmonat 11: Früchte der Wahrnehmung

Eine zyklische Frau gewesen zu sein und die Welt auf verschiedene Weise gesehen zu haben, war ein wunderbares Geschenk. In jedem Monat haben wir verstärktes Einfühlungsvermögen, Mitgefühl, Einsicht, Ideen und inneres Wissen erhalten. Wir danken für dieses erstaunliche Geschenk der veränderten Wahrnehmung und ebenso für die neue Wahrnehmung, die in uns heranwächst.

Mondmonat 12: Früchte der Intuition

Wir sind dankbar dafür, dass wir uns von unserer Intuition leiten lassen können. Wir empfinden Wertschätzung für die positiven Ereignisse, Beziehungen, Einsichten und Erkenntnisse, die sie uns beschert hat. Und wir danken dafür, dass sie uns auch in Zukunft auf unserem Weg begleiten wird.

Mondmonat 13: Früchte des Geistes

Wir bringen unsere Dankbarkeit dafür zum Ausdruck, dass wir jeden Monat das Göttlich-Weibliche berührt und sie in unseren Zyklen widergespiegelt haben. Wir sind dankbar, dass sie sich in den Zyklen um uns herum ausdrückt. Wir danken jedem Menschen, der uns auf unserem spirituellen Weg begleitet hat, und wir empfinden Dankbarkeit und Hoffnung für den Labyrinthweg und unsere spirituelle Transformation.

Nach dem 13. Mond kannst du die Meditation »Leere Gebärmutter« machen, um anzuerkennen, dass du in deine Gestaltwandlerinnen-Jahre eingetreten bist (siehe Kapitel 6). Du kannst sie allein oder zusammen mit anderen Frauen machen. Ihr könnt auch eine Zeremonie durchführen, in der andere Frauen die verschiedenen Rollen spielen.

Der anstehende Weg

Während der Reise der 13 Monde hören wir nicht auf, die Archetypen zu verkörpern und uns mit ihnen zu verändern, sie wirken sogar intensiver. Anstatt uns sanft die Stufen des Labyrinths hinunterzuführen, die anfangs noch von der Sonne erhellt werden, zieht uns die Universelle Zauberin tiefer in die Dunkelheit. Je schlechter wir im abnehmenden Licht die Steinstufen erkennen, desto größer wird die Angst zu fallen, aber die Zauberin hält uns fest und flüstert dicht an unserem Ohr: »Vertraue mir.«

Der Sinn der Jahre der Gestaltwandlerin und der Dunklen Zauberin ist es, die vier weiblichen Archetypen zu vereinen – ihre vier »Farben« zu weißem Licht verschmelzen zu lassen – und einen neuen, tiefgründigen und spirituell bewussteren Ausdruck von uns selbst zu weben.

Während wir uns körperlich, geistig und emotional verändern, liegt der Fokus auf den Aspekten der Archetypen, die bisher in unserem Selbstgefühl nicht präsent waren. Wir konzentrieren uns darauf, die Archetypen-Energien auszugleichen und außerhalb einer zyklischen Ordnung miteinander zu verschmelzen. Wir beseitigen die tief in uns verwurzelten Muster und Blockaden, die unser Ego geschaffen hat. Schließlich integrieren wir bei der Rückkehr die Archetypen-Energien zu einer Einheit.

All das passiert nicht plötzlich, sondern in einem wunderbaren Prozess, während dem sich die Energien fortlaufend verändern und überlagern. Wir können diesen Prozess weder führen noch kontrollieren, aber wir können auf ihn reagieren. Wenn wir zu Musik tanzen, passen wir unsere Schritte dem wechselnden Rhythmus an. Tanzen wir mit Flexibilität und Leichtigkeit, dann stabilisieren die fließenden Bewegungen unseren Körper, sodass wir das Gleichgewicht halten können. Denselben Ansatz können wir für die Gestaltwandlerinnen-Jahre wählen: Wir müssen unsere tiefsten und verborgensten Archetyp-Aspekte auf eine Weise ausdrücken und freisetzen, die die Stabilität in unserem Selbstgefühl fördert – anstatt eine Überdominanz zu schaffen, die das Gleichgewicht zerstört. Diese Stabilität kann Gefühle von Freude und sogar Glück bescheren, weil wir tief in unserem Inneren wissen, dass sich unser Selbst auf der Reise durch das Labyrinth einfach weiterentwickelt.

Meine Weisheit

Eins, zwei, drei.
Drei rote Tropfen auf dem Schnee des Winters.
Mein letztes Blut.
Stille und Ruhe der Winterlandschaft.
Ich erinnere mich an Frühling und Sommer, an Wärme und Licht. An die Freude über lange Abende und das Vergnügen, über grasbewachsene Hügel zu laufen.
Das Licht wird weiterhin ein Teil von mir sein und es wird lange dauern, bis ich wieder hier in der Stille des Winters stehe.
Ich werde weiterhin rennen und tanzen und die Sinnlichkeit meines Körpers genießen, inmitten der fallenden Blätter sogar noch mehr, denn die Musik, die ich höre, ist voller Magie und weiblicher Kraft.
Ich verneige mich und bringe meine Liebe des Frühlings und des Sommers von Herzen dar. Ich bin dankbar für ihre Gaben.
Ich verneige mich und heiße den Herbstpfad willkommen, den ich nun beschreite.
Und ich verneige mich vor dem Winter, voller Traurigkeit, weil ich nicht mehr jeden Monat die Stille, Heilung, Regenerierung, Orientierung und umfassende Liebe spüren werde. Aber ich weiß, dass der Winter jetzt mit mir reist, dass seine Gaben mir folgen und dass ich immer öfter an diesen Ort zurückkehren werde, je weiter ich auf meinem Weg reise.
Ich danke dem Winter, dass er meine Zuflucht, mein Begleiter und mein Ziel ist.
Eins, zwei, drei.
Drei rote Tropfen auf dem Schnee des Winters.
Mein letztes Blut.

Kapitel 6: Die Jahre der Gestaltwandlerin

Wir sind Eingeweihte
auf dem Weg der von der Seele geleiteten
Evolution und Transformation.

Gestaltwandlerinnen-Meditation: Leere Gebärmutter

Am Ende des Weisheitsjahres, des Jahres der 13 Monde, ist diese Meditation ein schöner »Übergangsritus«, um den Jahrestag der letzten Blutung – des Weisheitsbluts – zu feiern. Die Meditation kann allein, zusammen mit anderen Frauen oder als Lebensabschnittszeremonie durchgeführt werden.

Atme tief ein und aus. Spüre, wisse oder siehe, dass du unter einem Nachthimmel voller Sterne stehst.

Vor dir steht ein uralter Baum, dessen großer Stamm sich in zwei Hauptäste teilt. Der Baum trägt unzählige schöne Blätter, kleine weiße Blüten und rote, juwelenartige Früchte. Der Vollmond leuchtet hoch über dir durch die Äste und taucht dich und die Landschaft in ein blasses, silbernes Licht.

(Pause)

Vor dem Baum stehen vier Gestalten – die Junge Frau, die hochschwangere Mutter, die Zauberin und die Alte Frau, die einen roten Umhang trägt und einen Stab in der Hand hält. Die Frauen sind in sanftes Mondlicht gebadet und du spürst die Magie des Augenblicks.

(Pause)

Die Mutter winkt dich zu sich und du bewegst dich anmutig in deinen langen Gewändern auf sie zu. Umgeben von ihrer Gegenwart und Liebe kniest du in Ehrfurcht nieder und senkst den Kopf.

Sie legt ihre Hände leicht auf deinen Kopf und sagt mit sanfter Stimme:

»Auf den Wurzeln, unter dem Vollmond, unter dem Gebärmutterbaum, voller Licht, bestätige ich, die Helle Mutter, dein Weisheitsblut und die Befreiung deiner weiblichen Energien von den Zyklen der Gebärmutter.«

Tränen füllen deine Augen, als die Mutter ihre Hände fortnimmt, aber in deinem Herzen ist Liebe und ein Gefühl der inneren Wahrheit.

Die Zauberin stellt sich neben die Mutter und legt nun ihre Hände auf deinen Kopf. Sie sagt freundlich:
»Auf den Wurzeln, unter dem sich verdunkelnden Mond, unter dem Gebärmutterbaum, halb hell und halb dunkel, erkenne ich, die Zauberin, dich als eine Frau der 13 Monde an. Ich bestätige die Kraft der Gestaltwandlerin, die in dir liegt.«
(Pause)
Die Junge Frau tritt nun auf dich zu und umarmt dich lächelnd. Mit klarer Stimme bestätigt sie: »Deine Junge Frau ist frei.«
Auch die Mutter umarmt dich und sagt mit liebevoller Stimme: »Deine Mutter ist frei.«
Die Zauberin schließt dich fest in ihre Arme und sagt: »Deine Zauberin ist frei.«
Und schließlich umarmt dich die Alte Frau leicht und flüstert dir ins Ohr: »Deine Alte Frau ist frei. Und deine Gebärmutter ist still.«
Lenke deine Achtsamkeit auf deinen Schoß und lege deine Hände auf die Gebärmutter. Als Zeichen der Dankbarkeit beugst du deinen Kopf und sagst: »Ich bin frei, meine Gebärmutter ist still.«
Nimm die Bedeutung dieser Worte und die Gefühle, die dich durchströmen, wahr. Atme tief ein und aus und spüre die Ruhe in dir.
(Lange Pause)
Die Alte Frau holt eine kleine dunkle Schale unter ihrem Mantel hervor. Sie ist mit rotem Saft gefüllt.
»Trink«, sagt sie. »Sei gewiss, dass du jetzt immer die Kraft deines Blutes in dir tragen wirst.«
Während du trinkst, spürst du, wie dein Herz und deine Gebärmutter reagieren.
Spüre, dass du eine Schwelle überschritten und die Vergangenheit hinter dir gelassen hast, um einen tieferen spirituellen Weg einzuschlagen.
Liebevoll nimmt dir die Alte Frau die Schale ab und sagt: »Deine Gebärmutter ist nun erfüllt von der Magie der Dunkelheit und des Sternenlichts.«
(Pause)
Die Zauberin reicht dir die Hand und du stehst auf. Während sie eine dunkle Feder in dein Haar steckt, sagt sie: »Mein Kind, du bist jetzt eine Gestaltwandlerin. Du bist von meiner Magie der Veränderung erfüllt und mit meiner Aufgabe betraut. Gemeinsam werden wir deine Ketten sprengen und tiefer in die Dunkelheit des Labyrinths tanzen.«
(Pause)

Die vier Göttinnen treten zurück. Langsam lösen sie sich im Mondlicht auf und lassen dich allein auf den Wurzeln unter den Ästen des alten Baumes zurück.
Um dich herum ist es vollkommen still, die Sterne und Galaxien leuchten über dir am Nachthimmel.
Du weißt, dass der Weg, der vor dir liegt, nicht leicht sein wird. Das Chaos wird um dich herum und durch dich hindurch fließen, aber in diesem Tanz kannst du dich von der Zauberin führen lassen. Du weißt, dass du hier unter dem Gebärmutterbaum immer einen Zufluchtsort finden wirst, am dem du Frieden findest und dich erholen kannst und zu dem du zurückkehren kannst, wann immer du willst.
(Pause)
Wenn du bereit bist, in die Welt zurückzukehren, lenke deine Aufmerksamkeit auf deinen Körper.
Lege deine Hände auf dein Herz und fühle Dankbarkeit für die Gegenwart und Liebe des Göttlich-Weiblichen in dir.
(Pause)
Lächle dem Göttlich-Weiblichen in dir zu.
Lächle dem Göttlich-Weiblichen in der Welt um dich herum zu.
Öffne die Augen.

Wenn du möchtest, kannst du nach der Meditation das Haar, das während der Erntemutter-Meditation (Kapitel 5) abgeschnitten wurde, vergraben oder in einer feuerfesten Schale unter dem Nachthimmel verbrennen. Wähle vielleicht eine Nacht, in der der Mond abnimmt und halb hell und halb dunkel ist. Wenn du möchtest, fügst du Kräuter hinzu, die beim Verbrennen süß duften und einen leichten Rauch erzeugen, der zu den Sternen aufsteigt.

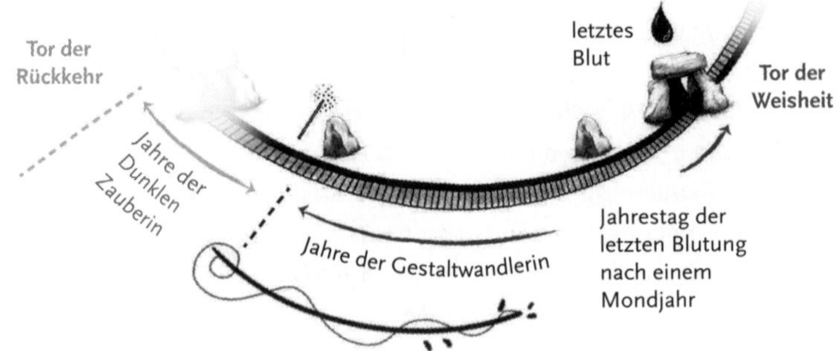

Abb. 13: Die Gestaltwandlerinnen-Jahre

Jenseits des Weisheitsblutes

Und dann
ändern wir uns.
Erneut.

Die Lebensphase nach der Menopause ist von Dunkelheit und weiblicher Ermächtigung geprägt. Die dynamischen Energien der Kreativität werden freigesetzt, um uns selbst und die Welt um uns herum zu verändern. Die Zauberin hat unsere zyklische Natur durchbrochen. Da wir nicht mehr auf den physischen Zweck der Fruchtbarkeit beschränkt sind, haben wir die Möglichkeit, als authentische Wesen alle Aspekte der weiblichen Energie in die Welt auszustrahlen.

Die Zauberin führt uns aus dem Alltag heraus, legt uns den dunklen Mantel einer Reisenden um die Schultern und begleitet uns tiefer in das Labyrinth, damit wir mehr darüber erfahren, wer wir sind, welche Kräfte in uns stecken, was unser Ziel und unser Weg im Leben ist. Vorbei ist es mit der verlässlichen Welt der Routinen, denn jetzt verändern wir uns dramatisch. Wir sind jetzt Gestaltwandlerinnen und wenn wir die Kapuze des Mantels herunterschieben, zeigen wir der Welt ein Gesicht, das sich verändert – mal Mutter, mal Junge Frau, Zauberin oder Alte Frau und manchmal eine Mischung aus all diesen Eigenschaften. Wir werden zu Wesen des Wandels und der Magie. Intuitiv verstehen wir die Welt, die hinter dem Sichtbaren liegt. Wir sitzen am Feuer und lächeln in der Gewissheit, dass die physische Welt von der inneren Welt geformt wird. Als ermächtigte, sich manifestierende Frauen stehen wir zwischen beiden Welten.

Außerhalb der Grenzen der Gesellschaft gehen wir selbstbewusst und voller Lebendigkeit mit der Schönheit des Göttlich-Weiblichen – unabhängig von unserer körperlichen Erscheinung. Wir haben ein Ziel, wir haben eine Richtung und wir haben Macht.

Aber diese dynamische Macht ist zeitlich begrenzt: So wie die prämenstruellen Energien nur für die Zeit vor der Menstruation bei uns waren, sind die Gestaltwandlerinnen-Energien nach der Menopause nur so lange bei uns, bis wir in die nächste Lebensphase eintreten, die von der Universellen Alten Frau beeinflusst ist. Wir befinden uns auf einem Weg der Veränderung, also müssen wir jetzt, in diesem Moment, die Geschenke, die Freude und den Genuss, die Einsichten und Offenbarungen, die uns zur Verfügung stehen, aufgreifen und sie mit der Welt teilen, bevor kommende Veränderungen uns von der dynamischen in die rezeptive Dunkelheit leiten.

Aber die Macht muss gemildert werden, denn Gleichgewicht und Integration sind die Ziele dieses Weges. Bremsen wir das Ego nicht, wird es nicht nur das Alte und Überholte zerstören, sondern auch das auf die Seele ausgerichtete Neue. Als Gestaltwandlerin tragen wir die Verantwortung für unsere Energien und dürfen anderen nicht schaden. In den Hochphasen unserer dynamischen Energie müssen wir uns selbst davon abhalten, die Gefühle, den Willen und die Individualität anderer zu übergehen, und in den Phasen mit wenig Energie sollten wir anderen keine Energie stehlen. Das Ego kann durch Einsatz von Aggression und Zwang andere überwältigen und dominieren, um sich mächtig zu fühlen. Das Gefühl der Selbstermächtigung, das wir dann vielleicht verspüren, entsteht nicht, weil wir unsere Wahrheit oder unser wahres Selbst zum Ausdruck bringen. Es entsteht, weil wir jemandem Energie stehlen, indem wir unser Selbstgefühl auf seins projizieren.

Die Universelle Zauberin bittet uns zu entdecken, wie wir uns fühlen, woran es uns wahrhaftig mangelt, die Schreie des Egos und unsere Ängste wahrzunehmen und die Bedürfnisse zu erkennen, die wir uns selbst nicht erfüllt haben. Dann bittet sie uns, dass wir uns nach innen in die Mitte des Labyrinths wenden, um Selbstermächtigung zu finden, die aus der Akzeptanz der Universellen Alten Frau, ihrer ausgeglichenen Stärke und durch die Hingabe an ihre Dunkelheit resultiert.

Die Universelle Zauberin beherrscht die Jahre der Perimenopause und frühen Postmenopause, sie beeinflusst jeden Schritt auf unserem Labyrinthweg. Was wir in den Jahren als Erntemutter in der Perimenopause gelernt und erfahren haben, ist auch in der frühen Postmenopause von Bedeutung, also in den Jahren der Gestaltwandlerin und der Dunklen Zauberin. Denke daran: Der Weg durch das Labyrinth, wie er in diesem Buch beschrieben ist, ist eine mythische Geschichte. Sie soll uns helfen, die Weisheit zu verstehen, die in unserer Reise liegt, und die Magie und das Wunder unserer Veränderungen zu erleben. Aber sie ist kein genaues Abbild des individuellen Weges, den jede einzelne von uns gehen wird.

Die Erfahrungen der Erntemutter, der Gestaltwandlerin und der Dunklen Zauberin sind bereits in unserem Unterbewusstsein vorhanden und bilden ein Potenzial. Zwar besitzt das Unterbewusstsein keine Struktur, aber es ist in der Lage, erstaunliche Verbindungen herzustellen und die Wahrnehmung der äußeren Welt aus unserer inneren Welt heraus zu erschaffen. Die Namen der Stufen des Labyrinthpfades sind lediglich Wegweiser, die uns helfen zu erkennen, wie weit wir in die Dunkelheit vorgedrungen sind. Wir werden diesen Weg gehen, ob wir die Geschichte des Labyrinths oder der Archetypen kennen oder nicht – aber wenn wir diese Geschichten kennen, können wir den Weg mit größerer Zuversicht und Vertrauen gehen.

Tiefer ins Labyrinth

Wie wir gesehen haben, ist das Weisheitsblut nicht das Ende der von der Zauberin geprägten Lebensphase, sondern der Mittelpunkt. Wir stehen unter dem Halbmond, zwischen Licht und Dunkelheit, und halten für einen Moment inne. Aber die Veränderungen hören nicht auf – der Labyrinthweg führt uns jetzt in den Strudel der Ebbe, in die turbulenten Herbststürme, die die Blätter von den Bäumen peitschen, und wir gehen unter einem Mond, der jetzt von der Dunkelheit beherrscht wird.

Alle Ebenen unseres Seins verändern sich.

Nach unserem Weisheitsblut haben sich die vier Archetypen von der Verankerung im Körper und der strengen Abfolge befreit. Nun wirbeln sie durch uns und verschaffen uns wunderbare und chaotische Kombinationen von Erfahrungen. Tief in unserem Inneren wirkt die Universelle Zauberin und bringt die Aspekte an die Oberfläche, die dort verborgen waren. Sie beeinflusst alle Erfahrungen, die wir mit den anderen Archetypen machen. Es geht nicht mehr nur darum, die Archetypen zu akzeptieren und auszudrücken. Sie steigen auch in uns auf, um ausgeglichen zu werden und zu einer Einheit und einem Gefühl der Vollständigkeit zu verschmelzen. Jetzt spüren wir wahrhaftig, dass wir den Weg der Eingeweihten gehen. Jede Herausforderung wird zu einer tieferen Erfahrung, zu einer umfassenderen Selbstverwirklichung und einer intimen spirituellen Beziehung mit dem Göttlich-Weiblichen.

Während wir tiefer in das Labyrinth eindringen, erkennen wir, dass wir nicht so weitermachen können wie bisher. Wir können die alten Erwartungen und unser altes Selbstverständnis nicht aufrechterhalten, stattdessen müssen wir in einer Form in der Welt agieren, die unserem neuen Selbst entspricht. Die Universelle Zauberin zwingt uns, unser Leben zu verändern, aber sie bringt auch den Impuls, die Leidenschaft und die intuitive Sicherheit, aus unserer Komfortzone herauszutreten und eine neue Richtung einzuschlagen. Sie zeigt uns, wie wir unser volles Potenzial ausschöpfen können, damit wir die von der Seele geführte Reise genießen können.

In den Gestaltwandlerinnen-Jahren wird das Unterbewusstsein immer dominanter und seine intuitive, inspirierte, kreative Wildheit bereichert unsere Wahrnehmung. Erfahrungen und Überzeugungen spülen über die Oberfläche unseres Geistes wie die Wellen des ablaufenden Wassers bei Ebbe. Indem das Unterbewusstsein die innere Welt an die Oberfläche bringt, erhalten wir die Kraft, zu heilen und zu befreien, was in uns eingeschränkt, ungeliebt und verborgen ist.

Die Zauberin webt ihre mächtigen Illusionen und zwingt uns, mit ihr zu tanzen, um uns unserer Gefühle, Muster und Gegensätze bewusst zu werden. Wenn wir in der Vergangenheit feststecken oder in der Angst erstarrt sind, dann zieht sie uns die Stufen hinunter und weiter in das Labyrinth hinein. Und sie tut dies, um uns zu befreien.

In der Zeit nach der Menopause bricht die Zauberin unser Ego auf und hilft uns, die enge Wahrnehmung des Lebens aufzugeben. Dann strömt die universelle Wahrnehmung durch die Risse in unseren Mauern. Das kann sich anfühlen, als fiele unsere Welt auseinander. In Wahrheit ist es die Zauberin, die uns für die Rückkehr zur Einheit öffnet. Aspekte der Archetypen tauchen nicht länger nur als einzelne Energien auf, sondern auch in Form komplexer Verflechtungen, Kombinationen oder Gegensätze. Da sie nicht länger an bestimmte Zyklusphasen gebunden sind, können sich zum Beispiel Energien der Jungen Frau mit Energien der Zauberin mischen oder Mutter-Energien können mit Energien der Alten Frau verschmelzen.

In diesen komplexen Jahren nach der Menopause bietet sich die wunderbare Gelegenheit, durch kraftvolle Kontraste die wahrhafte Weiblichkeit zu erfahren und uns in die Weite des Göttlich-Weiblichen auszudehnen. In der Gestaltwandlerinnen-Phase des Lebens stehen uns die Energien und Gelegenheiten, die wir früher im Leben vielleicht verpasst haben, erneut zur Verfügung. Nun kann alles heilen, was wir zerstört, abgekoppelt oder verzerrt haben, damit wir zu unserer authentischen Weiblichkeit erwachen.

Vor uns liegt ein erstaunlicher Weg! Aber dieser Weg ist keine Bestandsaufnahme, sondern ein Tanz. Wir sind nicht dazu bestimmt, den Sinn der komplexen Energien im Detail zu analysieren. Wir dürfen uns hingeben und den Archetypen erlauben, durch uns zu fließen, denn wir besitzen die natürliche Fähigkeit, mit den Energien zu schwingen und sie als vorübergehende Aspekte unseres Selbst zu akzeptieren. Wenn wir anerkennen können, dass wir eine Gestaltwandlerin sind, dass wir uns aufgrund schwankender Fähigkeiten, Ausdauer, Bedürfnisse und Wünsche ständig verändern, dann können wir lernen, die Archetypen wahrzunehmen, ihre Bedürfnisse zu erkennen und ihre Energien in unserem Leben auszudrücken.

Wir werden die neue Perspektive als Gestaltwandlerin lieben und uns an den Geschenken der Archetypen erfreuen, wenn sie auftauchen. Und wir werden erkennen, dass die Strukturen, die wir in jüngeren Jahren um uns herum geschaffen haben, uns nicht für den Rest des Lebens definieren. Stattdessen können wir als Frauen, Partnerin, Mutter und Ältere sehr viel mehr sein.

Aber in einer so wilden und chaotischen Lebensphase kann es leicht passieren, dass wir aus dem Gleichgewicht geraten und den Sinn für die Mitte verlieren. Auch dabei stehen uns die Archetypen zur Seite. Der offensichtlichste Unterschied zwischen den Jahren der Erntemutter in der Perimenopause und den frühen Jahren der Gestaltwandlerin nach der Menopause ist der Verlust eines körperlichen Zyklus. Der wahre Unterschied aber, der definiert, dass wir in die Gestaltwandlerinnen-Jahre eintreten, ist die gleichberechtigte Präsenz aller vier Archetypen zur gleichen Zeit. Nicht das Fehlen eines Zyklus, sondern diese innere Energieveränderung steht im Mittelpunkt des Lebensabschnitts einer Gestaltwandlerin. Wenn wir nun einen Archetyp verkörpern, verbeugen sich die anderen Archetypen nicht aus Respekt und treten aus unserem Bewusstsein zurück, sondern sie bleiben bei uns: Während wir einen Archetyp zum Ausdruck bringen, halten uns die anderen drei Archetypen, nähren uns und schaffen ein Gleichgewicht. Die Archetypen sorgen gemeinsam für die Einheit in uns, die zur Rückkehr führt.

Zwar liegt der Schwerpunkt des Gestaltwandels auf uns selbst, auf dem Ego und dem persönlichen Wachstum, aber natürlich wirkt sich all das auch auf die Menschen um uns herum aus. Wenn wir uns verändern, verändern sich auch die Energien und die Interaktionen in der Familie. Wenn wir uns verändern, verändern sich auch unsere Interaktionen mit dem Partner. Wenn wir uns verändern, verändern sich unsere Interaktionen mit der Welt – und so verändert sich auch die Welt um uns herum.

Und diese Veränderungen sind Geschenke. In den Gestaltwandlerinnen-Jahren können der Partner und die Familie von unserem neuen Ausdruck profitieren. Wer eine Tochter hat, kann ihr ein Vorbild sein. Auch für den Partner verkörpern wir das Göttlich-Weibliche in all seinen Formen, was eine tiefere Beziehung ermöglicht. Dem Partner oder der Partnerin können wir helfen, die Tiefe und Vielfalt des Göttlichen in sich selbst zu entdecken.

In den Wirren der Gestaltwandlerinnen-Jahre und ohne Tradition, die uns leitet, kann es passieren, dass wir das Gespür für den Sinn und das Ziel dieser Zeit verlieren. Wir sind Eingeweihte auf dem Weg der seelengeleiteten Entwicklung und Transformation. Da wir wissen, dass der Archetyp der Alten Frau in uns liegt, dass sie unser Ziel und unser Fundament im Leben ist, können wir uns mit den Wurzeln unseres Bewusstseins tief in ihrer Dunkelheit verankern. Wie die Bäume in den Herbststürmen lassen wir unsere Äste im Wind schwingen, denn wir wissen, dass wir sicher verankert sind und nicht fallen werden. Die Entscheidung über unseren Lebenszweck treffen nicht mehr der Intellekt und das Ego. Stattdessen erkennen wir intuitiv den Ruf der Alten Frau und allein das Wissen, dass wir einen Zweck haben, fühlt sich gut an und öffnet unser Herz.

Es wird Zeiten geben, in denen das Leben über uns hereinbricht wie eine riesige Welle, die uns von den Füßen hebt, sodass wir unsere Bestimmung nicht mehr im Herzen spüren oder den Ruf der Universellen Alten Frau nicht mehr hören können. Dann hilft der Archetyp der Zauberin: Ihre Energien erinnern uns in Form von Gefühlen, Gegensätzen und Mustern von Frustration und Stress daran, dass wir unsere Bestimmung nicht erkennen und ausleben. Je weiter wir uns von unserer Bestimmung entfernen, desto stärker versucht die Zauberin, uns zurückzudrängen und unser Leben zu stören, bis wir schließlich aufhören zu kämpfen und in das Innere des Labyrinths schauen. Genau wie in der prämenstruellen Phase, in der uns der Archetyp der Zauberin in die Phase der Alten Frau führt, ist die Universelle Zauberin unsere Mentorin auf dem Weg nach der Menopause in das Reich der Universellen Alten Frau.

Wenn wir unser Ziel kennen, dann sind unsere Interaktionen mit der Welt von Hoffnung erfüllt. Im Inneren eines Kokons lösen wir unsere Gestalt auf und formen sie neu in dem Wissen, dass wir uns in einen Schmetterling verwandeln und davonfliegen werden.

Auswirkungen der Archetypen in den Jahren der Gestaltwandlerin

In den Gestaltwandlerinnen-Jahren wirken dieselben Archetypen auf uns ein wie zuvor, aber weil die Universelle Zauberin in dieser Zeit unsere Grenzen aufbricht, ändert sich der Fokus etwas. Die Archetypen sind nicht mehr an den Zyklus gebunden, daher erscheinen sie völlig unabhängig voneinander und schenken für Minuten, Tage, Monate oder Jahre uns ihre Energien, damit wir sie nicht nur in unserem eigenen Leben nutzen, sondern die ganze Welt in einer Explosion von Leidenschaft und kreativer Energie gestalten.

Wir werden für die Archetyp-Energien, aber auch für äußere Energien sensibler – zum Beispiel kann es sein, dass wir in den Wintermonaten die Energien der Alten Frau oder in den Tagen um den Vollmond die Energien der Mutter verkörpern. Wir können sogar die Archetyp-Energien der Frauen um uns herum widerspiegeln.

Ohne Ordnung oder Struktur verkörpern wir die Archetypen so lange, bis wir sie vollständig in unser Wesen integriert und miteinander in Einklang gebracht haben. Dazu müssen wir nichts Bestimmtes tun, es genügt, wenn wir als Gestaltwandlerinnen die Archetypen leben. Es geschieht auf natürliche Weise, während uns die Universelle Zauberin auf unserer Labyrinthreise begleitet, denn sie fokussiert sich auf diesen Prozess und kontrolliert ihn.

In den frühen Jahren der Postmenopause verändert sich auch unsere innere Mythologie. Das Unterbewusstsein – mit seiner gesteigerten Intuition, Kreativität, mystischen Erfahrung und seinem Sinn für Wahrheit – gewinnt an Einfluss und unsere tiefsten Muster, Erinnerungen und lang gehegten Überzeugungen werden uns bewusst. Das wirkt sich auf alle Archetypen aus, sobald sie in uns aufsteigen.

Die Art, wie wir bisher die Junge Frau, Mutter, Zauberin und Alte Frau ausgedrückt haben, passt nun nicht mehr zu uns, denn unter dem Einfluss der zunehmenden Dunkelheit verändern sie ihre Form. Daher sollten wir sie neu bewerten und umbenennen. Auf diese Weise schreiben wir eine neue Mythologie und erschaffen eine neue Tradition.

Wenn nun die Junge Frau in uns auftaucht, egal über welchen Zeitraum, dann verkörpern wir sie als Archetyp der Eingeweihten – es sind die Energien der Jungen Frau unter dem Einfluss der Universellen Zauberin. Die Mutter verkörpern wir jetzt als Archetyp der Matriarchin und die innere Zauberin als Archetyp der Priesterin, deren Energien durch den Einfluss der Universellen Zauberin verstärkt und vertieft werden. Befreit von der Menstruation und unter dem Einfluss der Energien der Universellen Zauberin erscheint der Archetyp der Alten Frau in uns nun als der Archetyp der Weisen Frau.

In den Gestaltwandlerinnen-Jahren profitieren wir von unserem früheren Verständnis der Zyklus-Archetypen, auch die Erfahrungen, die wir als Erntemutter gesammelt haben, beeinflussen die Art und Weise, wie wir nach der Menopause die Archetypen verkörpern. Dennoch werden Gestaltwandlerinnen, deren Archetypen von den Beschränkungen des Zyklus befreit und von den Energien der Universellen Zauberin durchdrungen sind, einige ganz besondere Prozesse und Erfahrungen mit den Archetypen erleben.

Zu verstehen, wie die Energien der Zauberin unsere Erfahrungen mit sämtlichen Archetypen beeinflussen, hilft uns, jeglichen Widerstand gegen den Archetyp aufzugeben und die Gegenwart der Universellen Zauberin zu spüren und zu schätzen, während sie uns die Stufen des Labyrinths hinunterführt. Jede Gestaltwandlerin wird ihre eigenen Erfahrungen mit den Archetypen sammeln, aber viele Erfahrungen teilen wir mit anderen Frauen.

Die Eingeweihte – Archetyp der Jungen Frau in den Jahren der Gestaltwandlerin

Energien: Bewegung, Ausgleich zwischen Licht und Dunkelheit, Erforschung, Neugier, Entdeckung, neue Erfahrungen, Erfolg, Stärkung des Selbstbewusstseins in der äußeren und inneren Welt.

In den Gestaltwandlerinnen-Jahren verschmelzen die dynamischen Aspekte der Jungen Frau und der Universellen Zauberin miteinander zum lebendigen Archetyp der Eingeweihten. Der Archetyp der Jungen Frau hat uns die Energien des zunehmenden Mondes gebracht, aber wenn wir sie jetzt in den Gestaltwandlerinnen-Jahren verkörpern, sind wir nicht mehr das junge Mädchen, das in die äußere Welt aufbricht, sondern wir sind die reife spirituelle Entdeckerin. Als Archetyp der Eingeweihten beginnen wir eine Reise, die zwischen den hellen Berggipfeln des Intellekts und den tiefen Höhlen unseres Unterbewusstseins verläuft. Das Bedürfnis zu entdecken, wer wir in der Welt sind, wendet sich nach innen: Jetzt erforschen wir unser tiefstes Inneres und bringen die Schätze, die wir finden, ans Licht. Wir entdecken unsere vergangenen Muster und die Wahrheit, die hinter ihnen liegt. Als Eingeweihte umarmen wir instinktiv sowohl das Licht als auch die Dunkelheit. Wir dehnen uns in die äußere Welt aus, während wir uns gleichzeitig auf inneres Wachstum konzentrieren.

Sowohl die Junge Frau als auch die Zauberin sind auf das Ego fokussiert. Wenn wir also die Eingeweihte verkörpern, wird unser Ego stärker, sodass wir manchmal zu einem Wirbelwind von Wünschen und Bedürfnissen werden. Der Fokus der Eingeweihten liegt jedoch darauf, sowohl in der äußeren als auch in der inneren Welt ein Gefühl der Identität zu erschaffen. Die Eingeweihte entdeckt die Muster unseres Egos und hebt sie ins Bewusstsein, damit wir sie loslassen können, weil sie für uns nicht mehr relevant sind. Während der Archetyp der Zauberin sehr direkt sein kann und oft schnell urteilt, besitzt der Archetyp der Eingeweihten die Wissbegierde und Neugier der Jungend, die unsere Urteile abmildern. Die Eingeweihte lacht auch über das angeblich so solide und verlässliche Modell der Weiblichkeit, das in unserer Gesellschaft vorherrscht. Statt sich ihm zu beugen, erfindet sie ihre eigenen Regeln und spielt mit der äußeren Realität, um zu sehen, was passiert.

In den Gestaltwandlerinnen-Jahren nach der Menopause erscheinen die Energien der Eingeweihten manchmal wie ein Rettungsanker. Dann greifen wir wie Ertrinkende verzweifelt danach und halten uns fest. Endlich haben wir wieder Energie und auch der Intellekt scheint wieder da zu sein. Plötzlich finden wir uns in der komplexen Welt wieder zurecht. Es gelingt uns, Ziele festzulegen und sie auch zu erreichen, und wir freuen uns über den Erfolg.

Wenn die Eingeweihte jahrelang bei uns bleibt, tragen wir unsere Energien in die Welt hinaus. Wir können Erstaunliches erreichen – einen neuen Job antreten, interessante Projekte starten, sportliche Ziele erreichen, reisen, etwas Neues lernen oder gleich mehrere Jobs und Projekte übernehmen. Wir haben die Möglichkeit, all jene Aspekte der Jungen Frau in die Welt hinauszutragen, die wir vielleicht in den zyklischen Mutter-Jahren nicht ausgelebt haben. Aber da sowohl die Energien der Jungen Frau als auch der Zauberin das Ego verstärken, kann es passieren, dass wir unsere Aufmerksamkeit von denen abwenden, die uns lieben, und uns nur auf unsere Ziele in der äußeren Welt konzentrieren. Möglicherweise glauben wir, wir hätten wieder die jugendlichen Energien der Jungen Frau. Aber das ist nicht der Fall: Wir sind in den Jahren der Gestaltwandlerin und die Universelle Zauberin wird uns immer wieder daran erinnern, dass es kein Zurück zur Jugend gibt, sondern dass wir uns unaufhaltsam den Jahren der Alten Frau nähern.

Wenn wir die Dunkelheit des Archetyps der Eingeweihten ignorieren oder sie unter der Freude, wieder den Archetyp der Jungen Frau zu spüren, begraben, dann schwingt die Universelle Zauberin ihren Zauberstab, um unsere Illusionen aufzudecken. Dann lernen wir, dass das abnehmende Licht schwächer ist als die zunehmende Dunkelheit und dass die Zauberin immer gewinnt. Durch Störungen lässt sie uns wissen, dass wir uns zu sehr mit dem Licht identifizieren. Nutzen wir unsere Intuition und tanzen wir mit der Eingeweihten sowohl in der Dunkelheit als auch im Licht, dann können wir solche Störungen vermeiden.

Wie im Märchen von Dornröschen gelingt es der Eingeweihten, die schützenden Dornenbüsche, die vergangene Lebensentscheidungen symbolisieren, zu überwinden, um die schlafende Prinzessin für den nächsten Lebensabschnitt zu wecken. Das mit Spinnweben bedeckte Spinnrad, das in einer Ecke des Palastes liegt, ist eine stille Erinnerung an diese Wahrheit. Alle Ängste und Widerstände, die wir gegenüber unserem Weg hegen, können wir im Licht unseres bewussten Verstandes und in der Dunkelheit des Unterbewusstseins schnell verarbeiten, denn die Anziehungskraft des vor uns liegenden Ziels ist stärker als die Angst vor dem Weg dorthin.

Die Universelle Zauberin ruft uns auf, die Energien des Archetyps der Jungen Frau in erster Linie zu nutzen, um die innere Dunkelheit zu erforschen und in der inneren Schönheit und Kraft unser wahres Selbst zu finden. Wir haben die Richtung gewechselt: Wir suchen nicht länger im Außen nach Bestätigung und Erfolg, stattdessen finden wir Erfüllung in uns selbst. Die Zauberin bittet uns, uns in der Welt auszudrücken, unterstützt und geführt von der Intuition und der Gewissheit, unseren Seelenweg zu erforschen. Das Gefühl der Erfüllung, das dadurch entsteht, macht das Ego geschmeidiger. So werden wir uns der Menschen um uns herum wieder bewusst und unsere Ziele und Handlungen werden ganzheitlicher, selbstloser und spiritueller.

Die Matriarchin – Archetyp der Mutter in den Jahren der Gestaltwandlerin

Energien: Öffnung, Ausgleich von Licht und Dunkelheit, Liebe in all ihren Formen, Mitgefühl mit sich selbst, milderes Urteilen.

Wir neigen dazu, zu vergessen, dass die Universelle Zauberin auch eine Mutter ist und dass in all ihren Energien die Liebe schwingt, egal wie herausfordernd und störend sie gerade auf uns einwirken. Wenn der Archetyp der Mutter in den Gestaltwandlerinnen-Jahren nach der Menopause in uns auftaucht, dann in Form der Matriarchin, der von der Zauberin durchdrungenen Mutter, die an ihrem Feuer sitzt und den Inhalt ihres Kochtopfes durchmischt.

Die Energien des Archetyps der Mutter sind nicht länger von Mondlicht und Sommer geprägt – vielmehr spürt die Matriarchin unsere tiefen Muster auf, die mit Liebe und Beziehungen, mit Familie, Kindern, Mutterschaft, sexuellen Energien und Fruchtbarkeit sowie mit den Erwartungen der Gesellschaft an Frauen verbunden sind. Wie wir sein sollten, wie wir uns fühlen und verhalten sollten und was wir im Leben wollen sollten – all diese Überzeugungen und Muster wirbelt sie aus der Tiefe an die Oberfläche unseres Geistes, damit wir sie aufbrechen und transformieren können.

Unter dem Einfluss der Zauberin deckt die Matriarchin auch Überzeugungen und Ängste in Bezug auf die Liebe auf, zum Beispiel die Angst, dass wir nicht gut genug sind für die Liebe oder selbst nicht genug Liebe aufbringen, die Angst davor, unseren Liebsten zu schaden, die Angst vor der Leere in unserem Leben, wenn ein geliebter Mensch uns verlässt oder stirbt. Während wir diese Gefühle transformieren, unterstützt uns die Matriarchin mit ihrer Liebe und schenkt uns die Fähigkeit, diese Muster aufzulösen.

Nach der Menopause werden manchmal tiefe und intensive emotionale Muster aus der Vergangenheit wach. Es können Verletzungen sein, die wir in Beziehungen erlebt haben, Trauer um einen Menschen oder das Gefühl von Barrieren zwischen uns und anderen, von Mauern, die wir errichtet haben, um zu verhindern, dass wir verletzt werden. Unter dem Einfluss des zunehmend dominanten Unterbewusstseins und seines dualistischen Ansatzes von »gut« oder »schlecht« grübeln wir darüber, was wir hätten besser machen können, und das Ego, das schnell mit 100-prozentiger Genauigkeit im Nachhinein urteilt, wird zum Richter und Geschworenen über all unsere Handlungen und Gedanken.

Wir beurteilen die Vergangenheit auf der Grundlage dessen, wer wir heute sind, denn für das Ego gibt es keine andere Identität. Und so beurteilen wir uns selbst mit großer Strenge. Aber wir waren zyklisch und wussten, dass wir uns in jeder Phase verändern, dass der Zyklus sich spiralförmig weiterdreht und wir uns ständig auf unterschiedliche Weise erfahren und ausdrücken würden. Der Archetyp der Matriarchin erinnert uns liebevoll daran, dass die Person, die wir jetzt sind, mit all der Lebenserfahrung und dem jetzigen Verständnis, nicht die Person ist, die wir in der Vergangenheit waren. Sie bringt uns dazu, Mitgefühl für unser jüngeres Selbst zu empfinden, und erinnert uns daran, dass wir mit der damaligen Wahrnehmung, dem Wissen, der Lebenserfahrung, den Fähigkeiten, den existenziellen Ängsten und den Zielen gehandelt haben. Der Archetyp der Matriarchin hilft uns, unser Selbst und die Vergangenheit mit der Liebe und dem Verständnis zu überprüfen, die aus dem Älterwerden erwachsen, und sie zeigt uns, wie unsere Erfahrungen uns geholfen haben, zu wachsen und zu lernen.

Die Matriarchin ermöglicht es uns, all die verbleibenden Aspekte des Mutter-Archetyps in die Welt zu bringen, die wir in den zyklischen Jahren beiseitegeschoben haben. Sie lehrt uns den Geschmack der vielen verschiedenen Arten von Liebe – vielleicht eine tiefere Liebe zu unserem Partner und unserer Familie, eine Liebe, die begraben wurde, weil wir uns ängstlich und verletzlich fühlten, eine Liebe, die Mitgefühl erzeugt, eine umarmende Liebe zum Leben oder eine Liebe, die rein intellektuell oder körperlich, emotional oder spirituell sein kann.

Die Matriarchin fängt für uns die Liebe ein, mit der wir uns selbst treu bleiben können. Ohne die Jahre der Zauberin, in denen das Unterbewusstsein dominiert und der Archetyp der Matriarchin tief in uns wirkt, werden wir vielleicht nie erkennen, dass wir instinktives, kreatives und spirituell inspiriertes Mitgefühl und die Fähigkeit zu lieben längst besitzen.

In unseren Gestaltwandlerinnen-Jahren bringt der Archetyp der Matriarchin Aspekte und Energien aus der Dunkelheit ins Licht der Welt, denn die Energien der Mutter strahlen immer nach außen. Wenn wir niedergeschlagen sind, weil Erinnerungen und Gefühle aus der Vergangenheit uns belasten, dann bietet die Matriarchin eine mitfühlende Interpretation an und mildert dadurch unser Urteil ab. So können wir für ein paar Wochen, ein paar Jahre oder wie lange auch immer wir den Archetyp der Matriarchin verkörpern, Liebe erfahren und mutig die Dunkelheit erforschen, um die Vergangenheit und den gegenwärtigen Moment liebevoll zu vereinen.

Die Priesterin – Archetyp der Zauberin in den Jahren der Gestaltwandlerin

Energien: Gegensätze, Ausgleich von Licht und Dunkelheit, Energiesensibilität, Intuition, selbstermächtigter Wandel, Erschaffen neuer Geschichten.

Den Archetyp der Zauberin in den Jahren der Gestaltwandlerin zu verkörpern, kann eine dramatische, intensive und extrem herausfordernde Erfahrung auf dem Labyrinthweg sein. Manchmal treibt uns die Universelle Zauberin so stark an, dass wir in schnellen, aufeinanderfolgenden Transformationen unaufhaltsam die Stufen des Labyrinths hinunterpurzeln. Wenn wir in dieser Zeit den Archetyp der Zauberin verkörpern, durchdrungen von der Präsenz der Universellen Zauberin, sind wir mehr als wilde, kreative und intuitive Frauen: Wir sind jetzt die Priesterin, die die ungezähmte Magie von Licht und Dunkelheit in sich trägt und zwischen den Welten wandelt.

Nach der Menopause bietet sich uns – manchmal über Jahre hinweg – die Gelegenheit, all die Aspekte des Archetyps der Zauberin in die Welt zu bringen, die wir in unseren Mutter-Jahren ignoriert oder absichtlich verborgen haben. Dann verstärken sich die Energien, die Leidenschaft, die Magie, die Gaben und Wünsche der Zauberin in uns. Wenn wir unsere Natur akzeptieren, im Zentrum unserer Macht stehen und den Sinn unseres Weges verstehen, dann können wir unsere Energien und verborgenen Muster befreien und ein Gefühl der Selbstermächtigung erfahren.

Als Archetyp der Priesterin werden wir zur Kettenlöserin, indem wir die intellektuellen Ketten lösen, die uns davon abhalten, die Kraft unserer inneren Welt und unser umfassendes spirituelles Bewusstsein wahrzunehmen und damit zu interagieren. Jetzt sprengen wir die Fesseln, die Widerstand gegen Veränderungen hervorrufen, Angst vor dem Altern und Sterben verursachen, sexuelle Wünsche und kreative Energie unterdrücken, die spirituelle Sehnsucht stummstellen und die Intuition ersticken. Wenn sich die Ketten lösen, dann wird unser Bewusstsein so mit neuen Eindrücken überflutet, dass wir die alten Muster nicht wieder aufzubauen brauchen.

Aber als Archetyp der Priesterin sind wir der Flut nicht ausgeliefert, sondern wir *sind* die Wellen, wir *sind* die Kraft, die Veränderung bewirkt. Die neuen Erfahrungen sind Geschichten, die die Universelle Zauberin webt und in denen sie uns Aspekte unseres Selbst offenbart. Wir müssen nach diesen Botschaften suchen, damit wir uns selbst annehmen, lieben und heilen können. Vielleicht erleben wir erneut die alten Denk- und Verhaltensweisen, die in unseren zyklischen Jahren das Bedürfnis nach Sicherheit und Selbstwert erfüllten. Aber wir brauchen unsere Geschichten nicht zu analysieren – die transformatorische Magie liegt nun in der Hingabe und der Selbstakzeptanz.

Wir sind nicht nur Gestaltwandlerin, wir sind auch Zeitreisende, die sowohl in der Vergangenheit als auch in der Gegenwart leben. Die Universelle Zauberin stellt die Person, die wir waren, und die, die wir jetzt sind, einander gegenüber. Wenn wir den Archetyp der Priesterin verkörpern, dann färbt die Universelle Zauberin den Alltag und jede Interaktion mit der Welt durch ihre Geschichten, die auf unseren bisherigen Erfahrungen beruhen. Diese Erfahrungen sind Wegweiser und zeigen uns, dass wir uns schnell tiefer in das Labyrinth begeben.

Während der Zeit als Gestaltwandlerin werden wir immer sensibler für die Energien um uns herum und für projizierte Emotionen. Wenn wir unseren Priesterinnen-Archetyp nicht verstehen und mit dieser Sensibilität nicht behutsam umgehen, dann errichten wir möglicherweise erneut Barrikaden, um uns vor der Außenwelt zu schützen. Vielleicht geben wir schwierige Beziehungen schnell auf, ohne uns mitzuteilen, oder wir ziehen uns aus Situationen zurück, denen wir uns nicht gewachsen fühlen. Vielleicht haben wir auch weniger Ausdauer und Einfühlungsvermögen als in den Mutter-Jahren, sodass wir wenig Energie für andere Menschen, für Verhandlungen und Kompromisse aufbringen können. Wir lassen die schmerzhaften Gefühle an anderen Menschen aus, um sie selbst loszuwerden, und verbarrikadieren uns hinter unseren Schutzwällen, um keine Empathie für die Menschen empfinden zu müssen, die wir durch unser Verhalten verletzen.

Wenn wir versuchen, auf Kosten der Machtlosen um uns herum ein Gefühl der Macht zu generieren, dann wird der Archetyp der Priesterin in der Postmenopause für unsere Familie und Freunde zu einer großen Herausforderung. Die Fähigkeit der Priesterin, Schwächen intuitiv zu erkennen, kann uns dazu verleiten, Gefühle auf andere zu projizieren und mit schnellen, scharfen Worten Menschen zu verletzen, die uns nahe stehen. Dabei geht es jedoch gar nicht um diese Menschen, unser Verhalten spiegelt vielmehr unser Unbehagen wider, das wir aufgrund der zunehmenden Sensibilität und einem Gefühl der Machtlosigkeit empfinden.

Aber genau in dieser energetischen Sensibilität liegt die Kraft, die den Priesterinnen-Archetyp ausmacht. Sie befähigt uns, den Energiefluss in unserem Leben und im Leben anderer zu spüren und intuitiv den Weg und die Handlungen zu erkennen, die im Einklang mit unserer Seele und unserer Transformation stehen. Indem wir auf unsere Intuition hören, können wir unsere schöpferische Kraft zum Wohle aller nutzen und ein Orakel für andere sein. Die erhöhte Sensibilität macht uns nicht verletzlich und machtlos, sie ist vielmehr der Kern der kreativen und spirituellen Kraft, die uns auf dem gesamten Labyrinthweg zur Verfügung steht.

Wenn die Energien der Universellen Zauberin durch uns fließen, kann es schwer sein, ein inneres Gleichgewicht zu finden, da sie die Strukturen zerbricht, die unser Ego zu unserem »Schutz« aufgebaut hat. Der Archetyp der Priesterin mit den von der Zauberin durchdrungenen Energien verstärkt diesen Prozess der Zerstörung. Anstatt mit dem Prozess zu fließen und mit der Zauberin zu tanzen, versuchen wir vielleicht, den Wandel zu stoppen, die Mauern wieder aufzubauen und die unbequemen oder gar bedrohlichen Gefühle zu überwinden, indem wir Probleme angehen, die wir in der Welt um uns herum wahrnehmen. Da wir dann Probleme korrigieren, die wir außerhalb von uns selbst identifizieren, werden wir extrem kritisch und urteilen hart, denn dadurch ergattert sich das Ego ein Gefühl von Macht.

Unser Ego versucht verzweifelt, Macht über eine Situation zu erlangen, die es nicht kontrollieren kann. Aber in uns oder um uns herum ist nichts »Falsches« und wenn wir uns für die Priesterin öffnen, lehrt sie uns, dass wir ein Problem, das gar nicht existiert, nicht reparieren können. Die Priesterin bittet uns, ihr zu vertrauen, uns auf ihren Tanz einzulassen und die Dinge so zu akzeptieren, wie sie sind, denn das ist die Qualität der Alten Frau, die in der Mitte des Labyrinths auf uns wartet und zu der sie uns führt.

Zu Beginn der Wechseljahre brauchen wir, während wir den Archetyp der Priesterin verkörpern, den Raum und die Zeit, um die zu sein, die wir sind – eine Wandlerin zwischen den Welten. Wir brauchen Zeit für Selbstfürsorge, Zeit, um allein zu sein, kreativ zu sein und vor allem um spirituell zu sein. Der Schlüssel zum Archetyp der Priesterin ist die Frage: Was brauche ich in diesem Moment, das sowohl meine alltäglichen als auch meine spirituellen Bedürfnisse erfüllt?

Es ist wichtig, dem Priesterinnen-Archetyp *in diesem Moment* unsere Aufmerksamkeit zu schenken, das hindert sie daran, übermäßige Geschichten um unsere Bedürfnisse zu spinnen. Außerdem ist es ein selbstbewusster Schritt in Richtung unseres Ziels. In der Dunkelheit des Augenblicks spüren wir die sanfte und heilende Liebe, die unser Ego umgibt und ihm hilft, sich sicher zu fühlen und sich hinzugeben.

Die Weise Frau – Archetyp der Alten Frau in den Jahren der Gestaltwandlerin

Energien: Stille, Ausgleich von Licht und Dunkelheit, tiefe Heilung, Spiritualität, innere Erkenntnis, Vergebung.

Wenn wir nach der Menopause die Energien des Archetyps der Alten Frau verkörpern, werden wir zum Archetyp der Weisen Frau, der von der Zauberin durchdrungenen Alten Frau. Dann erleben wir den Einfluss der »dynamischen« Dunkelheit der Universellen Zauberin auf die »rezeptive« Dunkelheit der Alten Frau.

Die Universelle Zauberin webt ihre Magie und öffnet die Tür zum Zentrum des Labyrinths, um ihre Geschenke zu überbringen. Und in jenen Stunden, Tagen, Monaten oder Jahren, in denen wir die Weise Frau verkörpern, fegt die Universelle Zauberin mit ihrem Besen die weiche, seidige Stille der Energien der Alten Frau zur Tür hinaus, sodass sie die Stufen des Labyrinths hinauf und über uns hinweg spülen wie eine Welle der Nacht.

Nun können wir alle Aspekte des Archetyps der Alten Frau, die wir in den zyklischen Mutter-Jahren verdrängt haben, in die Welt tragen, auch wenn es manchmal schwerfallen mag, ihre Energien und Gaben zu akzeptieren. Dass die Motivation, der eigene Elan und äußere Erfolge abnehmen, kann erschreckend oder verwirrend sein. Das Ego nimmt die stillen Energien der Alten Frau als erdrückend und einschränkend wahr, anstatt darin einen willkommenen Zufluchtsort für Reflexion, tiefe Heilung und spirituelle Ausdehnung zu erkennen.

Wenn wir die Energien der Weisen Frau und ihr Bedürfnis nach Rückzug monatelang oder gar jahrelang verkörpern, wird das Ego manchmal von seinen Ängsten schier überwältigt, da es gewohnt ist, sich über seine Errungenschaften in der äußeren Welt zu definieren. Wenn wir uns aber in dieser Zeit nicht durch die Wahrnehmung des Egos betrachten, sondern durch unser inneres Wissen, dann sehen wir die Geschenke, die uns die Weise Frau bringt. Wir erkennen, dass wir aktiv die Perspektive und die Energien der Alten Frau in die Welt bringen.

Während wir die Weise Frau verkörpern, finden wir den sicheren Raum, den wir brauchen, um uns den Veränderungen der Gestaltwandlerinnen-Jahre zu öffnen, anstatt Widerstand zu leisten. Ihre Energien helfen, den Wandel als einen natürlichen Ausdruck der göttlich-weiblichen Energien in uns und um uns herum zu akzeptieren. Die Weise Frau lässt uns innehalten, um uns zu zeigen, dass wir auch anders handeln können, als es uns das Ego diktiert, und dass wir uns dabei von der Seele leiten lassen können. Alle Muster, die wir geschaffen haben, weil wir Aspekte von uns selbst und der Welt nicht akzeptieren wollten, lösen sich in ihrer Stille auf und es ist, als würden wir eine Augenbinde abnehmen. Wir bekommen die Gelegenheit, unserer Seele zu begegnen und zu sehen, dass die Weise Frau nicht »nichts erreicht«, sondern alles erreicht, indem sie aktiv »nichts« tut. Sie hält einfach einen Raum frei und erlaubt einer neuen Vision, zu fließen und sich zu manifestieren.

In den ersten Jahren nach der Menopause kann ein »Moment« der Weisen Frau, eine Welle ihrer dunklen Stille unser Leben plötzlich anhalten. Vielleicht sträuben wir uns dann und versuchen, mithilfe unserer begrenzten Energien die Motivation wiederherzustellen und das zu erreichen, was wir unserer Meinung nach erreichen sollten. Wir wollen die Kontrolle nicht abgeben und versuchen, uns durch Willenskraft zu zwingen. Aber dadurch nimmt unsere Energie nicht zu, im Gegenteil: Wir fühlen uns erschöpft und ausgelaugt und ziehen uns zurück – und das ist genau das, was sich die Weise Frau für uns wünscht.

Viele Frauen glauben, sich nur auf eine Weise von der Welt zurückziehen zu können, die die moderne Gesellschaft zulässt und anerkennt. Daher definieren sie sich in den Wechseljahren selbst als ausgebrannt, unpässlich oder alt, weil sie sich nur dann selbst die Erlaubnis erteilen können, den schädlichen Erwartungen ihrer Umgebung nicht zu entsprechend, sondern sich den nötigen Raum und die Ruhe zu verschaffen, um den Archetyp der Weisen Frau zu verkörpern. Wir brauchen eine positive Beschreibung für das, was wir erleben, wir brauchen Strukturen, die uns dabei unterstützen, dem Bedürfnis der Weisen Frau nach Rückzug und Reflexion gerecht werden.

Wir können den Archetyp der Weisen Frau anerkennen und uns als »Atmerin des Friedens« definieren: als Frau, die im Jetzt lebt und den Fluss der Energien in sich selbst und in der Welt um sie herum akzeptiert. Anstatt uns klein und festgefahren zu fühlen, können wir die Weite unseres Seins spüren, wir können Freude an der sinnlichen und physischen Welt empfinden. Dann wird jede einfache Handlung zu einem Ausdruck spiritueller Schönheit. Dann glauben wir nicht länger, dass die Dunkelheit der Weisen Frau uns erstickt oder aufhält, sondern wir erkennen darin die Liebe, die uns erlaubt, unsere tiefe spirituelle Wahrnehmung und Liebe mit anderen zu teilen.

Als Weise Frau erleben wir die Gegenwart der Universellen Zauberin, wir erleben die Befreiung von alten Mustern als Herausforderung, aber die Seelenliebe, Vergebung und Weisheit des Archetyps der Alten Frau mildert die Veränderungen ab, damit wir sie akzeptieren können. Die Ängste unseres Egos verwandeln sich in Selbstliebe, in ein Gefühl des Einsseins und in bedingungslose Akzeptanz. Die Weise Frau befähigt uns, uns selbst und anderen wahrhaftig zu vergeben und dankbar zu sein für die Erfahrungen, die das Leben uns geschenkt hat. Allein durch unsere Anwesenheit können wir die Gaben der Alten Frau in das geschäftige Leben anderer Menschen bringen und den Samen ihrer Energien in ihnen säen.

Wenn die Welle der Dunkelheit das strahlende Licht des Mondes in uns verdeckt, können wir sie willkommen heißen, weil wir wissen, dass das Einssein das Ziel der Jahre der Zauberin ist.

Ein heiliger Weg

In den Jahren der Gestaltwandlerin ist es wichtig, sich immer wieder daran zu erinnern, die eigenen Erfahrungen nicht mit den Erfahrungen anderer Frauen zu vergleichen. In den ersten Jahren nach der Menopause haben wir die Möglichkeit, zu erkennen, was uns in unserem bisherigen Leben gefehlt hat, Grenzen und Einschränkungen in uns selbst loszulassen und zu lernen, wer wir wirklich sind.

Wer über Jahre hinweg die Weise Frau verkörpert, mag neidisch auf die Frauen blicken, die über die jugendlichen dynamischen Energien der Eingeweihten verfügen. Aber jeder Archetyp ist ein Geschenk und die Weise Frau kann in uns erscheinen, um mystische Weisheit und ein erweitertes Bewusstsein zu bringen, während die Eingeweihte dazu inspirieren kann, alte Muster eines mangelnden Selbstwerts loszulassen und neue Muster des Selbstvertrauens zu weben.

Wir sollten immer daran denken, dass die Erfahrungen, die wir in den Jahren der Gestaltwandlerin mit den Archetypen sammeln, Aspekte von uns selbst sind, die es loszulassen oder zu akzeptieren und auszudrücken gilt. Dann können alle Aspekte unseres Selbst zu einem einzigen Identitätsgefühl verschmelzen. Ob wir uns so verhalten, dass wir dem gesellschaftlich akzeptierten Bild einer »älteren Frau« entsprechen oder gönnerhaft als »außergewöhnlich« beschrieben werden – jede Erfahrung und jeder Weg ist die heilige Reise einer Eingeweihten auf ihrem persönlichen Weg der spirituellen Transformation und Integration.

Gaben der Gestaltwandlerin

Wir leben über unsere fruchtbaren Jahre hinaus, weil sie einen tiefen spirituellen Wert für uns, unsere Familie und unseren Partner haben. Erhalten wir den Raum und die Freiheit, die Archetypen auszudrücken, dann können sie auch für die Gesellschaft im Allgemeinen von großem Nutzen sein. Die Gaben der Archetypen sind dazu da, dass wir sie auspacken, mit ihnen experimentieren und sie genießen. Letztlich bringen sie uns ein vollständiges Selbstverständnis und führen uns zur nächsten Stufe unseres weiblichen Weges.

In einer idealen Welt hätten wir unbegrenzt Zeit und Raum, um jeden Archetyp zu erforschen, solange er auftaucht, und seine wunderbaren Gaben zum Ausdruck zu bringen. Aber unsere Lebensumstände sind, wie sie sind, und daher finden wir oft nicht die Zeit, sie zu erkennen oder auszupacken. Wenn wir aber wissen, dass positive, hilfreiche, selbstermächtigende und erhebende Gaben in uns liegen, dann sind wir motivierter, danach zu suchen und sie an die Oberfläche unseres Geistes zu bringen – egal unter welchen Umständen.

Die Gaben der Eingeweihten

Energien: von der Zauberin inspirierte Junge Frau.

Die Eingeweihte, die Welten-Wanderin, möchte die Welt um sich herum und in sich selbst erforschen. Dies kann eine physische Erkundung sein, etwa der Besuch verschiedener Orte oder neue körperliche Betätigungen, es kann eine geistige Erkundung sein, zum Beispiel etwas lernen, oder eine spirituelle Erkundung, die neue spirituelle Praktiken und Lehren umfasst.

Während die Eingeweihte ihren Seinszustand und ihre Wahrnehmung erforscht, profitiert auch ihre Familie, denn sie beseitigt die stagnierenden Energien von Gewohnheiten und Routinen und hilft, neue Erfahrungen zu sammeln, um wachsen zu können. Zu den Gaben der Eingeweihten gehören Verspieltheit und Freude – große Veränderungen sind nicht erforderlich (und aufgrund gesundheitlicher Probleme vielleicht auch nicht möglich), denn auch kleine Entdeckungen, kleine Veränderungen oder auch kleine Schritte in Richtung Veränderung können Freude, Glück und Erfüllung bereiten.

Die Eingeweihte geht in die Welt, um ihre kindliche Freude wiederzuentdecken – die Freude an der Schönheit des Mikrouniversums und das Staunen über das Wunder des Makrouniversums. Dies ist die Zeit, in der wir uns an unser kindliches Staunen erinnern und die Welt neu interpretieren können. Die Eingeweihte hilft ihrer Familie, Freude zu empfinden, und sie hilft auch ihrem Partner, die einfache Freude an der Beziehung wiederzuentdecken. Wenn sich die alten familiären Verpflichtungen, gewohnte Verhaltensweisen und Erwartungen ändern, fühlt sich auch der Partner wieder jünger und freier.

Gemeinsam können die Eingeweihte und ihr Partner die Neuheit ihres sich verändernden Körpers erforschen, um zu lernen, wie er reagiert und worauf er antwortet.

Kindliche Aktivitäten können die einfache Freude am Körper und an den Sinneserfahrungen neu entfachen und dadurch die Abgestumpftheit des Erwachsenseins ebenso wie die Grenzen, die die Gesellschaft der Sexualität setzt, hinwegfegen. Die Eingeweihte kann öfter mit Freude lächeln, öfter »Ich liebe dich« sagen und wieder jugendliche Begeisterung empfinden. Und sie kann sich naiver und unschuldiger fühlen, wenn die negativen Aspekte ihrer vergangenen Erfahrungen einfacheren, weniger komplexen, weniger beschränkten, urteilsfreien und wahrhaftigeren Erfahrungen weichen. Dadurch entsteht weder Verletzlichkeit noch »Kindlichkeit«, vielmehr sind es schöne und kraftvolle Erfahrungen des weiblichen Bewusstseins und der »Reinheit«.

Die Gaben der Matriarchin

Energien: von der Zauberin inspirierte Mutter.

Die Matriarchin, die Herz-Wanderin, möchte die Liebe auf praktische Weise in die Welt bringen. Indem die Matriarchin im täglichen Leben ihre Liebe schenkt, baut sie Selbstvertrauen auf. Sie hilft anderen und beginnt dadurch, sich selbst anzunehmen, sich zu lieben und zu akzeptieren, und zwar unabhängig von früheren Handlungen, Erfahrungen oder Überzeugungen.

Die Energien der Matriarchin strahlen in die Welt hinaus, daher liegt ihr Fokus auf der Welt um sie herum. Wichtiger als eigene Erfolge ist für sie, andere zu ernähren und zu fördern, damit sie sich entwickeln und wachsen. Das Bedürfnis, selbst etwas zu erreichen, tritt in den Hintergrund, stattdessen verlagert sich der Schwerpunkt ihrer Arbeit und ihres Lebens beispielsweise auf die Fürsorge für Benachteiligte und Menschen in Not oder auf den Aufbau einer besseren Gesellschaft und einer besseren Welt. Das Mitgefühl gibt dem Leben der Matriarchin eine neue Richtung und der Wunsch zu helfen durchdringt alle Aspekte ihres Alltags, von kleinen Akten der Freundlichkeit bis hin zu größeren Projekten, Unternehmungen oder gar einem neuen Karriereweg. Mitgefühl wird zu einem Zustand ihres Seins und in diesem Zustand entdeckt die Matriarchin die unendliche Fähigkeit und Stärke, die dieses Gefühl mit sich bringt.

Die Energien der Matriarchin verändern die Dynamik in ihrer Familie. Vielleicht dehnt die Matriarchin ihre »Familie« auch auf weitere Menschen oder Gemeinschaften aus und schafft einen sicheren Hafen für alle. Dabei versucht sie, ihre Mitmenschen in Aktivitäten einzubeziehen, durch die sie andere Menschen unterstützen und den Planeten schützen möchte.

In der Beziehung helfen die leuchtenden Energien der Matriarchin dem Partner, sich vollkommen geliebt und akzeptiert zu fühlen und sich zu einer besseren Version seiner selbst zu entwickeln. Unabhängig vom Alter des Partners, von seinem Gesundheitszustand oder den Narben, die frühere Verletzungen möglicherweise hinterlassen haben, sieht die Matriarchin die Seele in ihm und das liebende Wesen, das er wirklich ist. Und was die Matriarchin in der von Liebe erleuchteten Welt sieht, kann sie im Licht der Liebe auch in sich selbst sehen – und eine Frau, die sich selbst annimmt und liebt, ist der strahlende Mond in der Welt.

Die Gaben der Priesterin

Energien: von der Zauberin inspirierte Zauberin.

Die Priesterin, die Magie-Wanderin, möchte sich in der Welt ausdrücken, indem sie in ihrem Geist und durch ihre Hände und ihre Leidenschaft einen Strom kreativer Energie webt, der die Gefühle und Gedanken der Welt beeinflusst. Sie steht zwischen der inneren und der äußeren Welt und ihre kreativen Energien sind die Brücke zwischen dem Spirituellen und dem Physischen.

Wie die Eingeweihte entdeckt auch die Priesterin sich selbst durch Gegensätze – aber für die Priesterin ist es der Kontrast zwischen ihrem sich entwickelnden Sinn für die spirituelle Welt und ihrer Kreativität in der äußeren Welt. Sie ist ein Kanal, durch den Einsicht und spirituelle Energie aus der inneren in die äußere Welt gelangen, um anderen Orientierung, Heilung und den Funken der Inspiration zu bringen.

Die Priesterin reagiert oft äußerst sensibel auf Energien und ist sehr einfühlsam. Nachdem sie ihre Schutzmauern niedergerissen hat, kann sie mithilfe dieser Empathie ihre spirituelle Energie bündeln und die Welt verändern. Oft wehren wir uns gegen das Mitgefühl, weil wir uns machtlos fühlen und glauben, das Leiden um uns herum nicht verändern zu können. Vielleicht fühlen wir uns nicht in der Lage, das Gefühl des Schmerzes in Mitgefühl zu verwandeln. Aber die Priesterin verfügt über diese Magie, sie kennt das Gefüge der Welt und weiß, wie sie es beeinflussen kann.

Die Priesterin bringt auch magische und kreative Impulse in die Familie und befreit sie von den Einschränkungen des modernen Denkens. Durch Orakel lenkt sie ihre Schritte und erkennt den Kern aller Probleme, durch Energiearbeit bringt sie Heilung und teilt ihr spirituelles Bewusstsein mit der Welt. Ein Tag der impulsiven Wildheit bewirkt, dass die Familie frei atmen, alle Zwänge loslassen und die Gelegenheit finden kann, die Magie in sich selbst und in der Welt um sie herum zu spüren.

Für den Partner öffnet die Priesterin eine neue Dimension in der Beziehung. Sie erstrahlt in ihrer Macht und ist bereit, diese Macht mit ihrem Partner zu teilen, um gemeinsam das Magische in ihrem Alltag und in ihrem Bett zu erforschen. Sie öffnet ihrem Partner eine Tür, nimmt ihm die Scheuklappen ab, die er sich im Lauf des Lebens möglicherweise angeeignet hat, und führt ihn für einen Moment in einen heiligen Raum, in dem sie gemeinsam die Energien spüren, die aufsteigen und zusammenfließen. Das Liebesspiel wird zu einem sinnlichen, spirituellen Gebet und einer heiligen Praxis, die das Bewusstsein über das Alltägliche hinaus hebt. Durch ihren Körper, ihr Bewusstsein, ihre Intuition und ihre Sensibilität für Energien und Gefühle bringt die Priesterin das Heilige zurück in die Beziehung, indem sie die Magie in sich selbst und in ihrem Partner weckt.

Die Gaben der Weisen Frau

Energien: von der Zauberin inspirierte Alte Frau.

Wie bei der Matriarchin steht auch bei der Weisen Frau, der Frieden-Wanderin, die Liebe im Mittelpunkt ihrer Beziehung zur Welt. Ihr Fokus für ihre Liebe ist jedoch nicht praktisch, sondern spirituell – sie blickt auf die Welt mit einer Vision von Einheit und spiritueller Liebe für alle und schaut dabei auch in die Zukunft und auf zukünftige Generationen.

Die Energien der Weisen Frau sind meditativ und zulassend, akzeptierend und expansiv. Ihre Wahrnehmung des Lebens ist nicht auf das Physische beschränkt, sondern universell. Sie vermittelt ein tiefes Wohlbefinden und das Gefühl, dass alles so ist, wie es sein sollte. Wenn das rastlose Ego auf diese Weise von innerer Ruhe erfüllt ist, können wir unser Alltagsleben auf das Universelle ausrichten. Es besteht keine Notwendigkeit, Veränderungen vorzunehmen, denn die Weise Frau ruft die Veränderungen herbei, die der Welt zugutekommen, und das Universum antwortet.

Für die Familie sind die Energien der Weisen Frau das stille Auge des Sturms. Ihre Zentriertheit, Ruhe und Akzeptanz sind eine willkommene Abwechslung zum Strudel der Egos, Persönlichkeiten und emotionalen Reaktionen in der Familie. Durch ihre Empfänglichkeit hilft sie den anderen, loszulassen und die Situation zu akzeptieren. In der daraus resultierenden Ruhe schafft sie Raum für Diskussionen, Erkenntnis und die Entwicklung einer neuen Richtung oder eines neuen Verhaltens.

Diese kraftvolle Fähigkeit, Raum zu schaffen, ermöglicht es den Mitmenschen, sich sicher und stark genug zu fühlen, um Situationen zu akzeptieren, zu vergeben und vorwärts zu gehen. Die Weise Frau hilft der Familie, so zu interagieren, dass sich alle wertgeschätzt, respektiert und sicher fühlen. Sie vermittelt Traditionen und weise Geschichten, um der Familie zu helfen, die Welt um sie herum zu verstehen und sie auf ihrem Weg zu begleiten.

Für Paare spiegelt die Weise Frau den Seelenfrieden wider, der im Herzen des Partners liegt. Für sie beide kann sich die Liebe über das Körperliche und Emotionale hinaus zu einem seelischen Ausdruck bedingungsloser Liebe und Einheit entwickeln.

Die Archetypen der Gestaltwandlerin ausgleichen

In den zyklischen Mutter-Jahren wurde mit jeder Zyklusphase für kurze Zeit ein anderer weiblicher Archetyp dominant. Während wir diesen Archetyp verkörperten, standen unser Denken und unsere Interaktion mit der Welt unter dem Einfluss der Energien und der damit verbundenen Wahrnehmungsebene des jeweiligen Archetyps. Dann, in den Jahren der Erntemutter in der Perimenopause, traten die Archetypen weiterhin einzeln und nacheinander auf, aber die Länge der Zyklusphasen variierte. Jetzt, in unseren frühen postmenopausalen Jahren der Gestaltwandlerin, sind die Archetypen der Eingeweihten, der Matriarchin, der Priesterin und der Weisen Frau von jeder Reihenfolge oder zeitlichen Begrenzung befreit. Jetzt stehen uns die verschiedenen Wahrnehmungsebenen gleichzeitig zur Verfügung, auch wenn ein Archetyp prominenter sein mag als die anderen. Daher können wir uns jeder Situation, Erfahrung oder Interaktion aus vier verschiedenen Perspektiven gleichzeitig nähern.

Als Gestaltwandlerin besitzen wir die erstaunliche Fähigkeit, die Archetypen ins Gleichgewicht zu bringen, sodass sie in der Rückkehr miteinander verschmelzen. Direkt nach der Menopause sind wir uns dieser Fähigkeit vielleicht noch nicht bewusst, weil sich die Grenzen zwischen den Archetypen noch verschieben. Aber je mehr wir uns den Jahren der Dunklen Zauberin nähern (meist etwa zehn Jahre nach dem letzten Blut), desto deutlicher wirken alle vier Archetypen gleichzeitig auf unsere Wahrnehmung, bis bei der Rückkehr schließlich alle vier Bewusstseinsebenen zu einer kombinierten und flexiblen Wahrnehmung verschmelzen.

Die Kraft der Gestaltwandlerinnen-Jahre liegt darin, dass alle vier Archetypen gleichzeitig verfügbar sind. Das bedeutet, dass wir, wann immer der Archetyp, den wir gerade verkörpern, uns zu überwältigen droht oder zu sehr stört, bewusst mit den anderen drei Archetypen arbeiten können, um die momentanen Gedanken und Gefühle auszugleichen. Genau darin liegt das Geheimnis der Verschmelzung der verschiedenen Ebenen der weiblichen Wahrnehmung und Energie.

Stelle dir vor, dass du über einen längeren Zeitraum die Energien der Priesterin verkörperst. Als Priesterin fließen in dir die Energien der inneren Zauberin, die von der Universellen Zauberin durchdrungen sind. Dann erkennst du die enormen Ungerechtigkeiten in der Welt, siehst die Armut, du durchschaust die Illusionen, mit denen Menschen versuchen, andere zu manipulieren. Vielleicht bewirkt all das bei dir ein überwältigendes und zwanghaftes Verlangen, die Welt zum Besseren zu verändern. Oder aber du fühlst dich machtlos, bist frustriert und wütend, weil du glaubst, nichts ändern zu können. Wenn du nun jedoch auch den anderen drei Archetypen Aufmerksamkeit schenkst und ihre Gaben einbringst, kannst du die Energien und Perspektiven der Priesterin mit jenen der anderen Archetypen mischen und ausgleichen und auf diese Weise positiv und produktiv fühlen und handeln.

Die Eingeweihte bringt die nötige Klarheit, damit wir wissen, was wir ändern können, die Matriarchin schenkt uns das Einfühlungsvermögen, um zu verstehen, dass andere eine Situation vielleicht anders bewerten als wir und dass Menschen Dinge aus bestimmten Gründen tun. Die Weise Frau schließlich vermittelt die Erkenntnis, dass wir manche Dinge beeinflussen können und andere nicht, und sie besitzt die Geduld, auf die richtige Gelegenheit zum Handeln zu warten.

Indem wir die Gaben der anderen Gestaltwandlerinnen-Archetypen zur Unterstützung nutzen, können wir die Priesterin beruhigen und harmonisieren, ihre kreativen Energien und den Wunsch nach Gerechtigkeit klarer fokussieren. Die anderen Archetypen halten uns nicht davon ab, die wilde Priesterin zu verkörpern, sie »lösen« keine Probleme, aber sie helfen und unterstützen uns mit ihren unterschiedlichen Perspektiven, den Priesterinnen-Archetyp auszudrücken.

Es sind diese zunehmenden Momente der Einsicht und Ruhe, die durch die Verschmelzung der vier Wahrnehmungsebenen zu einem Bewusstsein entstehen. Jeder Gestaltwandlerinnen-Archetyp bringt seine Wahrnehmung ein, um uns zu helfen, den Archetyp, den wir gerade verkörpern, auszugleichen und zu integrieren, sodass wir durch das Tor der Rückkehr treten und in die Rolle der Seelenmutter schlüpfen können.

Ein kraftvoller und einfacher Ansatz, um die vier Gestaltwandlerinnen-Archetypen ins Gleichgewicht zu bringen, besteht darin, jeden Tag für einige Zeit etwas zu tun, wodurch wir sie ehren und in Harmonie mit den jeweiligen Energien stehen. Zum Beispiel können wir etwas lesen, um die Eingeweihte zu ehren, für die Matriarchin eine Mahlzeit mit Liebe und Sorgfalt zubereiten, etwas Kreatives oder Magisches für die Priesterin tun und eine kleine Pause machen oder Achtsamkeit praktizieren, um die Weise Frau zu ehren. Diese vier Tätigkeiten können wir uns als »Vitamine« der Archetypen vorstellen, die wir einmal am Tag zu uns nehmen, um uns wohlzufühlen.

Alle vier Gestaltwandlerinnen-Archetypen sind uns in den Jahren nach der Menopause nahe, weil die Barrieren zwischen der inneren und der äußeren Welt schwächer geworden sind. Daher sind sie immer nur einen Gedanken, einen Atemzug oder eine sanfte Berührung von uns entfernt.

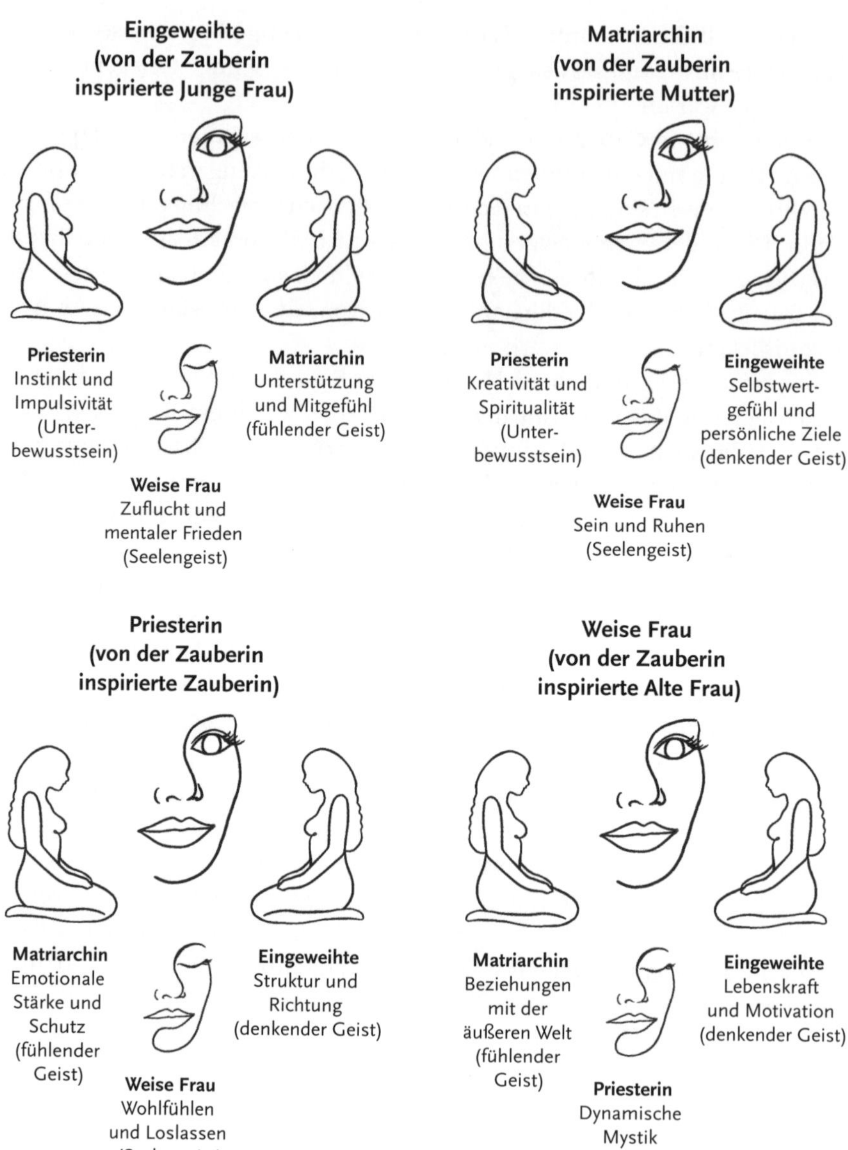

Abb. 14: Die Gestaltwandlerinnen-Archetypen ausgleichen.

Das Zusammenspiel der Gestaltwandlerinnen-Archetypen in der Postmenopause kann ein komplexes Geflecht ergeben. Der Intellekt will Struktur, Definitionen, Regeln und feste Zeiten, aber wir stehen unter dem Einfluss der Universellen Zauberin und sie fegt all diese Wünsche fort.

In den Gestaltwandlerinnen-Jahren gehen wir tiefer in die Dunkelheit hinein und spüren, wie sich das zunehmende Unterbewusstsein auf alle Archetypen auswirkt. Wir sind »Gestaltwandlerinnen«, weil unser Selbstverständnis und unsere Identität mit der unvorhersehbaren Verkörperung der Eingeweihten, der Matriarchin, Priesterin und der Weisen Frau fließen. Wenn wir der Musik eines Orchesters lauschen, konzentrieren wir uns nicht auf die einzelnen Instrumente, sondern hören und fühlen das Zusammenspiel der Klänge. Auf dieselbe Weise können wir die Jahre als Gestaltwandlerin genießen.

Als gestaltwandelnde Frauen, die von der Universellen Zauberin beeinflusst werden, ist unser Tanz in die Dunkelheit instinktiv, intuitiv, kreativ und spirituell. Wir müssen niemand anderes sein als die, die wir in diesem Moment sind – die Kombination der Archetypen. Aber die Alte Frau verlangt von uns, dass wir für unsere Erweckung vorsorgen, und zwar so harmonisch wie möglich, damit wir niemandem schaden und andere ebenfalls von unseren Gaben profitieren.

Die fortgeschrittenen Jahre der Gestaltwandlerin

Je tiefer wir in das Labyrinth vordringen, desto stärker werden die Strömungen und das Chaos des ablaufenden Wassers der Ebbe, desto größer und umfassender werden die Herausforderungen und Veränderungen. Die Universelle Zauberin stellt uns vor die Wahl: Wir können auf die Stimme der Universellen Alten Frau hören und die Veränderungen mit Liebe selbst vollziehen oder wir ignorieren die Alte Frau und überlassen der Zauberin die Macht, damit sie uns verändert. Wir können zwischen zwei Wegen wählen: Auf dem einen werden alte Muster dramatisch durchtrennt und zerstört, auf dem anderen lösen sich die Verflechtungen des Lebens langsam auf. Und während sich die Komplexität des alten Lebens entwirrt, zeigt uns die Universelle Zauberin deutlich die Einfachheit, die in der Authentizität liegt. Sie zeigt uns, wie wichtig es ist, das Universum zu umarmen, denn dort treffen sich unsere Sinnlichkeit und Spiritualität.

Jetzt, in den fortgeschrittenen Jahren der Gestaltwandlerin, können die körperlichen Veränderungen zum Katalysator werden, der uns hilft, tiefer in unser Inneres zu schauen, um alte Perspektiven und Überzeugungen zu verändern. Manche Frauen glauben, dass wir uns nach dem letzten Blut nicht weiter verändern, aber das stimmt nicht. Die Liste der körperlichen, geistigen und emotionalen Veränderungen, die wir erfahren können, ist lang. Die Veränderungen betreffen beispielsweise Fettverteilung, Hormonhaushalt, Nahrungsverarbeitung und Stoffwechsel, Organfunktionen, Haut, Haare, Sehvermögen, Gehör, Geschmackssinn, Zahnfleisch und Zähne, Herzfrequenz und -rhythmus, Atmung, Körpertemperatur, Nervensystem, Kreislauf und Blutdruck, Knochen, Gelenke und Muskeln, Vagina und Gebärmutter, Hände, Füße, Körperhaltung, Ausdauer, Heilungszeit, Entzündungen und Infektionen, Immunsystem, Gedächtnis und Denken ... Und diese Veränderungen geschehen nicht nacheinander, sondern gleichzeitig! Wie eine Raupe in einem Kokon verwandelt sich unser Körper definitiv in etwas Neues.

Diese einschneidenden körperlichen Veränderungen nicht als »Altern« und »Krankheit« zu interpretieren, mag schwerfallen, aber sie bieten uns die einzigartige Gelegenheit, die Welt und uns selbst neu zu erleben. Statt als »Alterung« können wir sie als »beschleunigte Lernerfahrungen« betrachten.

Eine Krankheit wirkt sich unmittelbar aus, sie lenkt die Aufmerksamkeit nach innen und veranlasst uns, die Energien nicht wie gewohnt in die Welt zu projizieren, sondern sie in uns selbst zu zentrieren. Die Universelle Zauberin nutzt das mächtige Werkzeug der Krankheit, um unsere Aufmerksamkeit auf den gegenwärtigen Zustand zu lenken und uns zu zwingen, alle Erwartungen und Gedanken darüber, wer wir sind und wie unser Lebensweg aussieht, neu zu bewerten. Diese Selbstfokussierung ist kein Egoismus, in dem sich das Ego äußert, vielmehr ruft uns die Seele auf, uns zu erinnern, wer wir sind.

Die Zauberin nutzt den Körper und körperliche Erfahrungen, um uns zu formen, und mit ihrer Gabe des »beschleunigten Lernens« entschleunigt sie uns, sie drängt uns ins Jetzt, um diesen Moment, diesen Augenblick wahrzunehmen. Mit wunderbarem Geschick hält sie unseren bewussten Verstand in ihren Händen und lenkt die Aufmerksamkeit auf das Zentrum des Labyrinths und auf den Archetyp der Alten Frau.

Unser Weg besteht darin, den Körper als Gefäß des Göttlich-Weiblichen zu lieben. Bewegung und Zeit sind menschliche Bedingungen – wenn wir uns für die Wirkung der Zeit auf unseren Körper öffnen, dann öffnen wir uns für eine Realität, die jenseits des Verständnisses unserer Mutter-Jahre liegt. In diesem Lebensabschnitt ist jeder Schritt, jede Situation heilig und voller Magie und Kraft, um unsere Rückkehr herbeizuführen.

Wenn wir andere Frauen mittleren Alters mit gesundheitlichen Problemen als heilige Eingeweihte betrachten, die einen göttlich-weiblichen Weg gehen, dann fällt es leichter, auch den eigenen Körper, unabhängig von seinem Zustand, als heilig zu ehren. Je länger wir leben, desto häufiger werden wir erleben, dass Menschen, die wir lieben, krank werden, und desto häufiger werden wir die Erfahrung machen, dass das Leben eines Tages endet. In den Gestaltwandlerinnen-Jahren altern auch die eigenen Eltern, verändern sich körperlich und geistig, sodass sich unsere Rolle vom »Kind« zur »Mutter der Eltern« wandelt. Auch diese Erfahrung kann schmerzhaft sein. Möglicherweise bekommt der Partner eine Krankheit, die das Leben verändert, sodass wir nicht länger nur Lebenspartnerin, sondern Lebenspartnerin und Betreuerin sind. Und schließlich kann die Zauberin, die den Wandel verkörpert, unser Leben durch den Tod der Eltern oder Geschwister, eines Kindes, engen Freundes oder des Partners auf die härteste Weise erschüttern.

Die von der Zauberin beeinflussten Wechseljahre mögen unbarmherzig erscheinen, da der sich verändernden Körper und die Sterblichkeit ins Rampenlicht rücken. Aber letztlich führen uns all diese Erfahrungen zu mehr Authentizität und zu einem größeren Verständnis des Göttlich-Weiblichen in uns. In den zyklischen Mutter-Jahren erscheinen die Jahre der Zauberin manchmal beängstigend – aber als Gestaltwandlerinnen sind wir nun erfahren darin, die Stufen des Labyrinths hinabzusteigen. Wir verstehen, dass alle Situationen die Möglichkeit in sich bergen, persönlich und spirituell zu wachsen.

Das mag oberflächlich, unrealistisch und unempathisch klingen angesichts des Leids, das manche Frauen durchmachen, wenn sie mit einer beängstigenden Diagnose, Krankheit und Schmerzen, Behinderung oder dem Tod eines geliebten Menschen konfrontiert sind. Aber wenn wir später auf diese Erfahrungen zurückblicken werden, unbelastet von den erschütternden Gefühlen, Belastungen und Ängsten, die damit verbunden sind, dann werden wir uns vielleicht an Momente tiefer Liebe, Einsicht und Öffnung erinnern. Nichts wird mehr so sein wie vorher – und genau das ist der Sinn der Sache! Unsere

Erfahrungen formen uns und offenbaren uns Fähigkeiten, die wir nie zuvor an uns erlebt haben.

Ob körperliche oder geistige Notwendigkeiten uns zwingen, langsamer zu machen, oder ob wir uns bewusst dafür entscheiden – unser Leben ist dazu bestimmt, einfacher zu werden. Einfachheit bedeutet nicht, dass wir untätig werden oder Dinge, die wir geschaffen haben, rückgängig machen sollen. Einfachheit bedeutet, den Kern zu enthüllen, indem wir alle zusätzlichen oberflächlichen Gedanken und Strukturen weglassen. Es ist der Weg der geringsten Energie, denn Einfachheit ist in Harmonie mit dem Universum und das Universum liefert die Energie für den Impuls, nicht unsere Willenskraft oder unser Ego.

Indem die Universelle Zauberin uns durch körperliche Veränderungen entschleunigt, gibt sie uns Zeit, die chaotischen Reaktionen auf ihre Gegenwart zu erforschen, die Richtung unseres Herzens zu spüren und mit der gegenwärtigen Situation zu fließen. Auf diese Weise können wir erkennen, welcher Weg für uns der einfachste ist. Die Chance der Wechseljahre ist Selbsterkenntnis, und dafür brauchen wir Zeit.

Mit zunehmender Einfachheit werden wir erkennen, dass wir weder Willenskraft noch Energie aufbringen müssen, um die Dinge geschehen zu lassen. Es ist wie eine Offenbarung, wenn wir merken, dass wir uns lediglich auf die Magie des Lebensflusses einlassen müssen, uns von ihr sanft unterstützen und dorthin bringen lassen, wo wir hinwollen. Dies ist die Lebensweise des Archetyps der Alten Frau und es ist die Erkenntnis, zu der uns die Universelle Zauberin führt.

Wie wir die notwendigen Veränderungen angehen, um Einfachheit in uns selbst und in unserem Leben zu erreichen, ist eine machtvolle Entscheidung. Stelle dir vor, du hättest einen Knoten in einem Knäuel aus bunten Fäden. Willst du die Fäden erhalten, dann ziehst du nicht an den Fäden, denn sonst wird der Knoten umso fester, bis die Fäden reißen. Du schneidest den Knoten auch nicht ab, da die Fäden dann nicht mehr intakt sind. Schneiden und zerstören, um Einschränkungen und Blockaden zu beseitigen, so geht die Zauberin vor. Aber es gibt auch eine andere Herangehensweise, die darin besteht, geduldig an den Fäden zu zupfen, den Knoten sanft zu lösen, indem du die Fäden lockerst, Raum zwischen ihnen schaffst. Dieses geduldige Vorgehen ist durchdrungen von der Energie der Alten Frau.

Die Universelle Zauberin tanzt wild durch unser Leben, sie durchtrennt Knoten und klärt unsere Vergangenheit mit dem Blitzen ihres scharfen Messers. Sie beurteilt die Dinge in der Dualität: »im Einklang« oder »nicht im Einklang«. Die Muster, die nicht mit unserem authentischen Selbst im Einklang sind, schneidet sie weg. Sie schafft den Raum in unserem Leben, den wir nicht bereit waren, für uns selbst zu schaffen, und sagt: »Jetzt hast du den Raum, um zu sehen, welche Teile deines Selbst und deines Lebens im Einklang mit deiner Seele sind.«

Doch je länger die Gestaltwandlerinnen-Jahre andauern, desto besser können wir die sanfte Liebe und Stille der Universellen Alten Frau nutzen, um unserem Bedürfnis nach Veränderung nachzukommen. Sie nimmt die vergangenen Verletzungen, die Gefühle des Mangels, negative Gedanken, Erinnerungen und Überzeugungen, Blockaden und Einschränkungen und lenkt sie sanft in einen harmonischen Fluss. Und während die Alte Frau geduldig unsere Knoten entwirrt, bewahrt sie die Integrität unserer Vergangenheit, damit sie immer ein Teil von uns bleibt. Die Alte Frau sagt: »Du besitzt nun die Freiheit, im Einklang mit deiner Seele zu sein, weil alles in dir in Harmonie ist.«

Auch die Universelle Alte Frau braucht Raum, damit sie uns in den Gestaltwandlerinnen-Jahren helfen kann, alle Beschränkungen und Blockaden aufzulösen. Sie braucht Leere und Ruhe – »Raum der Alten Frau«, damit sie unsere Energien sanft an den Ort lenken kann, den wir in uns selbst erschaffen. Wenn wir ständig damit beschäftigt sind, Dinge zu tun, füllen wir die von ihr geschaffenen Räume mit neuen Fäden, die den Knoten dichter und fester machen.

Die von der Alten Frau geleiteten Veränderungen geschehen ruhig und sanft, aber wenn wir ihr nicht den leeren Raum verschaffen, den sie braucht, wird die Zauberin sich Raum verschaffen und die Veränderungen anstoßen. Je näher wir der Rückkehr kommen, desto mehr Zeit und Raum müssen wir der Alten Frau zugestehen, damit sie alle Knoten entflechten kann, und desto mehr müssen wir in der Dunkelheit sein, um für ihre Hilfe empfänglich zu werden.

Aber oft stellen wir fest, dass die äußere Welt permanent Aufmerksamkeit fordert und uns nicht erlaubt, innezuhalten. Wenn wir dann frustriert oder gestresst reagieren und uns ärgern, dann wirkt sich das schnell negativ auf den Alltag und unsere Beziehungen aus. In diesen Momenten können wir unsere Aufmerksamkeit auf die Alte Frau in der Dunkelheit des Labyrinths richten, uns an ihre Liebe erinnern und die Macht des Universums nutzen, um den Frust und den Ärger in liebevolle Akzeptanz zu transformieren. Das ist die Botschaft der Liebe, die uns die Universelle Zauberin immer wieder zu vermitteln versucht: Schaut nach innen, schaut auf die Dunkelheit, schaut auf die Alte Frau.

Wenn sich unser Gestaltwandlerinnen-Leben verlangsamt und der Schwung abnimmt, fürchten wir vielleicht, dass wir zurückbleiben, während andere immer schneller vorankommen, dass wir feststecken und der Sinn des Lebens verloren geht. Dann hilft uns die Universelle Zauberin, denn sie möchte, dass wir uns unseres Selbst jenseits des Körpers bewusst werden, dass wir uns für die Welt jenseits unserer Träume öffnen, indem wir langsamer werden, und dass wir die Macht haben, das Leben auf eine ganz andere Weise zu leben – einfacher, reicher und müheloser. Das Ziel ist nicht, stehen zu bleiben, sondern die Art und Weise, wie wir unseren Weg gehen, zu verändern.

Wenn wir dann in die Jahre der Dunklen Zauberin eintreten, wird Spiritualität für unser Wohlbefinden immer wichtiger. Der Ruf, eine »Hüterin der Dunkelheit« zu sein und mehr in der inneren Welt zu leben, wird lauter. Wir können die Welt und unsere Aktivitäten durch den Filter des Spirituellen sehen. Dann liegt in jedem Moment der Frustration oder der negativen Gefühle die Botschaft, dass wir uns dem spirituellen Bewusstsein zuwenden und die innere Dunkelheit einbeziehen sollten. Sobald wir uns ausdehnen und beginnen, uns als Wesen der Liebe und des Seelenlichts zu sehen, werden die negativen Gefühle schmelzen.

Kapitel 7: Die Jahre der Dunklen Zauberin

Ein dunkler Mantel umhüllt uns
und trennt uns
von den Wünschen der äußeren Welt.

Die Dunkelheit vor der Dämmerung

Es gibt keinen festen Zeitrahmen für unseren Weg durch das Labyrinth. Um zu wissen, wie weit wir bereits gegangen sind, können wir unsere innere und äußere Welt miteinander vergleichen. Wenn wir uns umsehen und das Gefühl haben, dass mehr Schritte hinter als vor uns liegen, wenn wir nach innen schauen und im tiefsten Inneren spüren, dass wir nicht mehr dieselbe Person sind, die wir beim letzten Blut waren, dann – und nur dann – können wir sagen, dass sich unsere Gestaltwandlerinnen-Jahre dem Ende zuneigen. Wir haben noch nicht das Zentrum des Labyrinths erreicht, aber wir sind in unsere Jahre als Dunkle Zauberin eingetreten – wir sehen anders aus, wir nehmen die Dinge anders wahr und unsere Wünsche und Träume haben sich verändert. Wie Eva haben wir den Wächterstein der Dunklen Zauberin hinter uns gelassen.

Auch der Tanz mit den Energien der Archetypen ist nun anders als noch in den Gestaltwandlerinnen-Jahren. Wir erleben plötzliche und tiefgreifende Transformationen zwischen immer länger werdenden Perioden der Stabilität und Vollständigkeit. In diesen Perioden der Ganzheit erlangen wir einen flüchtigen Eindruck davon, wer wir bei der Rückkehr sein werden – wir fühlen das Seelenlicht in uns, wir fühlen uns in unserem Körper und in der Erde verankert und wir spüren ein erweitertes Bewusstsein von Akzeptanz und Liebe.

Aber die Rückkehr steht noch nicht an, jetzt sind wir die Dunkle Zauberin. In den intensiven Momenten der Verwandlung schütteln wir uns vor Lachen, tanzen mit ungelenken Bewegungen und erschüttern die anderen dabei bis in die Knochen.

Das Ego löst sich auf. Gleichzeitig versucht es, sich selbst zu schützen, weil es glaubt, aufgrund seiner Lebenserfahrung einen besonderen Status rechtmäßig verdient zu haben. Es hat »alles« gesehen und »alles« getan und aus Furcht und Arroganz kann es sich nicht mehr um die Gefühle der Menschen um es herum kümmern.

Wir leben tief in unserer inneren Welt und existieren außerhalb der Gemeinschaft. Wir ignorieren die Regeln und finden eine fragile Form der Selbstermächtigung, indem wir sagen: »Ich bin jetzt zu alt, um mich darum zu kümmern, was andere sagen und tun. Ich mache, was ich will!« Wir sind weniger engagiert, weniger fürsorglich und fühlen uns für die komplexen Ansichten und Erwartungen der anderen nicht mehr so zuständig. Wir kleiden uns, wie wir wollen – weil es bequem ist und weil wir wissen, wie schnell sich gesellschaftliche Konventionen ändern. Wir bemühen uns nicht mehr, gesellschaftliche Anforderungen zu erfüllen, die angeblich nicht verhandelbar sind. Was wir erleben, ist definitiv eine zweite Adoleszenz!

Nach unserer Rückkehr wird sich unsere Sichtweise auf das Leben wieder ändern: In sozialen Konventionen werden wir eine Brücke der Kommunikation sehen, eine Form der Beziehung zwischen den Generationen. Wenn sich die Wogen des ablaufenden Wassers der Ebbe glätten, werden wir endlich auf dem stabilen Meeresboden sitzen, und was wir zu unserem Schutz abgetrennt haben, wird zur Weisheit, sich auf die Welt einzulassen, ohne von ihr überwältigt zu werden. Aber das liegt noch in der Zukunft! Jetzt, als Dunkle Zauberin, kann es passieren, dass wir uns von der »jüngeren« Außenwelt abgekoppelt fühlen.

In den Jahren der Dunklen Zauberin vor unserer Rückkehr unternimmt unser Ego einen letzten Versuch, sich in unserem Selbstverständnis zu behaupten. Wir sind wie die Hexe im Märchen von Hänsel und Gretel, die im Wald in ihrem Pfefferkuchenhäuschen lebt und jede Gesellschaft meidet, weil sie die volle Kontrolle haben will (in einer Situation, die nicht kontrollierbar ist). In der Geschichte fängt sie die Kinder, um sie zu verzehren – sie will die dynamischen Energien, um Dunkelheit und Leere zu vertreiben, ihre Jugend zu bewahren und das Gesicht zu verändern, das ihr der Zauberspiegel zeigt.

In den Jahren der Dunklen Zauberin, die von erhöhter Sensibilität und spiritueller Transformation geprägt sind, verlangt unsere Natur, dass wir uns nach innen wenden, damit wir *durch das Ego* in das Seelenreich der Alten Frau gehen können. Es kann sein, dass wir viele Jahre lang gegen die Energien der Dunklen Zauberin ankämpfen, weil wir Angst haben, uns in die Rückkehr zu begeben. Wir zögern unsere Transformation hinaus, weil wir nicht verstehen, dass nur die Liebe das Ego besänftigen kann, dass die Liebe uns vereinnahmen und das Ego in das Seelenlicht der Universellen Alten Frau verwandeln wird.

Wie die Gestaltwandlerin verfügen wir über begrenzte dynamische Energie, intensive Empathie und Energiesensibilität. Dabei können uns Anforderungen, Energien und Gefühle anderer Menschen zunehmend belasten. Anders als in den Jahren der Erntemutter in der Perimenopause und der Gestaltwandlerin in den ersten postmenopausalen Jahren besitzen wir nicht mehr die

Fähigkeit, innere Barrieren aufzubauen. Stattdessen schützen wir uns, indem wir uns zurückziehen. Und die einzige Möglichkeit, die uns die Gesellschaft lässt, damit wir uns nicht machtlos fühlen, besteht darin, uns aggressiv zu verteidigen, subversiv zu sein oder unserem Ego durch Wut und Frust eine Illusion von Kontrolle und Selbstermächtigung vorzugaukeln.

Leider basiert das Bild der Dunklen Zauberin in vielen Gesellschaften auf einem verzweifelten Ego, das in den Wellen der Veränderungen von Körper, Geist, Fähigkeiten und Lebensumständen zu ertrinken droht. Würde die Gesellschaft Frauen nach der Menopause die nötige Zeit und den Raum zubilligen, damit sie mit Hingabe und Liebe all die Veränderungen verarbeiten können, dann wären wir reife Frauen in einem harmonischen Zustand der Transformation und würden eine positive Form weiblicher Ermächtigung entdecken. Wir würden die Dunkle Zauberin als das sehen, was sie wirklich ist: das Tor zum Selbst, durch das wir gehen müssen, um bedingungslose Liebe zu erwecken. Wir würden verstehen, dass Frieden in dieser Zeit des Wandels nicht aus Sicherheit und Kontrolle über äußere Dinge entsteht, sondern aus der Entspannung, aus dem Verständnis, dass wir fließen müssen, um unseren Weg zu gehen, und aus dem Verständnis, dass Liebe die heilige Kraft ist, die es dem Ego ermöglicht, von der Seele überstrahlt zu werden. Die »böse« Hexe im Pfefferkuchenhaus muss einfach loslassen und sich selbst mehr lieben!

Wir sind nun weit in das Labyrinth hinabgestiegen. Auf den letzten Stufen beginnen wir, die Einsichten und Klarheit zu erforschen, die wir in unserem Leben durch unsere Erinnerungen und Wunden gewonnen haben, und wir entdecken eine neue Art von Weisheit, die in der Dunkelheit liegt. Und wenn wir in den Spiegel schauen, erkennen wir jetzt den dunklen Mantel, der uns umhüllt.

Weisheit und die Dunkle Zauberin

Die Weisheit der Dunklen Zauberin ist noch nicht die universelle Weisheit der Lebensphase der Alten Frau, sondern entstammt unseren Erfahrungen und Interpretationen, Fehlern und Erfolgen. Als Dunkle Zauberin haben wir ein vernarbtes Gesicht und einen Körper, der die Wunden vergangener Kämpfe, Fluchten und Friedensschlüsse trägt. Es sind die Medaillen des bisherigen Lebens und es sind diese Narben der Erfahrung, die uns von jungen Menschen unterscheiden. Die Weisheit, die wir als Dunkle Zauberin besitzen, haben wir uns hart erarbeitet – die Weisheit der Alten Frau erhalten wir frei und unverdient.

In den Jahren als Dunkle Zauberin wechseln Perioden des Gleichgewichts mit solchen ab, in denen wir mit anderen Menschen manchmal ganz schön rau umgehen. Wenn wir etwas nicht in Ordnung finden, sprechen wir das womöglich ohne Umschweife an und verteilen unsere »Weisheit« oft ohne Rücksicht auf Gefühle. Aber so egoistisch unser Verhalten auch sein mag, das Bedürfnis, zu helfen, die Situation oder das Leben anderer zu verbessern, ist weiterhin unterschwellig vorhanden.

Da unsere »Weisheit« als Dunkle Zauberin aus negativen Erfahrungen aus der Vergangenheit gespeist ist, kann es schwerfallen, Mitgefühl zu entwickeln. Wir empfinden »Klarheit«, weil wir die Dinge subjektiv als »richtig« oder »falsch« interpretieren und uns damit von den Grautönen der Gefühle anderer Menschen abkoppeln. Wenn wir schließlich von den Jahren der Zauberin in die Jahre der Alten Frau übergehen, wird sich diese Form der Weisheit und Klarheit in universelles Mitgefühl und Integration verwandeln.

Wir können die letzten Schritte des Labyrinths mit Sanftheit für uns selbst und für die Menschen um uns herum gehen. Aber dafür brauchen wir Zeit und Raum, um uns von anderen abzugrenzen, uns zu erden und zu zentrieren. Wir brauchen eine Auszeit – Ruhe und Abstand von den Menschen und dem Alltag –, damit wir uns nach innen wenden können, um den Ruf der Alten Frau zu hören, um ihren liebevollen Trost zu spüren und unsere Bestimmung zu erkennen. Noch sind wir nicht die Alte Frau, noch sind wir Teil des Dramas der Welt. Aber jedes Drama um uns herum erinnert uns daran, dass wir noch nicht die sind, die wir sein werden.

Die dunkle Zauberin ist ein Tor, durch das wir gehen müssen, um unseren seelenvollen Zustand zu erreichen.

Der Körper verdunkelt sich

In der Mythologie und in Märchen wird oft von der Alten Frau erzählt, die in ihren dunklen Mantel gehüllt ist und sich plötzlich in eine junge Frau verwandelt, die in ihrer Schönheit erstrahlt. In den zyklischen Jahren war dies eine Mythologie über den Wechsel von der Zyklusphase der Alten Frau zur Phase der Jungen Frau vor dem Eisprung. Aber wie wir gesehen haben, ist die Weisheit, die in unseren Zyklen liegt, auch eine Weisheit für den Zyklus des Lebens.

Die Universelle Alte Frau ist die »Verschleierte«, wir sehen nicht, wer sie wirklich ist, denn wir sehen nur den »Schleier«: die physische Erscheinung einer alten Frau. Unter dem Schleier verbirgt sich ein strahlendes Wesen – ihr wahres universelles Selbst.

Unser sich verändernder Körper ist unser Schleier, unser Mantel der Dunkelheit, den die jüngere Außenwelt sieht, aber darunter sind wir schöne, strahlende Seelenfrauen. So wie die Grenzen zwischen Bewusstsein, Unterbewusstsein und Seele sich in der zunehmenden Dunkelheit aufheben, werden wir uns immer klarer des Lichts in uns selbst bewusst. Dieses Licht ist unser Seelenlicht, das Licht der vereinigten Archetypen, das Licht der Quelle – es ist unsere wahre Form.

Wenn wir uns nach innen wenden und den Schleier von der Quelle lüften, werden wir in Gelassenheit, Schönheit und Anmut gebadet, in Liebe und sanfter Ermächtigung. Wir erkennen, dass wir nicht »alt« sind, wir sind nur »verhüllt«, und der Mantel unterbindet nicht das Strahlen, das von uns ausgeht, er verhindert nur, dass die Menschen um uns herum geblendet werden.

Die Jahre der Zauberin zwingen uns, uns nach innen zu wenden, zur Seele, mit dem Ziel, die Energien der Archetypen, die Wahrnehmungsebenen und unser Selbstgefühl wieder zu einem einzigen Ausdruck zu vereinen. Nach und nach erinnern wir uns daran, dass wir voller Energie und Weisheit sind und dass wir etwas Wesentliches mit der Welt zu teilen haben. Ohne unsere Reise auf dem Labyrinthweg würden wir unsere vollen spirituellen Kräfte nicht entfalten oder uns als Repräsentantin des Universellen Weiblichen mit dem Göttlich-Weiblichen vereinen.

Die »Verdunkelung« des Körpers ist ein kraftvolles und wirkungsvolles spirituelles Training. Wir werden von einer Göttin berührt und wenn wir in unserem Weg ein spirituelles Training erkennen, das uns zu unserer Seele führt, dann können wir jede Veränderung mit Neugier und kreativer Anpassung, mit Akzeptanz, Staunen und Freude betrachten. Wir können uns die Zeit und den Raum gönnen, die wir brauchen, um zu studieren und zu forschen – genauso wie wir es tun würden, wenn wir eine andere Fertigkeit oder ein anderes Wissen erlernen würden.

Aber wir sind keine unerfahrenen Schülerinnen, denn wir haben bereits in jeder prämenstruellen Phase eine Ausbildung absolviert. Die Zauberin war unsere Mentorin, sie hat uns den Weg zur bedingungslosen Liebe der Alten Frau gezeigt. Ihre Energien haben uns geholfen, uns anzupassen, mit den Veränderungen zu fließen. Und genau darin besteht auch das spirituelle Training in den Jahren der Dunklen Zauberin.

Wenn die Universelle Zauberin uns zu dem Moment führt, in dem wir loslassen und uns der Universellen Alten Frau hingeben, erscheint Licht im dunklen Labyrinth, es wird erhellt durch unser zunehmendes inneres Licht und unsere Freude und Wertschätzung, am Leben zu sein. Im gealterten Körper der Universellen Alten Frau liegt die Quelle: Ihr Licht strahlt aus der Mitte des Labyrinths, es wäscht die Vergangenheit fort und bringt uns Gefühle von Reinheit, Wunder und Liebe.

Je mehr wir uns in den Jahren der Dunklen Zauberin den Energien der Alten Frau zuwenden, desto mehr sehen wir die Welt so, wie die Universelle Alte Frau sie sieht. Ihre Einfachheit und ihr Licht wirken ausgleichend und einladend, sie machen kreativ und stimmen positiv, während wir die letzten Schritte des Labyrinths gehen.

Sich der Universellen Alten Frau zuwenden

Manchmal fühlen sich die Veränderungen auf den letzten Stufen des Labyrinths so intensiv an, dass wir glauben, sie nicht bewältigen zu können, und erstarren. Aber es gibt Hilfe: Wir können die Universelle Alte Frau rufen. Unsere Stimme wird die letzten Stufen hinunter bis ins Zentrum schallen, sodass sie uns hört. Sie mischt ihren Ruf nach Rückkehr mit dem Hilferuf unseres Herzens und formt daraus eine sanfte, tröstliche Melodie, die sie die Stufen zu uns hinauf singt.

Wenn wir innehalten und zuhören, spüren wir, wie sich die Schwingung der Dunkelheit um uns herum ihrem Gesang anpasst. Die Schwere der Dunkelheit löst sich auf, wieder spüren wir die unterstützende Hand der Universellen Zauberin, fühlen sowohl ihre Liebe als auch die Liebe der Universellen Alten Frau. Welchen Archetyp-Aspekt wir auch verkörpern, welches alte Muster wir befreien wollen, die Universelle Alte Frau hilft uns, Harmonie und Gleichgewicht zu finden. Aber um die sanfte Stimme der Alten Frau in unserem geschäftigen Leben zu hören, brauchen wir einen heiligen Ort der Ruhe und Stille, wo wir ihr begegnen können.

Jetzt können wir wieder vorwärts gehen. Jetzt wissen wir, wie wir uns aus der herausfordernden Dunkelheit erheben können, mit der wir konfrontiert sind. Jetzt wissen wir, dass der Schlüssel zu jeder Transformation die Liebe der Universellen Alten Frau ist. Und jetzt erinnern wir uns daran, wohin der Weg uns führt und dass wir unserem Ziel nahe sind.

Die Universelle Alte Frau ist unser Wegweiser zurück zu unserem wahren Selbst. Dabei gibt sie weder Regeln, noch komplexe Hierarchien und Strukturen vor, die es zu verstehen gilt – sie existiert einfach, und alles existiert als Teil von ihr.

Um die Alte Frau um Unterstützung zu bitten, brauchen wir nur zu »sein«. Wenn wir dann in der Dunkelheit sitzen oder liegen, hören wir ihre sanfte Stimme – die Stimme des Universums – die uns unterstützt und unseren aktuellen Archetyp wieder in Einklang mit ihr bringt.

Hilfe der Universellen Alten Frau für den Archetyp der Eingeweihten

In der Stille flüstert die Universelle Alte Frau unserem Archetyp der Eingeweihten zu:

»Ich bringe Weisheit.«

»Ich mildere den Antrieb des Egos.«

»Ich bringe Perspektive und Orientierung.«

»Ich sage dir, wann du genug erreicht hast.«

Die Universelle Alte Frau bringt den Archetyp der Eingeweihten in Einklang, indem sie ihre Energien abmildert und ihre dunkle Weisheit einbringt, um den Intellekt und das Ego auszugleichen.

Wenn wir die Eingeweihte verkörpern und ihre dynamischen Energien uns stören, hilft uns die Verbindung zur Alten Frau, diese Energien sanft auszugleichen und zu integrieren. Wenn wir auf den sturmgepeitschten Wellen des Ozeans segeln, erinnert uns die Alte Frau daran, dass unter uns der Meeresgrund liegt. Wenn in uns die »Bedürfnisse« des modernen Lebens nach Aufmerksamkeit schreien, dann zeigt sie uns durch den Lärm hindurch, dass das Leben eine Reise ist, die wir genießen können, und dass wir bei unseren Aktivitäten wählerischer und bei Projekten und Menschen realistischer sein sollten.

Die Energien der Alten Frau mäßigen das Tempo in unserem Leben und bewahren uns vor Überanstrengung und Burnout. Sie helfen, uns sanft von persönlichen Erfolgen und Zielen zu lösen und uns nicht mehr so sehr damit zu identifizieren. Die Alte Frau bringt uns auch Weisheit über den weiteren Weg. Sie bittet uns, unsere neuen Leidenschaften, Ideen und Entscheidungen immer zuerst mit ihr zu besprechen, um zu prüfen, ob sie mit unserer Seele übereinstimmen. Wenn dies der Fall ist, werden die Energien der Alten Frau mit dem Projekt fließen, sodass wir unsere Ziele und Träume ohne Anstrengung oder Herausforderung verwirklichen können.

Die Alte Frau erinnert uns daran, dass es eine Seele in unserem Leben gibt und dass wir uns nicht zu sehr mit dem bisher Erreichten identifizieren sollten.

Hilfe der Universellen Alten Frau für den Archetyp der Matriarchin

In der Stille sagt die Universelle Alte Frau zu unserem Matriarchinnen-Archetyp:

»Ich bringe Liebe.«

»Ich bringe Sicherheit, damit du dich öffnen kannst.«

»Ich bringe dir die Kraft, die du brauchst, um geben zu können.«

»Ich sage dir, wenn du genug getan und gegeben hast.«

Die Universelle Alte Frau harmonisiert die Energien der Matriarchin, damit sie in ihren Beziehungen mit der Welt um sie herum strahlen kann.

In der Dunkelheit der Alten Frau ist das Licht der Matriarchin verborgen. Manchmal, wenn wir den Archetyp der Matriarchin verkörpern, fühlen wir uns von ihren Energien überwältigt. Dann können wir uns der Alten Frau zuwenden und uns für ihre Liebe und für die Kraft der eigenen inneren Dunkelheit öffnen. Sie schenkt uns ein Gefühl der Ganzheit, das es unserem Ego erlaubt, alle Ängste abzulegen. Unsere Wahrnehmung bleibt nicht länger auf unser individuelles Selbst fokussiert, sondern erweitert sich auf die Beziehungen zu anderen Menschen. Das Gefühl, stark zu sein und geliebt zu werden, wird geweckt und befähigt uns, andere zu lieben. Wenn wir uns ausruhen und zulassen, dass sich die tiefe Liebe der Alten Frau durch uns in der Welt manifestiert, dann fühlen wir uns geborgen. Dann können wir uns ganz auf den Archetyp der Matriarchin in uns einlassen.

Aus der Dunkelheit des Labyrinths fordert uns die Alten Frau in ihrer Weisheit auf, Grenzen zu ziehen und Ränder zu definieren. Wenn wir sie fragen, wird sie uns sagen, wann wir genug getan und genug gegeben und wie der Vollmond genug strahlende Energie für alle haben. Ihre wichtigste Botschaft aber ist: »Genug. Ihr müsst euch nicht bemühen, meiner Liebe würdig zu sein, ihr habt sie bereits.«

Die Alte Frau hilft uns zu wissen, wann wir genug getan oder gegeben haben, und sie hilft uns, unsere Grenzen zu definieren.

Hilfe der Universellen Alten Frau für den Archetyp der Weisen Frau

In der Stille singt die Universelle Alte Frau dem Archetyp der Weisen Frau zu:

»Ich bringe Frieden und Stille.«

»Ich biete dir die Liebe deiner Seele an.«

»Ich bringe dir Vergebung.«

»Ich zeige dir, dass du genug bist.«

Die Universelle Alte Frau harmonisiert den Archetyp der Weisen Frau, indem sie sie in Frieden und Stille einhüllt und ihr das Gefühl gibt, »zu Hause« zu sein.

Wenn wir die Energien der Weisen Frau über einen längeren Zeitraum verkörpern, dann fühlt es sich manchmal so an, als sei die Zeit stehen geblieben, als habe die Welt uns hinter sich gelassen und als gebe es für uns nichts mehr, worauf wir uns freuen könnten. Dann können wir uns ausruhen und uns der Universellen Alten Frau zuwenden, um ein Gefühl des Friedens zu entwickeln. Es entsteht, weil wir in uns selbst zu Hause sind, weil wir wissen, dass wir in die Welt gehören, und weil wir uns bewusst sind, dass wir auf unserem Lebensweg geführt werden. Wir können spüren, dass alles gut ist, so wie es jetzt ist. Mit dieser Akzeptanz öffnen wir uns und die Seelenliebe füllt unsere innere Dunkelheit. Dann erklingt unsere Seele wie ein Ton im liebevollen Gesang der Universellen Alten Frau und es ist diese Seelenliebe, die uns in Einklang mit ihrem Mysterium bringt: Wer immer wir sind, was immer wir getan oder nicht getan haben, wir sind genug. Es gibt keine Trennung zwischen uns und der Universellen Alten Frau.

Die Alte Frau bietet uns auch die Kraft der Vergebung an. Nachdem die Dunkle Zauberin unsere Muster befreit hat, sammelt die Alte Frau sie alle unter ihrem Mantel auf, damit sie sich durch ihre bedingungslose Akzeptanz in der Dunkelheit auflösen und wir Vergebung spüren können. Ohne den Einfluss des aktiven, nach außen gerichteten Intellekts lassen wir unsere Emotionen und Muster ganz natürlich los und in diesem Loslassen vergeben wir. In der Ruhe hören wir die Alte Frau fragen, ob wir diese Emotionen und Gefühle wieder in unser Leben bringen oder sie bei ihr lassen wollen.

Die Alte Frau bietet uns Stabilität, Erdung, Zentriertheit und Frieden.

Hilfe der Universellen Alten Frau für den Archetyp der Priesterin

In der Stille ruft die Universelle Alte Frau dem Archetyp der Priesterin zu:

»Ich bringe die Zentrierung.«

»Ich mildere deine Kraft mit Liebe.«

»Ich erlaube dir, dich zu entspannen und zu fließen.«

»Ich helfe dir, dich geliebt zu fühlen.«

Die Universelle Alte Frau harmonisiert den Priesterinnen-Archetyp, indem sie ihm hilft, sich geliebt zu fühlen.

Der Archetyp der Priesterin ist nur dann eine Herausforderung, wenn wir versuchen, gegen die Strömungen anzukämpfen, und dabei vergessen, dass die Alte Frau uns Stabilität bietet, denn sie ist unser beständiges Selbst und der Fels im Lebensfluss.

Wenn wir den Archetyp der Priesterin verkörpern, vergessen wir vielleicht alles, was wir auf unserer Reise durch das Labyrinth über uns selbst gelernt haben. Verzweifelt suchen wir außerhalb von uns nach einem Heilmittel, um unser Unbehagen zu lindern. Die Alte Frau lädt uns ein, uns ihr zuzuwenden, damit wir ihre sanfte Weisheit hören können. Sie sagt: »Du bist genug, so wie du bist, mein Kind, fühle einfach meine Liebe.«

Wenn der Archetyp der Priesterin uns Zeiten geringer körperlicher Ausdauer beschert, kann es schwerfallen, im Alltag zurechtzukommen. Dann flüstert uns die Alte Frau zu, dass wir loslassen, aufhören zu kämpfen und uns entspannen dürfen. Sie erinnert uns daran, dass Müdigkeit ein Geschenk ist, denn sie bietet uns die Möglichkeit, im Augenblick zu leben und die Gegenwart der Seele zu spüren. Die Alte Frau erinnert uns daran, dass wir mehr Dunkelheit als Licht sind. Aber indem wir uns ihr hingeben und unserer spirituellen Beziehung zu ihr mehr Raum einräumen, können wir Neues erschaffen.

Von Zeit zu Zeit kann uns der Archetyp der Priesterin mit seiner hochgradig reaktionären, impulsiven und zwanghaften Energie ganz schön herausfordern. Dann hilft uns die Alte Frau, uns zentriert und sicher genug zu fühlen, dass wir die wilden Kräfte umarmen und sie zum Nutzen aller harmonisch in die Welt lenken können. Die Alte Frau flüstert uns zu, dass wir die dynamische Dunkelheit loslassen und dennoch im Gleichgewicht bleiben können.

Die Alte Frau hilft uns, uns sicher und geliebt genug zu fühlen, um die Kräfte der dynamischen und empfänglichen Dunkelheit anzunehmen.

Die Universelle Alte Frau ist die Dunkelheit im Zentrum des Labyrinths, aber sie ist auch die Steinstufen, die wir bei jedem Schritt unter den Füßen spüren. Die zunehmende Dunkelheit lenkt unser Bewusstsein ganz natürlich auf unsere Füße und auf jede Steinstufe und in diesem Bewusstsein können wir die Gegenwart der Alten Frau erkennen, nicht als abstraktes Konzept, sondern als unmittelbare, unterstützende Präsenz.

Die Alte Frau ist unser Ziel, unsere Reise und unser Weg.

Der Geist verdunkelt sich

Das Unterbewusstsein ist ein erstaunlicher Teil der Wahrnehmung. Es besitzt die Gaben der Intuition, des inneren Wissens und der Kreativität, die sich aus der Fähigkeit ergeben, schnelle Verbindungen zwischen Erfahrungen, Erinnerungen und Überzeugungen, Wissen und tieferem Bewusstsein zu ziehen. Das Unterbewusstsein ist die Kraft hinter dem Intellekt, es ist die Bibliothek des Wissens, die der Intellekt ergänzt und von der er profitiert. Aber das Unterbewusstsein ist mehr als eine passive Ressource, es ist eine eigenständige Denkweise. Und wie wir in den Gestaltwandlerinnen-Jahren erfahren haben, wird dieses Denken immer einflussreicher, je tiefer wir in das Labyrinth hinabsteigen.

In der modernen Welt kann diese Veränderung des Denkens Schwierigkeiten bereiten, schließlich wird von uns erwartet, dass wir konsequent mit dem Intellekt denken. Aber die nun vorherrschende unterbewusste Wahrnehmung birgt jedoch enorm wichtige Fähigkeiten: inspirierte Ideen, das Erkennen von Mustern, das Verknüpfen scheinbar unzusammenhängender Informationen, das Erkennen der Kernwahrheit, spirituelles Bewusstsein, Sensibilität, Flexibilität, Anpassungsfähigkeit, kreative Problemlösung und das Erkennen von Gefahren. All diese Gaben können wir in das tägliche Leben, in die Familie, Arbeit und die Gemeinschaft einbringen.

Die dunkle Kreativität zu nutzen, um die Welt zu verändern, kann von Herzen Freude bereiten. Aber wenn wir nicht in der Lage sind zu artikulieren, was wir tief in unserem Inneren wissen, dann kann das auch ganz schön frustrierend sein. Wir können versuchen, so zu sein, wie es die äußere Welt erwartet, und den Schmerz, die Entmachtung und Erschöpfung, die damit einhergehen können, einfach hinnehmen. Besser aber wir erinnern uns daran, dass wir unbewusste Denkerinnen sind, besser wir lernen, diese dominante Wahrnehmung in unser Leben zu integrieren und sie auf die täglichen Aktivitäten anzuwenden.

Die Dunkle Zauberin ist sich der sinnlichen Welt sehr bewusst und verschafft uns den Zugang zu Methoden der Erinnerung jenseits des Intellekts. Während das Licht der intellektuellen Verarbeitung in unserem Bewusstsein abnimmt, nimmt die Dunkelheit anderer Formen der Informationsverarbeitung sowie des Schaffens und Abrufens von Erinnerungen zu. Viele von uns lassen sich im Alltag von ihrem »intellektuellen Autopiloten« steuern und teilen die unrealistische Erwartung der modernen Welt, dass nur der »denkende Verstand« unsere Bedürfnisse erfüllen wird. Stattdessen uns selbst die Erlaubnis zu erteilen, uns an unterbewusste Verarbeitungsmethoden anzupassen und eine neue Art von Erinnerungen zu schaffen, kann eine große Herausforderung sein.

Aber die Zauberin bietet die Lösung: im Augenblick präsent sein, die sinnliche Natur ansprechen und dem, was wir gerade erleben, für ein paar Sekunden die ungeteilte Aufmerksamkeit schenken. Dazu nehmen wir die Erfahrung auf allen Ebenen bewusst wahr – visuell, auditiv, kinästhetisch, emotional, mental und spirituell. Dann können wir den Gedanken oder die Erfahrung im Unterbewusstsein verankern.

Zusätzlich zu dieser neuen Art, Erinnerungen zu prägen, sollten wir uns immer bewusst sein, dass in den Jahren der Zauberin (ebenso wie in den prämenstruellen Zyklusphasen) das negative Denken glaubwürdiger erscheint als positive Gedanken. Als Dunkle Zauberin kann sich diese »Gabe« noch verstärken, wenn viele störende Emotionen den oberflächlichen Verstand überschwemmen und das Bedrohungsalarmsystem aktiver wird.

In den vergangenen prämenstruellen Phasen haben wir vielleicht bemerkt, wie schnell positive Affirmationen zu Staub zerfallen können. Die Macht einer negativen Affirmation hingegen haben wir vielleicht nicht erkannt. Als Dunkle Zauberin öffnet sich unser Geist und nimmt eine negative Aussage wie »Ich bin nicht stark« bereitwillig als Realität an. Mit dieser Öffnung wird die tiefergehende Informationsverarbeitung der Alten Frau eingeleitet, daher können wir als Reaktion auf diese Aussage tief in unserem Inneren ein wortloses Gefühl der inneren Stärke spüren. Das Negative wird ignoriert, weil die Energien der Alten Frau keine Gegensätze zulassen.

Diese Herangehensweise an Affirmationen scheint alles umzustoßen, was man gemeinhin darüber berichtet. Aber wie viele Frauen wurden nach der Menopause dazu befragt, ob negative Affirmationen schlussendlich positiv für sie wirken? In den Jahren der Dunklen Zauberin haben wir die Macht, oberflächliche negative Interpretationen in etwas Positives und Ermächtigendes umzuwandeln, indem wir bewusst negative Aussagen denken, die auf unseren unmittelbaren Umständen basieren, und uns dann nach innen wenden, um das positive Gefühl, das daraufhin in unserem Inneren entstanden ist, bewusst wahrzunehmen.

Zu negativen Gedanken gehört immer auch ein leistungsfähiges Bedrohungswarnsystem, aber jetzt können wir es nur als Hilfsmittel betrachten und nicht als Ausdruck unserer Gefühle. Ängste beispielsweise betrachten wir einfach als blinkende rote Lichter und Sirenen unseres Warnsystems. In dem Moment, in dem wir bewusst überprüfen, ob die Bedrohung ein sofortiges Handeln erfordert, schaltet das Alarmsystem oft seine Sirene ab, denn nun weiß es, dass wir die Bedrohung wahrnehmen und darauf reagieren. Diese Reaktion kann einfach sein, aber sie muss die Angst widerspiegeln, die den Alarm ausgelöst hat, und es kann etwas Zeit in Anspruch nehmen, sich in diese Botschaft hineinzufühlen.

In den Jahren der Dunklen Zauberin kurz vor unserer Rückkehr fühlen wir uns häufig von den Anforderungen der modernen Gesellschaft geistig ausgelaugt. Aber diese geistige Müdigkeit und Verlangsamung hat nichts mit »Altern« zu tun. Vielmehr ist sie ein Zeichen für die Art, wie wir Informationen aufnehmen und miteinander verbinden.

Manchmal werden wir sehr sensibel für visuelle, taktile oder akustische Reize aus der Umwelt. Wenn der Geist dann nicht filtert, sondern alle Informationen gleichberechtigt wahrnimmt, kann das die bewusste Verarbeitung schon mal überfordern. Vielleicht reagieren wir dann extrem empfindlich auf die Emotionen anderer Menschen und spüren sehr klar, wie die Energie eines Ortes oder einer Situation auf uns wirkt. Um den Erwartungen der Gesellschaft zu entsprechen, müssen wir uns vielleicht auch selbst genauer beobachten, wodurch wir für unseren Verstand eine zusätzliche Ebene der Interpretation der Welt schaffen. Vielleicht brauchen wir tatsächlich die zusätzliche geistige Konzentration und Analyse, um die Bedürfnisse anderer zu interpretieren, weil sich unsere Grundwerte verändert haben. Wenn unsere Werte nicht mehr mit jenen der jüngeren Gesellschaft übereinstimmen, können wir die Beweggründe der Menschen nicht mehr automatisch verstehen.

Auch körperliche Probleme beanspruchen unsere Aufmerksamkeit, etwa weil die Gelenke schmerzen und das Gehen daher mehr Konzentration erfordert oder wir andere dauerhafte medizinische Probleme bewältigen müssen. Unser wachsendes spirituelles Bewusstsein verlangt Anerkennung und Interaktion, ebenso die alten Muster, die erwachen und die es anzunehmen und in unser Selbstverständnis zu integrieren gilt.

All diese Informationen *gleichzeitig* zu interpretieren, verbraucht enorm viel mentale, emotionale und körperliche Energie – es ist offensichtlich, dass wir uns mehr Zeit für die Verarbeitung und Interpretation alltäglicher Interaktionen und Ereignisse nehmen müssen. Wir müssen uns vom Multitasking im Alltag verabschieden und zu Monotaskern werden, nicht weil wir unfähig sind, sondern weil wir in unserer inneren Welt bereits Hochleistungs-Multitasking betreiben!

In unseren zyklischen Mutter-Jahren verarbeitete das geistige Bewusstsein nur die Informationen unserer sieben Sinne. Jetzt, in den Jahren der Dunklen Zauberin, verarbeiten wir kontinuierlich eine riesige Datenbank mit Informationen aus der äußeren Welt zusammen mit jenen aus der unterbewussten Bibliothek von Erinnerungen und Überzeugungen, dem inneren Wissen unserer Seele und ihrer Verbindung zum Universum.

Es ist ein Irrglaube, dass sich die geistigen Fähigkeiten im Alter verlangsamen. Tatsächlich ist das Gegenteil der Fall, denn wir denken jetzt mit den superschnellen Breitbandverbindungen des Unterbewusstseins und wir brauchen nur deshalb mehr Zeit zum Denken, weil das Unterbewusstsein so viele verschiedene Ebenen von Informationen, Verbindungen und Wahrnehmungen *gleichzeitig* verarbeitet und durchsucht! Wir sind keine begrenzten Denkerinnen mehr – jetzt sind wir universelle Denkerinnen geworden. Warum also betreten wir einen Raum und fragen uns, warum wir ihn betreten haben? Wir verarbeiten unsere Realität innerhalb des Universums, so gesehen wirkt die Suche nach dem Handy wie ein winziger Tropfen in einem riesigen Ozean an Informationen!

Wenn wir der »Suchfunktion« der »Datenbank des Universums« Zeit einräumen, erhalten wir die erstaunlichsten Ergebnisse. Noch einmal, diese Situation ist nicht neu für uns – in jeder prämenstruellen Zyklusphase hatten wir Zugang zu dieser Ebene des Bewusstseins, der Kreativität und des Orakels, allerdings nur für ein paar Tage. Jetzt wird sie uns für den Rest des Lebens angeboten, die einzige Voraussetzung ist, dass wir auf das Ergebnis unserer Anfrage warten, ohne weitere Daten einzugeben.

In den Jahren als Dunkle Zauberin helfen ruhige Momente, um die eigene spirituelle Verbindung zu spüren und zentriert zu bleiben. Wir brauchen diese ruhigen Momente, denn als Frauen mit Weisheit und Einsicht haben wir eine wichtige Aufgabe für die Menschen um uns herum zu erfüllen.

Wir brauchen auch Zeit allein in der Natur, damit die sanften Energien der Erde uns wieder zu uns selbst zurückbringen können. Wir brauchen Zeit zum Schlafen, damit der erschöpfte Geist seine Batterien wieder aufladen kann, und wir brauchen Zeit in der Dunkelheit, um offen zu sein für die großen Tiefen des Unterbewusstseins, für seine Schnittstelle mit der Seele und dem Universum. Lege oder setze dich dazu mit geschlossenen Augen in einen dunklen Raum und spüre, wie wohltuend die Dunkelheit und das Fehlen äußerer Einflüsse wirken. Du kannst dir vorstellen, wie du alltägliche Themen und Menschen in alle Richtungen von dir fort stößt wie die Schockwelle einer Explosion. So erschaffst du einen energetisch ruhigen Zufluchtsort, an dem du dich erfrischen kannst. In diesem dunklen Raum kannst du die Universelle Alte Frau um Einsicht bitten, kannst in ihrer Dunkelheit schweben und in den Gefühlen und Bildern, die auftauchen, auf ihre Antwort warten.

Das ist die wahre Macht der Dunklen Zauberin: zwischen den Welten zu schweben, um die spirituelle Inspiration und das Wissen, das jenseits des Selbst und der persönlichen Erfahrung liegt, in den Alltag zu bringen. In dieser »Traumzeit« können wir um die Energien und Veränderungen bitten, um das Bewusstsein so zu erweitern, dass es in der äußeren Welt bei uns bleibt, uns vor den Auswirkungen des modernen Lebens schützt und uns gleichzeitig befähigt, Schönheit, Licht, Liebe und Weisheit in alltägliche Aktivitäten und Beziehungen fließen zu lassen. Dies ist ein inneres Gebet, es ist das Ziel, das wir in uns tragen, wenn wir aus dem Reich der Dunklen Zauberin durch die Rückkehr in das Reich der Alten Frau gehen.

Das Bild einer Alten Frau, die allein im Wald lebt, beschreibt eine magische Frau, die die Auswirkungen der Energien des Alltags bewältigt. Es ist jedoch wichtig, den Wunsch, allein und unabhängig zu sein, durch eine positive und spirituelle Einstellung zur Unterstützung durch andere auszugleichen. Wenn unsere älteren Frauen als spirituelle Eingeweihte, als Pilgerinnen auf einer Reise respektiert würden, dann wäre es eine heilige Opfergabe an die Dunkle Zauberin und die Alte Frau, diesen Frauen zu helfen. Dann wäre Hilfe keine Wohltätigkeit, die auf entwürdigendem Mitleid basiert, sondern eine Form dargebotenen Respekts. Solche Hilfsangebote aus spirituellem Verständnis heraus haben das wichtige Potenzial, die Schuldgefühle zu beseitigen, die viele ältere Frauen empfinden, weil sie glauben, anderen zur Last zu fallen.

Die Gesellschaft hat uns davon überzeugt, dass wir ausschließlich mit dem Intellekt die menschliche Erfahrung des Universums erfassen und verstehen können. Jetzt wissen wir, dass das nichts als ein fantastischer Schwindel ist. Wir wissen, dass der Intellekt viel zu begrenzt und völlig unqualifiziert für diese Rolle ist!

Auf dem Weg zur Rückkehr

Je weiter die Jahre der Dunklen Zauberin fortschreiten und je näher wir der Rückkehr kommen, desto seltener und schwächer dringen die Archetypen-Energien in unser Wesen ein, denn immer mehr Aspekte unserer weiblichen Energien sind zu einem integralen Bestandteil unseres Wesens geworden. Die Momente, in denen wir uns vollständig fühlen, nehmen zu, und wir erkennen, dass unser Weg der inneren und äußeren Veränderung Früchte trägt. Die Universelle Zauberin verliert an Dominanz und Einfluss und wird durch die ruhige, zentrierte Selbstsicherheit der Universellen Alten Frau abgelöst. Die Perioden, in denen wir den Einfluss der Alten Frau spüren, werden länger, aber wir empfinden das nicht als schwindende Kraft, sondern als Vollständigkeit, Stabilität und liebevolle Präsenz. Diese Ausdehnung der Perioden der Einheit und unser wachsendes spirituelles Bewusstsein zeigen uns, dass wir der Rückkehr nahe sind.

Wenn wir das Ende der Jahre der Zauberin erreichen, blicken wir vielleicht auf die Zeit seit der letzten Blutung zurück und spüren tief in unseren Knochen, dass unsere Welt nun eine andere ist. Die Projekte und Aktivitäten, an denen wir teilgenommen haben, um verborgene Aspekte von uns selbst freizusetzen und zum Ausdruck zu bringen, haben ihren Lauf genommen und die Integration erreicht, die wir brauchten. Wir verlassen die Lebensphase als Zauberin, aber das ist nicht traurig, sondern eher eine weitere Ernte, ein Ende der zweiten Adoleszenz und ein Höhepunkt der weiblichen Energien, die wachsen und sich verändern.

In den letzten Jahren rührt ein großer Teil unseres Antriebs von dem Bedürfnis her, authentisch zu sein und die Aspekte von uns in die Welt zu bringen, die bisher verborgen oder eingeschränkt waren. Jetzt sind sie als Teil von uns selbst in der Welt und es gibt keinen Grund mehr, besondere Szenarien zu finden, in denen wir sie zum Ausdruck bringen. Was wir erreicht und durchgemacht haben, müssen wir nicht abschließen, denn wir haben das alles bereits hinter uns gelassen. Die Erkenntnis, dass die Rückkehr nahe ist, geht tief, aber es kann eine Weile dauern, bis wir sie anerkennen und danach handeln – einfach weil wir uns für andere Menschen verantwortlich fühlen und uns um sie sorgen.

Diese Haltung, sich darum zu kümmern, wie sich unsere Veränderungen auf andere auswirken, unterstreicht einmal mehr, dass wir in die Jahre der Alten Frau übergehen. Wie die Dunkle Zauberin werden wir uns von Aufgaben und Menschen, die uns Energie rauben, verabschieden, aber jetzt tun wir dies aus einem Gefühl tiefer Liebe für die betroffenen Menschen und aus der Bereitschaft heraus, sie durch diesen Prozess zu unterstützen. Wir fangen an, aus unserem wahren Ich heraus zu leuchten, und unser Licht bleibt von den Worten, Handlungen und Energien um uns herum unbeeinflusst. Wir sind endlich frei. Frei, authentisch zu sein und unserem Licht und unserer Freude zu folgen.

Im Herzen des Labyrinths

Auf dem Weg zum Stadium der Alten Frau können wir versuchen, die Alte Frau durch Vergleiche zu definieren, zum Beispiel indem wir Energien, Ausdrucksformen und Bedürfnisse der Zauberin mit denen der Alten Frau vergleichen. Aber wenn wir uns dem Herzen des Labyrinths nähern, ergîbt dieses Vorgehen keinen Sinn mehr, denn um zwei Dinge zu vergleichen, müssen sie voneinander getrennt sein und jeweils eine eigene Integrität besitzen.

Je mehr wir uns also den Jahren der Alten Frau nähern, desto weniger können wir sie mit der Zauberin vergleichen, denn in uns existiert keine Trennung mehr zwischen beiden. Die Zauberin geht in die Alte Frau über. Wir spüren das im ganzen Körper, aber die Auswirkungen können völlig unerwartet und erst im Nachhinein zu erkennen sein. Erst wenn wir ein oder zwei Jahre später zurückblicken, sehen wir, wie wir einst als Zauberin waren, und erkennen, dass es in uns keine Trennung zwischen der inneren und der äußeren Welt mehr gibt.

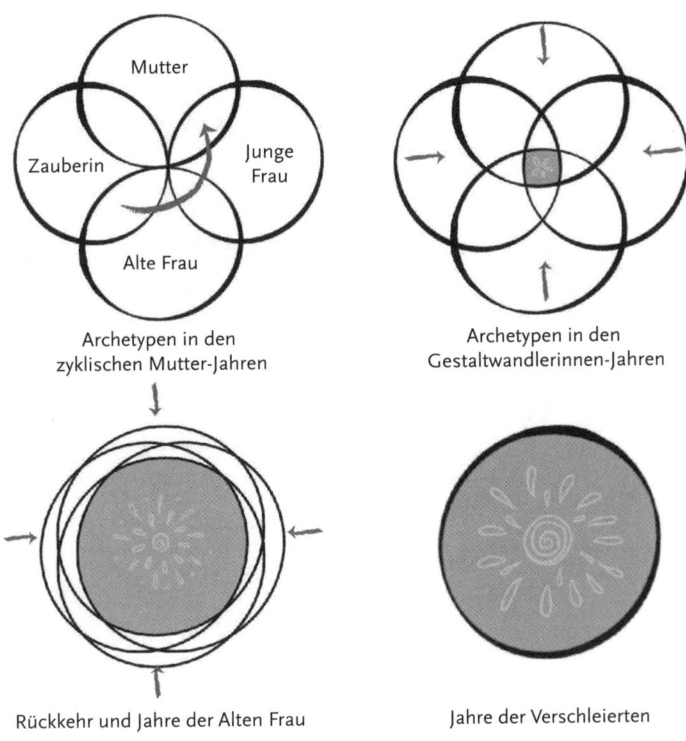

Abb. 15: Die Archetypen und die Rückkehr

Kapitel 8: Eintritt in die Jahre der Alten Frau

Wir sind eingehüllt
in den durchscheinenden Schleier
des heiligen Raums.

Seelenmutter-Meditation: Eine Widmung

Wenn du die Rückkehr in dir spürst, hast du deine Lebensrolle als Seelenmutter übernommen. Jetzt beeinflusst die Gegenwart der Universellen Alten Frau dich und deinen weiteren Weg. Die Alte Frau wird dich von nun an leiten.

Vielleicht wird die Alte Frau während der Meditation nicht mit Worten zu dir sprechen. Dann denke daran, dass sie sich durch inneres Wissen, tiefe Gefühle und langsame Enthüllungen mitteilt. In jedem Fall ist die Saat in deiner Dunkelheit gesät und sie wird zum Licht hin wachsen, um sich zu offenbaren.

Diese Meditation kannst du einmal durchführen oder dann und wann wiederholen, um den Weg der Seelenmutter in der Welt zu würdigen.

Schließe die Augen und atme tief ein und aus.
Fühle, wisse oder siehe, dass du in einer Winterlandschaft am Fuß einer Anhebung stehst. Die Bäume in der Ferne sind kahl, Frost überzieht das Gras mit funkelnden Eiskristallen.
(Pause)
Langsam gehst du einen Pfad entlang, der zu einem Erdwall oben auf dem Hügel führt.
(Pause)
Oben angekommen, hältst du inne und atmest tief durch. Blassgraue Wolken bedecken den Himmel und in den Tälern rund um den Hügel liegt Nebel.
Am Fuß des Erdwalls befindet sich ein dunkler Eingang. Er besteht aus zwei verzierten aufrechten Steinen und einem Türsturz.
Du spürst den tiefen Frieden des Landes unter deinen Füßen. Du weißt in deinen Knochen, dass die Zeit reif ist, du bist bereit.
(Pause)
Wirf einen letzten Blick auf die Welt und betrete den Erdwall.

Im Innern ist es still und dunkel und je weiter du dem Gang folgst, desto mehr wächst die Liebe in deinem Herzen.
(Pause)
Am Ende des Ganges siehst du einen gewebten Vorhang. Du ziehst ihn zur Seite und betrittst einen Raum, der von einem kleinen Feuer in der Mitte erleuchtet wird. Im flackernden Schein der Flammen sitzt eine dunkle Gestalt, die vollständig in einen schweren schwarzen Schleier gehüllt ist. Du weißt, dass vor dir die Seelenmutter sitzt.
Ehrfürchtig kniest du nieder und vernimmst ein Flüstern.
»Willkommen, mein Kind.«
In diesem Moment erkennst du, dass du in ein neues Leben geboren wirst.
Lass dir Zeit, um dieses Gefühl anzunehmen.
(Pause)
Sage dann laut: »Große Alte Mutter, ich bitte dich, lass mich dein Herz, deine Hände und deine Weisheit sein in der Welt.«
(Pause)
In der Stille hörst du die Stimme der Alten Frau.
»Ich gebe dir meinen Mantel als Schutz vor der Härte der Welt.«
»Ich gebe dir meinen Stab, er wird dich erden und stützen.«
»Ich gebe dir meine Schale, damit du meine Liebe trägst und mit anderen teilst.«
»Ich gebe dir meinen Zauberstab, damit du den Stoff der Welt weben kannst.«
»Ich gebe dir meinen Sternenkessel, damit du meine Visionen empfängst und an meiner Weisheit teilhaben kannst.«
»Ich gebe dir mein weißes Haar und mein blasses Gesicht, damit alle wissen, dass du meine Vertreterin bist.«
»Und ich gebe dir deinen Weg.«
Die Liebe fließt über dich und durch dich hindurch. Tiefes Wissen entfaltet sich in dir.
Du siehst, dass dein Weg ein Weg der Liebe für die Welt und ihre Bewohner ist, ein Weg, der mit dem Geist und der Natur, mit der Vergangenheit und der Zukunft in Einklang ist.
Öffne dich der Dunklen Mutter und lasse dir den Weg weisen.
Diese Reise gehört dir, nimm dir so viel Zeit, wie du möchtest.
(Lange Pause)
Atme tief ein und aus.

Erneut stehst du vor dem Eingang des Erdwalls auf dem Hügel. Die Welt um dich herum fühlt sich voller Möglichkeiten und Neuanfänge an.
Ein junges Mädchen streckt dir die Geschenke der Alten Frau entgegen. Du nimmst sie und hüllst dich in den dunklen Mantel.
(Pause)
Du stützt dich auf den Stab und ergreifst die Hand des jungen Mädchens. Gemeinsam blickt ihr auf die schöne Winterlandschaft.
Tief in deinem Innern spürst oder weißt du, dass dir der Weg der Seelenmutter eröffnet wurde. Du brauchst lediglich den ersten Schritt zu tun, dann wirst du sehen, wie er sich vor dir entfaltet.
Mache den ersten Schritt auf deinem Weg.
(Pause)
Richte die Aufmerksamkeit wieder auf deinen Körper, auf das Gewicht der Arme und Beine.
Spüre die Zufriedenheit, die in deinem Körper und in deinem Herzen liegt.
Lächle.
Fühle Dankbarkeit.
Öffne die Augen.
Sei willkommen, Seelenmutter.

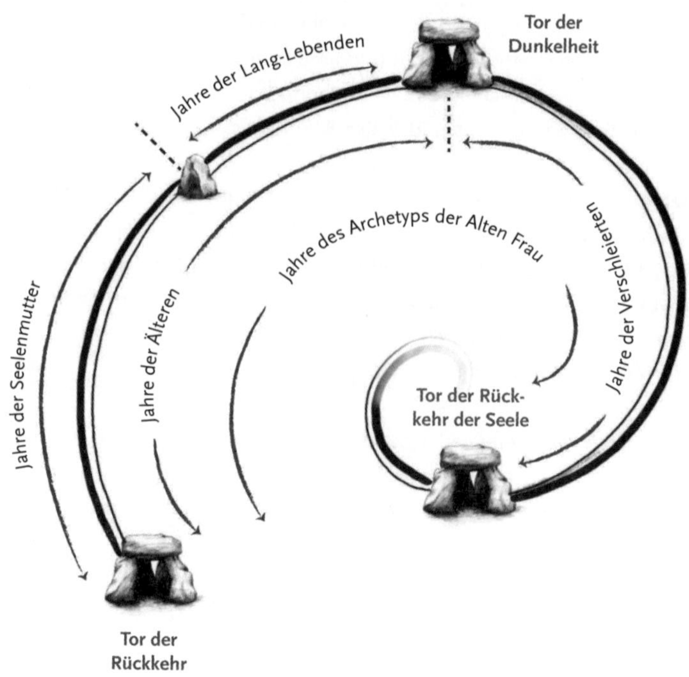

Abb. 16: Jahre der Alten Frau

Die letzte Stufe des Labyrinths

Die Dunkelheit der Universellen Alten Frau ist nicht leer, sie isoliert uns nicht und wiegt nicht schwer. Reagierst du mit diesen Gefühlen auf die Dunkelheit, dann weißt du, dass du noch auf dem Labyrinthweg bist und das Zentrum noch nicht erreicht hast. Dann stehst du noch unter dem Einfluss der Dunklen Zauberin. Wenn in einem emotionalen Aufruhr plötzlich Ruhe einkehrt und du das Gefühl hast zu fallen, wenn du verloren bist in der Stille, verwirrt bist und nicht weißt, wie du reagieren sollst, dann weißt du, dass du immer noch unter dem Einfluss der Dunklen Zauberin stehst, denn sie bestimmt unser Selbstverständnis, indem sie Widerstand gegen die Veränderungen des Lebens hervorruft.

Aber wenn wir uns nicht verloren fühlen, sondern die Ruhe erhebend und die Dunkelheit als unser Zuhause empfinden, wenn wir darin sanfte Stärke und Zentriertheit spüren, dann wissen wir ohne Zweifel, dass wir am Ende der Stufen angelangt sind und vor dem Eingang zum inneren Heiligtum des Labyrinths stehen. Wenn wir in der Dunkelheit die sanfte und doch kraftvolle Liebe und Ruhe der Dunklen Mutter spüren, die durch alle Zellen unseres Körpers, durch unser Herz und unsere Seele fließt, dann wissen wir, dass die Seelenmutterjahre beginnen und wir in das Lebensstadium der Alten Frau eintreten.

Über die Schwelle tretend wird es zu keiner dramatischen körperlichen Veränderung kommen, vielmehr strömt allmählich das Bewusstsein in uns ein, dass sich die Verbindung zu dem, was wir einst waren, endgültig aufgelöst hat. Dieses Bewusstsein entsteht durch den Schleier der Alten Frau, der uns von unserer Vergangenheit trennt: Wir können durch den Schleier in die Vergangenheit blicken, aber wir identifizieren uns nicht mehr mit ihr. Da sind weder Sehnsucht noch Tränen, weil etwas verloren ist, stattdessen finden wir eine umfassende Akzeptanz, ein tiefes Gefühl, in unserem heiligen Selbst zentriert zu sein, authentisch zu sein. Wir urteilen nicht mehr über andere oder uns selbst und akzeptieren, dass unsere Handlungen in der Vergangenheit sich aus den Mustern der Gedanken, Einflüsse, Überzeugungen und Verhaltensweisen ergaben, die wir zu jener Zeit hatten.

Jetzt stehen wir hier in einem neuen Bewusstsein, als neuer Mensch, dem alles vergeben ist und der alle Schuld und allen emotionalen Ballast im wunderbaren Licht der Rückkehr abgewaschen hat. Die dunkle Kleidung unseres Rückzugs ist verschwunden, stattdessen sind wir jetzt in Weiß gekleidet. Der spinnwebfeine Schleier der Alten Frau, an dem die Zurückgekehrten zu erkennen sind, fällt über unseren Kopf, die Schultern und den Körper und wird Teil von uns. Er schafft einen konstanten heiligen Raum um uns herum, damit wir in der Welt wandeln können, zentriert in unserem spirituellen Bewusstsein. Die Liebe, die von uns ausgeht, segnet die Welt, hält uns geerdet und zentriert in der spirituellen Welt der Natur und der Sterne. Durch diese Liebe können wir Herz und Hände des Göttlich-Weiblichen in der Welt sein.

Wir stehen nicht mehr in der Dunkelheit auf den Stufen des Labyrinths, sondern wir treten über die Schwelle in das Licht der Mitte.

Verliehene Macht

Das Heiligtum im Zentrum des Labyrinths ist erfüllt vom Licht der Verhüllten, dem unsichtbaren Licht der Seele des Universums. Wir nehmen einen tiefen Atemzug. Die dynamische Zeit des Abstiegs ist beendet, jetzt haben wir Zeit für Ruhe, Selbsterkenntnis und Wertschätzung. Im weichen weißen Licht sehen wir die Umrisse einer schönen Frau, die uns mit einer Geste einlädt, einzutreten – es gibt keine Worte für diesen Moment der Heimkehr zu ihr. Wir knien in inniger Liebe und Hingabe nieder. Alles, was wir durchgemacht haben, hat uns zu diesem Augenblick geführt.

Nach einer Zeit der friedvollen Stille erscheint unser Intellekt in Form eines jungen Mädchens. Es legt einen langen, dunklen, durchscheinenden Schleier über unser gebeugtes Haupt. Als der hauchdünne Schleier sich über uns legt, wissen wir, dass wir eine Seelenmutter geworden sind. Wir werden mit einem zarten, goldenen, mit Sternen verzierten Kranz gekrönt. Die Sterne leuchten hell im Licht der Ermächtigung, die uns die Göttin zuteilwerden ließ, und unserer Verbindung zu den geistigen Reichen.

Jede Alte Frau ist eine gesalbte Königin des Landes, auf dem sie lebt. Jede Alte Frau besitzt die Autorität des Göttlich-Weiblichen und ist ermächtigt, sich mit der Mutter zu verbinden, die Bedürfnisse ihres Volkes zu tragen, eine Stimme für die Geister, für alle Kreaturen und Pflanzen des Landes zu sein und die Welt mit Weisheit neu zu erschaffen.

Mit der Rückkehr kommen Spiritualität, Einsicht, innerer Frieden und Liebe, die ältere Frauen befähigen, den Weg einer Seelenmutter zu gehen – für ihre Familie, ihre Gemeinschaft, das Land und zukünftige Generationen. Sie sind die Ermächtigten, die Heiligen, die Lang-Lebenden und die Priesterinnen der Alten Frau. Sie sind von Magie umgeben und von Freude erfüllt.

Das junge Mädchen, unsere Magd, führt uns aus dem inneren Heiligtum, bis wir das Labyrinth verlassen. Eine Vielzahl von Wegen führt durch die Landschaft vor uns. Mit unserer weißen Tunika, dem schwarzen Umhang, Schleier und Stab treten wir an der Hand unseres Intellekts zurück in die Welt.

Unsere Magd ist die schmale helle Sichel des abnehmenden Mondes, das verbleibende Licht unseres Intellekts und unseres Fokus nach außen. Als Frauen der Dunkelheit, die in der äußeren Welt wandeln, brauchen wir die verbleibenden Lichtenergien und unsere Perspektive, um mit den Bedürfnissen und Erwartungen dieser Welt zu interagieren. Unser Intellekt wird für uns zur Stütze, zur Stimme, Schnittstelle und Dolmetscherin. Er gibt unseren inneren Erfahrungen eine Form, damit wir sie anderen mitteilen können, und er interpretiert die Feinheiten des Alltags für uns, sodass wir Teil dieser Welt bleiben können.

In den Jahren der Zauberin waren wir »Wanderinnen zwischen den Welten«, jetzt sind wir die »innere Welt, die in der äußeren Welt wandelt«. Der verbleibende Intellekt setzt in uns den Impuls, den neuen Weg des spirituellen Lichts zu gehen und unsere Einheit und Souveränität in den Dienst der Welt zu stellen. Mithilfe unseres nach außen gerichteten Bewusstseins empfinden wir Freude über die Wiedergeburt aus dem Schoß des Labyrinths. Aufgeregt stehen wir am Beginn der nächsten Phase unseres Lebens und wollen die äußere Welt mit Liebe und Verständnis erforschen. Wir verkörpern die Alte Frau mit ihrer Magd, wir treten ein in die Jahre der Alten Frau.

In unseren Seelenmutterjahren ist unser Schleier fein, noch ist unser Gesicht darunter zu sehen. Wir sind noch nicht bereit für den schweren, dunklen Schleier, der unser Gesicht vollständig vor der Welt verbirgt, oder für den Rückzug in die Gebärmuttergruft des Labyrinths – das liegt in unserer Zukunft, in den Jahren der Vollständigen Alten Frau, vielleicht in einem Alter von 80 oder 90 Jahren. Aber jetzt, nach dem langen, leidenschaftlichen Weg des Wandels und der Selbsttransformation, nach dem Chaos und den Brüchen, nach den Höhen und Tiefen, stehen wir wieder im Licht, frei in unserer Kraft, innerlich vollständig, zentriert und zuversichtlich auf dem Weg des seelenvollen Dienstes, den uns das Göttlich-Weibliche aufgegeben hat.

Die Jahre der Seelenmutter

Wie Eva haben wir den Fluss überquert und haben das heilige Reich der Alten Frau betreten. Jetzt fühlt sich der Titel »Alte Frau« für uns angenehm an, er gehört zu uns. Wir spüren die Veränderung in unserem Wesen, aber wir können sie nicht analysieren, denn es ist eine spirituelle Transformation. Nun sind wir Wesen der inneren Welt, keine Denkerin der äußeren Welt mehr.

Unsere Reise hat uns an den Anfang dieses Buches zurückgeführt. Die Wellen haben sich zurückgezogen und wir stehen auf dem Meeresgrund, der bis zum Horizont reicht. Was verborgen war, zeigt sich uns jetzt, und unser Selbstverständnis wird nicht mehr durch die Küste begrenzt. Unter unseren Füßen liegen Stabilität und Ruhe, die turbulenten Strudel der auslaufenden Ebbe haben sich in ein Gefühl der Zentriertheit aufgelöst.

Die sich zurückziehenden Energien der Ebbe bedeuten nicht, dass wir am Ende des Lebens stehen, vielmehr tauchen wir aus den Wellen auf. Wie der Nachthimmel bei Dunklem Mond offenbart sich uns das Universum, und wir erfahren unsere Gegenwart als Teil des universellen Bewusstseins. Wie in den Menstruationsphasen erleben wir eine gelassene Kraft in uns, ein großes Potenzial, eine Akzeptanz des Lebens mit all seinen Herausforderungen und Segnungen sowie bedingungslose Liebe und Vergebung. Wir spüren, wie dünn die Grenze zwischen dem Sichtbaren und dem Unsichtbaren ist, und wir wissen genau, dass alles Teil einer einzigen wunderschönen Universellen Mutter ist, die sich durch ihren Körper – das physische Universum – ausdrückt. Wir sind den Weg der Einweihung gegangen, wir haben die Tiefen in uns selbst erforscht, wir sind gebrochen und entblößt worden, bis sich das alte Bewusstsein und die alten Muster vollständig aufgelöst haben und wir zu unserer neuen Form als Seelenmutter geboren wurden.

Es gibt keinen Übergangsritus für unser Priesterinnentum, die Gesellschaft muss uns auch nichts anbieten als Zeichen der Anerkennung, denn wir spüren die Gegenwart des Universums in uns und unsere Amtsabzeichen sind unser vom Mond geküsstes Haar, das von Falten gezeichnete Gesicht, unsere Einfachheit, unser Seelendenken und der maßvoller Umgang mit der uns zur Verfügung stehenden Energie.

Eine weite Reise liegt hinter uns – von der Erntemutter mit den ersten unregelmäßigen Zyklen über das Weisheitsblut zum Jahr der 13 Monde, um Gestaltwandlerin zu werden, dann die Dunkle Zauberin und schließlich die Einheit der Rückkehr und der Eintritt in die Seelenmutterjahre. Das Fließen der äußeren Identität, die sich aus Dunkelheit und Licht zusammensetzt, hat sich in das Seelenlicht verwandelt. Es ist dieses Licht, das von uns in die Welt strahlt, das uns zu Seelenmüttern macht. Die Dunkelheit und der gealterte Körper sind unser Umhang, der die Welt vor dem wachsenden Glanz unseres Seelenlichts schützt, während wir unseren Dienst für die Universelle Alte Frau in der Welt tun.

Die Alte Frau segnet ihre Seelenmütter mit einer unmittelbaren existenziellen Erfahrung. In jedem Moment existieren in uns alle Schwingungs- und Wahrnehmungsebenen gleichermaßen, ohne Trennung und ohne dass sich unsere Verkörperung ändert. Genau das ist die Einheit der Rückkehr. Das Lied unseres Körpers, das Lied der Erde und der Mutter des Universums bilden in uns ein einziges Lied voller wunderschöner Harmonien. Die Energien und Wahrnehmungen der vier weiblichen Archetypen sind nicht länger getrennte Aspekte unserer Weiblichkeit, sondern sie sind die Werkzeuge unseres seelenzentrierten Selbstverständnisses – sie werden zu unserem Stock, Kelch, Zauberstab und Kessel.

Nach der Reise durch die Dunkelheit werden wir einige Zeit brauchen, um uns an das Licht im Zentrum des Labyrinths zu gewöhnen. Daher werden wir in den kommenden Jahren der Alten Frau weiterhin lernen, wachsen und uns entwickeln.

Der Übergang von den Jahren der Dunklen Zauberin zu den Jahren der Seelenmutter ist auch eine Transformation der Schwingung. Die Energiestruktur und die Energiezentren einer Seelenmutter unterscheiden sich von jenen in den Mutter- und Zauberinnen-Jahren. Während sich das Bewusstsein verändert, verändert sich auch der Körper, und das wirkt sich wiederum auf das Bewusstsein aus.

Als Seelenmutter haben sich die Energiezentren für spirituelles Bewusstsein, Liebe und Verbindung und weibliche Ermächtigung verändert. Sowohl die Verbindung zwischen Gebärmutter und Erde als auch die Verbindung zwischen Gebärmutter und Mond haben sich ebenfalls verändert. Jetzt öffnen sich die höheren Energiezentren, gleichzeitig erwachen die tieferen Energiezentren, um uns zu erden, sodass wir ein höheres Bewusstsein in der physischen Welt verkörpern können. Wir gehen unseren Weg – verwurzelt in der Erde, mit dem Mond auf der Stirn und den Sternen im weißen Haar.

Die Wandlung zur Seelenmutter bringt auch eine Veränderung in der inneren Mythologie mit sich. Wir brauchen eine neue Geschichte, die wir mit anderen Frauen, die ebenfalls aus dem Labyrinth wiedergeboren wurden, teilen können. Am Nachthimmel wird der Mond nun zur Betagten, die uns ihr Gesicht zeigt, umrahmt von ihrem weißen Haar und ihrem dunklen Mantel. Sie erinnert uns daran, dass auch wir als Seelenmutter in zwei Welten leben, dass auch wir die Welt sowohl in unser Licht tauchen als auch in unserer Dunkelheit halten können. Wir sind jetzt »die, die vorwärts kommt« und »die, die sich zurückzieht«, »die, die die Welt erleuchtet« und »die, die die Welt festhält«. Die Betagte zeigt uns, dass wir, um in der äußeren Welt zu leben, mit unseren Energien haushalten und ihr auf ihrem monatlichen Weg des Strahlens und des Rückzugs folgen müssen.

Die Alte Frau in die Welt bringen

Nach unserem Rückzug in den Jahren der Dunklen Zauberin treten wir nun wieder in die Welt hinaus, krempeln die Ärmel hoch und konzentrieren uns auf die neue Rolle. Wir knien nicht mehr betend im Tempel, jetzt fegen wir die Böden – denn für uns ist das dasselbe. Wir beginnen eine neue Reise, aber dieses Mal sind der Weg und das Wachstum sanfter, weil wir nicht mehr durch Gegensätze erwachen und wachsen müssen. Wir brauchen nicht mehr die Magie der Zauberin, die ihre Geschichten webt, um die Gefängnismauern in uns zu sprengen. Die Reise auf dem Labyrinthweg hat uns von der jüngeren Welt getrennt – nun ist es an der Zeit, die wichtigste Arbeit unseres Lebens zu beginnen.

Als Seelenmutter folgen wir einem spirituellen Weg – den die Gesellschaft akzeptiert oder auch nicht. Wir sind Priesterinnen, die auf den asphaltierten, staubbedeckten Bürgersteigen der Städte wandeln, verhüllt in Heiligkeit. Die Universelle Alte Frau ruft uns in ihren Dienst, vielleicht als Weisheitsbewahrerin, als Mentorin, Ernährerin von Körper und Geist, als Bewahrerin der Tradition, Ahnensprecherin, Knochensortiererin, Hebamme für die Seele, Rätsellöserin, Geistermedium, Stimme der Erde, Heilerin, Wahrheitssucherin, Orakel, Wäscherin der Vergangenheit, Friedenswahrerin, Vermittlerin, Energieweberin, Schöpferin, Ausgleicherin ...

Vor uns liegen viele mögliche Wege und für den Dienst, den wir anbieten, können wir vielerlei Titel verwenden, bevor wir schließlich eine Verschleierte werden. Auf unserem Weg konzentrieren wir uns darauf, für die Zukunft zu sorgen, den hellen Funken junger Egos zu helfen, sich an die Dunkelheit zu erinnern, der sich entwickelnden Seele zu helfen, das zu teilen, was wir in unserem einzigartigen Leben gelernt haben, und ein besseres Verständnis für die Zyklische Göttin anzubieten. Auch wenn die Gesellschaft die Autorität und Macht, die uns unsere gezeichneten Gesichter und weißen Haare verleihen, noch nicht respektiert – wir müssen es tun, wir müssen unsere Magie und unseren Zweck in der Welt respektieren.

Leider ist das Leben für zahllose Alte Frauen traumatisch, leider unterstützt die Gesellschaft sie oft nicht und bestätigt sie nicht in der Rolle, die ihre Seele ihnen zugedacht hat. Wenn die Seele ruft, müssen wir folgen, sonst leidet unser körperliches, geistiges und emotionales Wohlbefinden. Es ist kein Wunder, dass sich ältere Frauen in geschlossene Gemeinschaften, in ihre Häuser oder Zimmer zurückziehen. Die äußere Welt kann für spirituelle Wesen zu rau sein, zu hektisch und zu abweisend gegenüber dem, was sie zu bieten haben. Das muss sich ändern. In vielen Ländern wird die Bevölkerung immer älter, daher müssen die Gesellschaften ihre Strukturen und Erwartungen überdenken. Ältere Frauen zu ermutigen und zu befähigen, ihren Seelenweg zu gehen, bringt die Kraft des Göttlich-Weiblichen zurück in die Welt.

Seelenmütter sind unter uns in den Geschäften, auf den Straßen und in den Häusern. Es ist an der Zeit, dass wir diese Frauen, ihre Lebenserfahrungen, den Weg der Einweihung, den sie gegangen sind, und ihre Position als Repräsentantinnen der Universellen Alten Frau würdigen.

Diejenigen, die vor uns gehen

In den Jahren der Alten Frau sind wir nicht ohne Führung – wir lassen uns vom Winter, dem Dunklen Mond und dem Niedrigwasser der Gezeiten leiten, ebenso von den Erfahrungen mit der Menstruation. Aber wir werden auch von denen, die diesen Weg vor uns gegangen sind, angeleitet.

Während wir die Jahre der Erntemutter und der Gestaltwandlerin durchlaufen, kann sich unser Verhalten der eigenen Mutter und älteren weiblichen Verwandten gegenüber verändern, denn sie gehen vor uns in das Reich der Alten Frau.

Unsere Alten Frauen sind, wie die Jungen Frauen, Wesen der Seelenebene. Aber während wir in jungen Jahren offen sind, um zu lernen, uns zu definieren und individuell zu werden, ist die Offenheit der Alten Frau ein Ausdruck der undefinierten und erweiterten Individuation. Die Junge Frau wird fokussiert, die Alte Frau verliert den Fokus. Die Einfachheit des Kindes kommt aus dem Wunsch, zu erschaffen, zu interagieren und zu gestalten. Die Einfachheit im Alter entsteht dadurch, dass das Bewusstsein der Alten Frau zu einem erweiterten Zustand zurückkehrt. Ein ungeduldiges Kind und eine ungeduldige alte Frau mögen sich ähnlich verhalten, aber sie sind grundverschieden.

Junge Menschen müssen zu Dienerinnen der Alten Frauen werden, ihnen Respekt und Ehre erweisen – etwa indem sie ihnen auf die Toilette helfen oder das Essen anreichen. Die Greisin mit den hohlen Wangen, die im Bett liegt, mit wenig Leben vor sich und kaum in der Lage, für ihren eigenen Körper zu sorgen, strahlt vor Seelenlicht.

Unabhängig von ihrem Zustand oder ihrem Verhalten müssen wir das Seelenlicht, das von jeder Alten Frau ausgeht, respektieren. Wir müssen verstehen, dass ihre Verhaltensmuster die eines magischen und freien spirituellen Wesens sind, das versucht, die Grenzen eines physischen Körpers und des menschlichen Lebens zu bewältigen. Wenn sich eine Alte Frau auf Erinnerungen konzentriert und mit ihnen interagiert, überwindet sie die Grenzen von Zeit und Raum, und wenn sie mit Visionen spricht, zeigt sie uns, wie man die Schranken zwischen physischer und geistiger Welt überwindet. Die Alte Frau ist die Heilige, der Dunkle Mond, der sich uns zeigt, indem er durch sie auf der Erde wandelt. Wenn der Mond sein Gesicht vor dem Nachthimmel verbirgt, wo finden wir ihn dann? Hier. In unseren Häusern und in unseren Gemeinschaften.

Die betagten weiblichen Verwandten sind unsere Lehrerinnen für die Jahre der Alten Frau. Sie gehen den Weg, den auch wir gehen werden – auch wenn unsere Herangehensweise sich stark unterscheiden kann. Wenn ein weibliches Familienmitglied die Rückkehr erreicht und eine Alte Frau wird, werden sich die Beziehungen ändern. Es ist völlig normal, ein Gefühl des Verlustes zu empfinden, aber es gibt auch Freude und Aufregung über die Freiheit der Frau, über ihr Erwachen und ihre Transformation, über ihr tieferes Bewusstsein, ihre Selbsterkenntnis und die tiefe Liebe, die sie teilen kann. Die Beziehung zu einer älteren Frau ist ein Geschenk, durch das uns eine heilige Lebenserfahrung zuteilwird und durch das wir die Möglichkeit haben, die Dunkle Mutter zu ehren.

Auf dem Hügel

Wenn wir die Seelenmutterjahre durchlaufen haben und zur Lang-Lebenden wurden, dann führt uns unser Leben auf die Kuppe des Hügels, wo die Verschleierte in ihrem Erdwall lebt. Wenn wir den Erdwall betreten, lassen wir unsere Rolle der aktiven Dienerin fallen. In der Gegenwart der Großen Alten Mutter betrachten wir die Welt durch das Fenster unseres Körpers, während das unendliche Licht des Universums durch uns fließt. Wir dienen dem Göttlich-Weiblichen nicht mehr in der Welt, nun dienen wir ihr in ihrem Tempel.

Die Reichtümer der Alten Frau sind ihre Lebenserfahrung, die mit Seelenliebe gefüllte Leere und ihre Eigenschaft, das Universum zu spiegeln. Wenn wir dem Bild der »alten Frau« die Heiligkeit zurückgeben können, dann werden wir beginnen, unsere Beziehung zur Universellen Alten Frau und ihren Vertreterinnen um uns herum zu heilen, und wir werden beginnen, unsere eigene Heiligkeit zu erkennen.

Mutter Natur hat uns diesen Lebensabschnitt nicht gegeben, damit wir uns dem Tod ausgeliefert und nutzlos fühlen und uns nicht weiterentwickeln, sondern damit wir unser Selbst auf eine Art transformieren, von der die gesamte Menschheit profitiert. Wir haben mächtige Gaben erhalten, die wir in uns selbst erkennen und zulassen müssen, und die die Gesellschaft wertschätzen muss, um eine positive Zukunft zu gestalten.

Frauen, die am Eingang des Labyrinths der Dunkelheit gegenüberstehen, brauchen unsere Hilfe, damit sie verstehen, dass die Abkehr vom Licht nichts Negatives ist, sondern eine Offenbarung, eine spirituelle Entwicklung und ein Geschenk für sie selbst und für andere. Wir müssen sie willkommen heißen und ihnen zeigen, wie sie den Weg des Labyrinths mit Neugier und Begeisterung, mit Kreativität und Staunen, Respekt und Dankbarkeit gehen können.

Schließlich wird es in unserer fernen Zukunft einen Moment geben, in dem wir von einem Atemzug zum anderen über die Schwelle treten in die Arme der Universellen Alten Frau, die uns in ihrer Liebe und ihrem Sternenlicht hält.

Eine Weisheitsgeschichte

Warum sind alte Frauen weise?

Entspanne dich, atme tief ein und aus. Dann stelle dir vor …

Die ältere Frau sitzt im Schatten eines Sonnensegels auf dem Wochenmarkt. Ihr gegenüber steht ein Stuhl mit einem roten Sitzkissen. Sie hält ein handgeschriebenes Schild, auf dem steht: »Erzähle mir deine Sorgen und ich werde zuhören.«

Zuerst gehen die Leute vorbei, lesen vielleicht das Schild, manche runzeln die Stirn ein wenig, bleiben aber nicht stehen. Dann tritt eine junge Frau zögernd heran. Inmitten des anstrengenden Lärms und der vielen Menschen wirkt der Stand auf sie wie ein Zufluchtsort. Als sie fragt, ob sie bezahlen muss, schüttelt die Greisin den Kopf und bittet sie mit einer Geste, Platz zu nehmen. Mit ruhiger Stimme fragt die Greisin: »Was bedrückt dich?«

Die Frau lässt sich schwer auf den Stuhl fallen, stellt ihre Einkaufstaschen ab und erzählt stockend, was ihr auf dem Herzen liegt. Die Greisin nickt, stellt einfache Fragen und hört zu. Die junge Frau fängt an zu lächeln, immer öfter lacht sie auf. Schließlich steht sie auf und umarmt die ältere Frau voller Dankbarkeit. Kaum ist sie weg, kommt eine andere Person und setzt sich auf den frei gewordenen Stuhl.

Im Lauf des Tages spricht sich die Nachricht von der Greisin und ihrem Stand auf dem Markt herum. Bald schon bildet sich eine lange Schlange und die Greisin muss ihre Zeit auf 15 Minuten pro Person begrenzen. Irgendwann lächelt sie, steht auf und erklärt, dass sie nach Hause gehen muss.

»Bist du nächste Woche wieder hier?«, fragen einige Wartende.

»Ja«, sagt sie.

»Können wir einen Termin vereinbaren?«

»Nein«, antwortet sie.

Jede Woche gibt es einen Stand mit einer älteren Frau, einem Schild und einem Stuhl. Manchmal ist es die erste Greisin, manchmal eine andere. Sie verlangen kein Honorar und sie reparieren nicht. Sie hören einfach zu, denken nach und stellen Fragen.

Während die Greisin ihr Sonnensegel in ihre Tasche packt, berührt eine Frau respektvoll ihren Arm, um ihre Aufmerksamkeit zu gewinnen.

»Wie kommt es, dass du so hilfreich und weise bist?«, fragt sie und wartet voller Neugier auf eine lange Lebensgeschichte voller Verletzungen und Mut. Die Greisin wendet sich ihr zu und lächelt.

»Wir Menotelos sehen die Dinge so, wie sie sind, weil wir sie nicht anders brauchen. Wir akzeptieren, was ist, und helfen euch, die Geschichten, die ihr uns erzählt, zu durchschauen.«

»Menotelos?«, fragte die Frau verwirrt.

»Das Wort ›meno‹ bedeutet Mond, und ›telos‹ ist der Zweck oder das Ziel«, erklärte die alte Frau.

»Unser letztes Blut war vor zehn, zwanzig, dreißig Jahren, also identifizieren wir uns nicht mit der Fruchtbarkeit – und wir identifizieren uns definitiv auch nicht damit, alt zu werden!« Dann nahm die Greisin ihre Tasche und das Schild und ging fort.

Dieses Buch schreiben

In der Dunkelheit höre ich die Alte Frau flüstern:
»Du bist in Ordnung,
du bist in Sicherheit,
du bist angenommen.«
Und in der Dunkelheit flüstere ich zurück:
»Mir geht es gut,
ich bin in Sicherheit,
ich fühle mich akzeptiert.«

Wie schreibt man ein Buch mit einem unstrukturierten Geist? Wie schreibt man einen Wegweiser, während man selbst noch auf dem Weg ist? Wie kann man erklären, was man gerade erst zu verstehen beginnt? Wie kann man einen Prozess in einzelne Punkte zerlegen, während alles noch im Fluss ist?

Dieses Buch zu schreiben war eine ebenso große Herausforderung wie bei »Roter Mond«, meinem ersten Buch über den Menstruationszyklus, das ich in meinen Zwanzigern schrieb. Ich war selbst auf der Reise, während ich es schrieb und später, als sich die Landschaft veränderte, überarbeitete. Immer wieder überarbeitete ich das Buch, wenn die Erfahrungen der Reise neue Einsichten und ein neues Verständnis für den Weg brachten – sowohl für den zurückgelegten als auch für den noch vor mir liegenden.

Es hat mehr als zehn Jahre gedauert, dieses Buch zu schreiben, allein fünf Jahre habe ich geschrieben und umgeschrieben und wieder umgeschrieben! Es gab etliche Anfänge und viele Male habe ich es als »unmöglich zu schreiben« verworfen. Es war frustrierend, komplex und ein Strudel persönlicher Emotionen und Alchemie, aber es gab auch Momente der Liebe und Freude, der Klarheit und des Erstaunens, der Aufregung und Akzeptanz.

Wie »Roter Mond« habe ich auch dieses Buch mit der »Stimme« der Archetypen geschrieben – aber mit der Stimme der Alten Frau zu schreiben ist unmöglich. Sie liegt jenseits der Worte, stattdessen gelangt ihre Weisheit in Form von Gefühlen, innerem Wissen, Bildern und Geschichten aus dem Reich der Phantasie und der Träume an die Oberfläche. Ihre Geschichten und Weisheiten sind mit Leichtigkeit durch meinen Geist geflossen, aber etwas Amorphes, Veränderliches zu strukturieren, war fast unmöglich.

Viele Male habe ich es versucht. Ich wollte eine Struktur für den modernen Verstand finden, bei der die Kapitel und Gedanken linear und logisch aufeinander folgen. Immer wieder gab ich auf, weil ich »blockiert« war. Dann ruhte ich mich aus, um »Platz« für die Struktur zu schaffen, die kommen sollte. Aber schließlich musste ich akzeptieren, dass die Alte Frau so webt, wie sie es will, und wenn ich all die Weisheit, die sie mir bot, zusammenbringen wollte, musste ich diese Weisheit auf ihre Weise fließen lassen. Ich musste bis zum Herbst und Winter warten, um zu schreiben, und aufhören, in den Jahreszeiten des Lichts zu kämpfen. Ich musste mit »ihrer Stimme« schreiben, indem ich ihre Weisheitsgeschichten erlebte und danach die Details jeder Geschichte enträtselte, um die Gefühle in Worte zu fassen und die Weisheit und Führung zu verstehen, die darin lag.

Um zu schreiben, musste ich mich zurückziehen. Oft lief ich wie benommen durch die Welt und war nicht ganz in der Lage, aus der dunklen Höhle der Alten Frau aufzutauchen. Dann musste ich den Menschen um mich herum versichern, dass alles in Ordnung war und ich mich lediglich in einer »kreativen Zone« befand.

Im Lauf der Jahre veränderte ich mich und so veränderten sich auch die Energie und der Stil meiner Texte. Manchmal war ich wütend und frustriert und kämpfte gegen meine eigene Befreiung und das Brechen des Selbst an, manchmal überkamen mich Verzweiflung und Erschöpfung und dann wieder ein tiefes Gefühl von Traurigkeit und Verlust. Jede Erfahrung führte mich zu den Alten Frauen, um sie um Rat zu bitten. Auch die Frauen um mich herum gaben mir Einsichten und Erfahrungen, die über meine eigenen hinausgingen, und auch mit diesen Informationen wandte ich mich an die Alte Frau, um sie um Rat zu fragen.

Jetzt, wo ich der Rückkehr nahe bin, bewege ich mich weiter, denn um das Gleichgewicht herzustellen, muss man in Bewegung bleiben. Wenn ich lese, was ich geschrieben habe, sehe ich die Enthüllungen. Dann spreche ich mit der Jungen Frau und bitte sie um Hilfe, denn ohne sie würde kein Manuskript existieren – stattdessen würden sich Notizbücher, handgeschriebene Zettel, ausgedruckte Entwürfe mit möglichen Kapitelinhalten und unsortierten Gedanken auf dem Boden meines Zimmers stapeln.

Es besteht immer eine besondere Beziehung zwischen der Seele der Alten Frau und dem Geist der Jungen Frau: In diesem Buch spielt die Junge Frau eine wichtige Rolle, denn sie ist die Dolmetscherin der Alten Frau. Aber sie steht immer im Dienst der Alten Frau und nicht umgekehrt.

Die Frau, die ich jetzt bin, unterscheidet sich sehr von der Frau, deren Zyklen irgendwann unregelmäßig wurden. Meine Transformation ist noch nicht abgeschlossen, ich wachse und verändere mich weiter, gehe durch Höhen und Tiefen, lerne die Freude und Kraft meines neuen Seins und meiner neuen Realität kennen.

Ich hoffe, dass dieses Buch Frauen dabei hilft, ihr neues Selbst zu entdecken, während sie sich in ihren nächsten Lebensabschnitt hinein entwickeln. Wir stehen nur deshalb vor einer vermeintlich harten und herausfordernden Reise, weil wir nicht wissen, was uns erwartet oder warum die Dinge geschehen, und weil wir in einer unwissenden Welt leben, die unsere Stärke als Frauen nicht versteht.

Die Hoffnung für die Zukunft liegt in uns – den Frauen in den Jahren der Zauberin und der Alten Frau – und darin, den zyklischen Frauen den Weg durch das Labyrinth zu zeigen. Je mehr Frauen den Weg gehen und Botschaften der Ermutigung, Orte zum Ausruhen und Quellen für Nahrung und Informationen hinterlassen, desto leichter wird die Reise werden. Wenn viele Frauen den Weg mit Verständnis, Zielstrebigkeit und Ermächtigung zurückgelegt haben, wird eine Tradition entstanden sein, die die Gesellschaft und Kultur für unsere Töchter und Enkelinnen verändert.

Ich danke dir, dass du dieses Buch gelesen und diesen ersten Schritt der Veränderung getan hast.

Schließlich möchte ich meine Dankbarkeit mit meinen Leserinnen teilen. Ich danke all den Frauen, die in der Vergangenheit den Mut hatten, die weibliche Spiritualität zu erforschen, und die mich mit ihren Taten, Worten und Schriften zu meiner eigenen persönlichen Erforschung inspiriert haben. Der Kessel der Alten Frau ist gefüllt mit den nahrhaften und würzigen Zutaten von Momenten der Erkenntnis, von geschriebenen Worten und schönen Bildern, Gefühlen und geteilten Erfahrungen, von zufälligen Begegnungen und gleichzeitig gesprochenen Worten – und diese Mischung vielfältiger Elemente erschafft eine neue Form, die so viel reicher ist als die einzelnen Teile. Aber ohne die einzelnen Zutaten gibt es kein Rezept.

Mein Dank gilt Bettina für ihre Einsicht und Unterstützung in den letzten Jahren des Umschreibens und bei den endgültigen Entwürfen.

Ich möchte auch meine tiefe Dankbarkeit gegenüber meinem Mann Richard zum Ausdruck bringen, der mit mir den Weg vom Roten zum Dunklen Mond gegangen ist. Weil Worte meinen Gefühlen nicht gerecht werden können, wiederhole ich einfach die Worte, die ich vor vielen Jahren in »Roter Mond« geschrieben habe: »Ich möchte meinem Mann Richard danken, ohne dessen Liebe, Hilfe, Unterstützung und Lektorat meine Bücher nie geboren worden wären. Ich bin wirklich glücklich, einen so wunderbaren Partner zu haben.«

Auch mit meiner Mutter möchte ich meine Liebe und Dankbarkeit teilen. Sie ging vor mir auf dem Weg der Verschleierten und zeigte mir, was diese Reise für sie, für mich und für unsere Beziehung bedeutet *(Margaret Stancliffe 1927–2024)*.

Ich hoffe, dass dir dieses Buch gefallen hat und dass es dir hilft, Verständnis, Unterstützung und Orientierung für deinen weiteren Weg zu finden. Ich hoffe, es zeigt dir, dass du einen Weg tiefer spiritueller Transformation beschreitest, den du mit Freude und Staunen annehmen kannst.

Von einer völlig verwirrten Erntemutter bin ich nun zu einer völlig verwirrten Dunklen Zauberin geworden, aber ich sehe die Rückkehr vor mir. Nach der Rückkehr werde ich einen neuen Weg beschreiten und neue Zutaten mischen müssen.

Unterstützung für den Labyrinthpfad

Meditation: Tempel der Archetypen

Wenn du die vier weiblichen Archetypen noch nicht kennst, dann kannst du diese vier wunderschönen inneren Göttinnen in der folgenden Meditation kennenlernen. Sie dient auch dazu, jeden dieser vier Aspekte in dir zu heilen und dich so, wie du bist, wertzuschätzen und zu feiern.

Wenn du die Archetypen bereits aus deinem zyklischen Leben kennst, dann sind sie dir als Führer und Begleiter vertraut und du kannst sie willkommen heißen, umarmen und lieben.

Auf der Labyrinthreise kannst du dieses Heiligtum weiblicher Energien jederzeit besuchen, um Wohlbefinden, Heilung, Gleichgewicht, Erneuerung, Offenbarung, Selbstakzeptanz und Selbstliebe in dein Leben zu bringen.

Diese Meditation ist für alle gedacht – zyklische Mütter, Erntemütter in der Perimenopause, Gestaltwandlerinnen in der frühen Postmenopause, Dunkle Zauberinnen und Menotelos-Seelenmütter.

Schließe die Augen und atme tief ein und aus.
Lenke deine Aufmerksamkeit auf deinen unteren Bauch und entspanne dich. Sei dir deiner Gebärmutter oder deines Schoßraums bewusst.
Spüre, wisse oder siehe nun, dass du in einem wunderschönen runden Tempel

aus weißem Marmor stehst. Im Inneren stützen weiße Säulen eine Kuppel, in die eine runde Öffnung eingelassen ist. Unter der Öffnung steht eine Göttinnenstatue aus weißem Alabaster. Die Göttin hält eine Schale in der Hand, aus der sanft Wasser auf den Marmorboden fließt.
Alles fühlt sich ruhig und friedlich an.
Spüre die Heiligkeit dieses Raums.
(Pause)

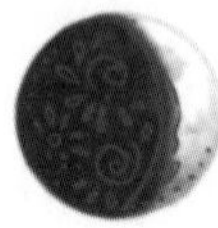

Du drehst dich nach rechts und siehst eine kleine Tür. Du öffnest sie und betrittst das Heiligtum der Jungen Frau.
Auf den Wänden siehst du farbenfrohe Mosaike, die mit Gold und Edelsteinen verziert sind. Bilder von jungen Mädchen und tanzenden Tieren, von Bäumen, Blumen und Mondsicheln umgeben dich. Ein wunderschönes Buntglasfenster füllt den Raum mit blassgelbem Licht.
(Pause)
In der Mitte des Heiligtums steht die hell leuchtende Göttin der Jungen Frau. Ihr langes Haar wird von einem einfachen Diadem gehalten und sie trägt eine kurze Tunika aus fließendem weißem Stoff. Ihre Beine und Füße sind nackt, ihre Arme sind mit goldenen Armbändern geschmückt.
(Pause)
Atme tief ein und aus.
In ihrem Licht und ihrer Gegenwart spürst du die Freude, die dich umgibt und dich erfüllt und dein Herz für Freude, Neugier und Begeisterung öffnet.
All deine Ängste, all die Einschränkungen eines Erwachsenenlebens fallen in ihrer Gegenwart von dir ab.
(Pause)
Selbstkritik und Urteile werden durch ihr Lächeln und ihre Freude aufgeweicht.
(Pause)
All die Dinge, die du meinst, tun zu müssen, lösen sich in ihrer Verspieltheit auf.
(Pause)
Spüre, wie sich dein Geist öffnet, um die Welt als einen Ort der Wunder zu sehen.

Staune über deine Sinne, über dein Leben und über die Welt um dich herum.
(Pause)
Ehrfurchtsvoll, staunend und voller Freude kniest du vor diesem Aspekt der Zyklischen Göttin nieder.
Die Junge Frau kommt auf dich zu und legt sanft ihre Hand auf deinen gesenkten Kopf. Du spürst ihre Liebe, ihre Heilung und ihre Gegenwart in dir und dein Schoßzentrum antwortet.
Erlaube der Jungen Frau, ihre Energien in dir zu erwecken, ihre Geschenke für dich auszupacken. Erlaube ihr, dir ihre Führung zuzuflüstern, und lass ihre Hilfe und Unterstützung in dein Leben fließen.
Nimm dir Zeit, um mit der Jungen Frau zu sein und ihre Energie zu empfangen.
(Pause)
Atme tief ein und aus.
Langsam stehst du auf und findest dich allein in der heiligen Stätte wieder.
Führe deine Hände zu deinem Herzen und danke der Jungen Frau für ihre Anwesenheit.
(Pause)
Verlasse das Heiligtum durch den Eingang.

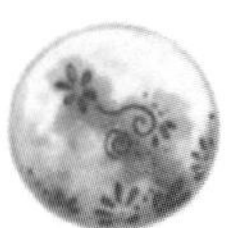

Draußen wendest du dich nach rechts und gehst durch eine weitere Tür.
Als du den runden Raum betrittst, hüllt dich ein herrlicher Rosenduft ein. Diese heilige Stätte ist mit vielen rosafarbenen und weißen Rosen geschmückt, an den Wänden ist ein farbenfrohes, detailreiches Mosaik eines Rosengartens zu sehen. Auf dem Bild sieht man Mütter, die Essen zubereiten und weben, Kinder spielen mit Muscheln und Tieren. Das Heiligtum wird durch ein wunderschönes Buntglasfenster in blassrosa Licht getaucht.
(Pause)
In der Mitte des Raums steht die Mutter-Göttin, sie erstrahlt in einem sanften weißen Glanz. Ihr Kleid ist lang und kunstvoll mit Blumen bestickt. Sie hat ihr Haar geflochten und mit goldenen Haarnadeln in Form von Bienen, spiralförmigen Muscheln und Blumen festgesteckt.

(Pause)
Atme tief ein und aus.
In ihrem Licht und ihrer Gegenwart gebadet, füllt sich dein ganzes Wesen mit Liebe und Akzeptanz.
Alle Ängste und Hindernisse verschwinden in ihrer Gegenwart.
(Pause)
Deine emotionalen Verletzungen und Narben lösen sich in ihrer sanften Liebe auf, die dich stärkt und schützt.
(Pause)
All deine Selbstbeurteilungen verblassen, denn du spürst, dass sie alles, was du bist, was du warst und getan hast, vollkommen akzeptiert.
(Pause)
Spüre, wie sich dein Herz öffnet, um Mitgefühl, Fülle und Großzügigkeit aufzunehmen. Fühle dich ermächtigt, die Welt um dich herum zu nähren und zu versorgen.
(Pause)
Ehrfurchtsvoll, staunend und voller Liebe kniest du vor diesem Aspekt der Zyklischen Göttin nieder.
Die Mutter kommt auf dich zu und legt sanft ihre Hand auf deinen gesenkten Kopf. Du spürst ihre Liebe, ihre Heilung und Gegenwart in dir und dein Schoßraum antwortet.
Erlaube der Mutter, ihre Energien in dir zu erwecken und ihre Geschenke für dich auszupacken. Erlaube ihr, dir ihre Führung zuzuflüstern, und lasse ihre Hilfe und Unterstützung in dein Leben fließen.
Nimm dir Zeit, um mit der Mutter zu sein und ihre Energie zu empfangen.
(Lange Pause)
Atme tief ein und aus.
Du stehst langsam auf und findest dich allein in der heiligen Stätte wieder.
Lege deine Hände auf dein Herz und danke der Mutter für ihre Gegenwart.
(Pause)
Du verlässt den Raum durch den Eingang. Draußen wendest du dich nach rechts und gehst durch eine dritte Tür.

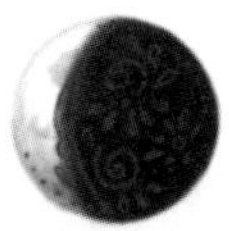

Die Wände dieses runden Heiligtums sind mit violetten, tiefblauen, silbernen und goldenen Mosaiken verziert.
Du siehst Bilder von Herbstblättern, die im Sturm um nackte Frauen herumwirbeln, die unter den Sternen und dem abnehmenden Mond tanzen. Die Zauberin-Göttin steht in der Mitte der heiligen Stätte, über ihr ein Buntglasfenster, durch das violettes und tiefblaues Licht fällt.
Die Zauberin trägt einen langen, nachtblauen Mantel, darunter ist sie nackt. Silberne Ketten schmücken ihre Knöchel. An den Handgelenken trägt sie silberne, schlangenartige Armreifen und ihr Haar fließt in dunklen Wellen an ihr herab. Sie ist von dunkelviolettem Licht umgeben.
(Pause)
Atme tief ein und aus und öffne dich für ihre Energie.
In ihrem Licht und ihrer Energie gebadet, beginnt die Magie, dich zu erfüllen und durch dich zu fließen.
All die Anspannung und der Stress schmelzen in ihrer kraftvollen Gegenwart dahin.
(Pause)
Selbstkritik und Unsicherheit lösen sich in ihrer Ermächtigung auf.
(Pause)
Alle Schlösser, Ketten und Hemmungen, die du aufgebaut hast, fallen ab.
(Pause)
Spüre, wie sich dein Selbstgefühl entfaltet und seine Flügel ausbreitet. Spüre die Schönheit deines Wesens, die spirituelle Energie, Inspiration und Intuition, die du in dir trägst. Spüre, wie dein Schoßraum reagiert, und wisse, dass Magie und Geist zu deiner Welt gehören.
(Pause)
Staunend und voller Ehrfurcht kniest du vor diesem Aspekt der Zyklischen Göttin nieder.
Die Zauberin kommt auf dich zu und legt sanft ihre Hand auf deinen gesenkten Kopf. Du spürst ihre Liebe, ihre Heilung und Gegenwart in dir und dein Schoßraum antwortet.

Erlaube der Zauberin, ihre Energien in dir zu erwecken und ihre Geschenke für dich auszupacken. Erlaube ihr, dir ihre Führung zuzuflüstern, und lasse ihre Hilfe und Unterstützung in dein Leben fließen.

Nimm dir Zeit, um mit der Zauberin zusammen zu sein und ihre Energie zu empfangen.

(Lange Pause)

Atme tief ein und aus.

Du stehst langsam auf und findest dich allein im Heiligtum wieder.

Lege deine Hände auf dein Herz und danke der Zauberin für ihre Anwesenheit.

(Pause)

Du verlässt die heilige Stätte durch den Eingang. Draußen wendest du dich nach rechts und gehst durch eine letzte Tür.

Die Wände dieses runden Heiligtums sind mit nachtblauen Mosaiken verziert, die Spiralen aus weißen und goldenen Sternen zeigen. Zwischen den Sternen sind Abbildungen von Eulen zu sehen, dunkle Zweige ragen vom Boden in den Himmel. Das Heiligtum wird nur von Kerzenlicht beleuchtet und in deren flackerndem Licht scheinen die Eulen zu fliegen.

(Pause)

In der Mitte des Heiligtums, auf einem roten Mosaik, das einen Apfel darstellt, steht die Göttin der Alten Frau. Sie trägt einen schwarzen Mantel und stützt sich schwer auf ihren Stab. Das Gesicht ist von der Kapuze verdeckt, aus der dünne weiße Haare hervorlugen. Verblasste spiralförmige Tattoos zieren ihre knotigen Hände. Um sie herum leuchtet goldene Energie.

(Pause)

Atme tief ein und aus und öffne dich für ihre Energie.

In ihrem Licht und ihrer Energie gebadet, beginnt tiefer Frieden dich zu erfüllen und durch dich zu fließen.

Mit ihrer Anwesenheit verschwinden alle Sorgen der Welt.

(Pause)

All deine Wünsche und Bedürfnisse fallen in ihrer Freude und Liebe von dir ab.

(Pause)

All die Gefühle von Einsamkeit und Isolation lösen sich in ihrer universellen Gegenwart auf.

(Pause)

Du öffnest dich, um das Seelenlicht zu erkennen, das von dir ausgeht, und um die tiefe, bedingungslose Liebe und Einheit des Universums zu spüren.

(Pause)

Ehrfurchtsvoll, staunend und in Frieden kniest du vor diesem Aspekt der Zyklischen Göttin nieder.

Die Alte Frau bewegt sich langsam auf dich zu und legt sanft ihre Hand auf deinen gesenkten Kopf. Du fühlst ihre Liebe, ihre Heilung und Gegenwart in dir und dein Schoßraum antwortet.

Erlaube der Alten Frau, ihre Energien in dir zu erwecken und ihre Geschenke für dich auszupacken. Erlaube ihr, dir ihre Führung zuzuflüstern, und lasse ihre Hilfe und Unterstützung in dein Leben fließen.

Nimm dir Zeit, um mit der Alten Frau zusammen zu sein und ihre Energie zu empfangen.

(Lange Pause)

Atme tief ein und aus.

Du stehst langsam auf und findest dich allein wieder.

Lege ein kleines Geschenk für die Alte Frau in die Mitte des Apfelmosaiks.

(Pause)

Führe deine Hände zu deinem Herzen und danke der Alten Frau für ihre Anwesenheit.

(Pause)

Du verlässt das Heiligtum durch die Tür und stellst fest, dass du einen Rundgang durch den Tempel gemacht hast.

Als du auf die Alabasterstatue der Göttin in der Mitte des Tempels schaust, fallen dir die Details auf: ihr mit Rosen besticktes Kleid, das schlichte Diadem auf der Stirn, das Relief eines Apfels auf der Schale, die sie hält, und die Schlangenarmbänder an ihren Handgelenken.

Lege deine Hände auf dein Herz und spüre Dankbarkeit und Liebe für diese Göttin, die in dir und in der Welt ist und die die Sterne hält.

Lenke deine Aufmerksamkeit auf deinen Schoßraum.

Atme tief ein und aus.

Lächle die wunderbare Göttin in dir an und öffne die Augen.

Die Archetypen identifizieren

In den von der Zauberin geprägten Wechseljahren kann es turbulent zugehen. Dann kann es schwierig sein, den aktuellen Archetyp und die Energien zu identifizieren und zu erkennen, was uns unterstützt und ausgleicht. Es kann helfen, die eigenen Erfahrungen und Gefühle, die verschiedenen Wahrnehmungsarten und daraus resultierenden Interaktionen mit der Welt zu notieren, um zu verstehen, welchen Archetyp wir verkörpern und zum Ausdruck bringen. Mit diesen Informationen gehen wir den Labyrinthweg mit mehr Selbstvertrauen, Kraft und Positivität, denn:

- Wir wissen, warum wir auf eine bestimmte Weise denken, fühlen und uns verhalten.
- Wir können den Aspekt des Archetyps anerkennen und annehmen und seine Bedürfnisse erfüllen.
- Wir finden Wege, die Gaben des Archetyps in der Welt zum Ausdruck zu bringen und in unser Selbstverständnis zu integrieren.
- Wir erinnern uns daran, uns nicht mit dem Aspekt zu identifizieren, der vielleicht gerade mit überwältigender Kraft erscheint – er ist lediglich ein Teil unseres Einweihungsweges durch das Labyrinth.
- Wir erkennen die alten Ego-Muster, die von der Zauberin freigesetzt werden.
- Wir wissen, dass die Zauberin Geschichten erzählt, und anstatt sie für die Realität zu halten, versuchen wir, die darin enthaltene Botschaft zu entschlüsseln.

Indem wir unsere Archetypen wahrnehmen und bestätigen, während wir durch die Stürme und die Strömungen der Gezeiten gehen, werden wir zu neugierigen »Beobachterinnen« der Gezeiten und fließen mit den Strömungen, ohne von den Wellen gegen die Felsen gedrückt zu werden.

Unsere persönlichen Erfahrungen mit den Archetypen sind einzigartig für uns und unseren Labyrinthweg. Deshalb ist es wichtig, dass wir unsere Gefühle, Fähigkeiten und Bedürfnisse wahrnehmen. Gleichzeitig wird es auch viele Gemeinsamkeiten mit anderen Frauen geben. Wenn sich deine körperlichen, geistigen und emotionalen Ausdrucksformen von denen anderer Frauen unterscheiden, dann erinnere dich daran, dass weder deine noch die Erfahrungen der anderen »falsch« sind. Nichts ist »falsch« mit uns, denn in den Jahren der Zauberin geht es um Kontraste. Wenn wir sehen, wer wir nicht sind und was wir nicht erleben, können wir leichter erkennen, wer wir sind und was wir erleben.

Ob wir uns in unseren Erntemutter-Jahren befinden oder durch die Gestaltwandlerinnen-Jahre tanzen, wir verkörpern die Aspekte der verschiedenen Archetypen, um zu einer umfassenderen Wahrnehmung unseres Selbst zu erwachen. Je mehr wir uns den Archetypen widersetzen oder versuchen, sie zu ignorieren, desto kraftvoller und zwanghafter können diese Aspekte unseres Selbst werden. Um ein gewisses Gleichgewicht in unserem sich wandelnden Leben aufrechtzuerhalten, können wir:

- jeden Tag unsere Energien und Erfahrungen aufzeichnen
- den zugehörigen Archetyp anhand der Informationen in den Kapiteln über die Jahre der Erntemutter und der Gestaltwandlerin identifizieren
- den spezifischen Aspekt oder die Energie in uns erforschen, die zum Ausdruck gebracht werden will
- alltägliche Aktivitäten schaffen, um diesen Aspekten und Energien die Bestätigung zu geben, die sie benötigen, um Gleichgewicht und Integration in unser Wesen zu bringen

Die Mond-Chronik

Die Erfahrungen der Erntemutter notieren

Wir können die eigenen Erfahrungen festhalten, indem wir sie täglich in einem Tagebuch notieren und diese Notizen einmal pro Woche durchgehen. Aber für das sich verändernde, von der Zauberin beeinflusste Denken ist ein visueller Ansatz hilfreicher, denn dann »sehen« wir, was diese Informationen bedeuten. Es gibt verschiedene Möglichkeiten, wie wir das tun können, und je nachdem, wo wir in unseren Jahren der Zauberin stehen, eignet sich die eine oder andere besser.

Die Mond-Chronik ist ein einfaches Werkzeug, das sich auf den Menstruationszyklus und die Erfahrungen mit den vier Archetypen konzentriert. Das Konzept der Mond-Chronik geht auf eine Idee von Penelope Shuttle und Peter Redgrove zurück und wird in dem Buch »Roter Mond« vorgestellt.

In unseren zyklischen Mutter-Jahren hilft die kreisförmige Mond-Chronik, Muster in den eigenen Energien und Bedürfnissen zu erkennen, die jeden Monat auftauchen, sodass sich Phasen spezifischer Energien und verstärkter oder »optimierter« Fähigkeiten vorhersagen lassen. Der Ansatz der Mond-Chronik ermöglicht es uns, unsere zyklische Natur zu erkennen, einen Monat mit dem nächsten zu vergleichen und herauszufinden, an welchen Tagen im Monat wir tendenziell die gleichen Energien und Gaben erfahren.

Zu Beginn der Wechseljahre, wenn die Erntemutter-Jahre beginnen, kann eine Phase des Menstruationszyklus länger oder kürzer werden, sodass sich die Gesamtlänge des Zyklus ändert. Auch dann ist die Mond-Chronik ein gutes Werkzeug zur Selbsterforschung, aber sie liefert keine Prognose mehr, wie es uns gehen wird – sie ist eher wie ein GPS-Ortungsgerät, das uns sagt, wo wir uns gerade befinden. Die Mond-Chronik hilft, die Veränderungen in den Längen der einzelnen Phasen und die Veränderungen in uns selbst zu erkennen, und sie bestätigt, wann unsere Reise auf dem Labyrinthweg begonnen hat. Aber wir müssen jetzt mehr darauf achten, wie wir uns fühlen und wie wir wahrnehmen, damit wir wissen, welchen Archetyp wir verkörpern.

Später in der Perimenopause, wenn wir uns dem Weisheitsblut nähern, können einzelne Zyklusphasen mehrere Wochen oder Monate andauern, daher benötigen wir eine andere Art der Aufzeichnung unserer Erfahrungen.

Eine Mond-Chronik erstellen

Um eine Mond-Chronik für den Menstruationszyklus zu erstellen, zeichnest du einen großen Kreis auf ein Blatt Papier oder in einem Grafikprogramm. Dann markierst du auf dem Kreis die maximale Anzahl von Tagen, die dein Zyklus dauert, und fügst noch ein paar zusätzliche Tage hinzu, falls der Zyklus länger wird. Nun verbinde die Punkte auf dem Kreis durch Linien, die sich in der Mitte kreuzen.

Außen um den Kreis herum schreibst du die Kalendertage, innen notierst die Nummern der Zyklustage. Du kannst auch die Mondphasen hinzufügen.

Jeden Abend machst du dir nun kurze Notizen außen um die Mond-Chronik herum, um deine Erfahrungen zusammenzufassen. Nimm deine Erfahrungen zunächst einfach nur wahr und zeichne sie auf. Nach ein paar Monaten kannst du dann deine Notizen durchgehen und mithilfe der Informationen in diesem Buch beginnen, bestimmte Archetypen-Energien zu identifizieren. (Es ist in Ordnung, »Ich weiß es nicht« zu schreiben!) Mit jedem Monate wird es leichter werden, die Archetypen, die in dir auftauchen, wahrzunehmen und zu identifizieren.

Du kannst auch äußere Einflüsse notieren, z. B. Unwohlsein oder eine stressige Situation, da diese ebenfalls die Energien und Bedürfnisse beeinflussen. Auch die Jahreszeit (Archetyp der Erde) und die Mondphase (Archetyp des Mondes) können Einfluss auf deine Gefühle haben. Aber es ist sehr wichtig, nicht zu analytisch zu werden, denn der Labyrinthweg ist ein frei fließender Tanz der Energien.

Die Mond-Chronik ist ein Spiegel, der uns hilft, uns selbst zu sehen und unsere Archetypen kennenzulernen, aber es wird eine Zeit kommen, in der die Mond-Chronik nicht mehr für uns funktioniert.

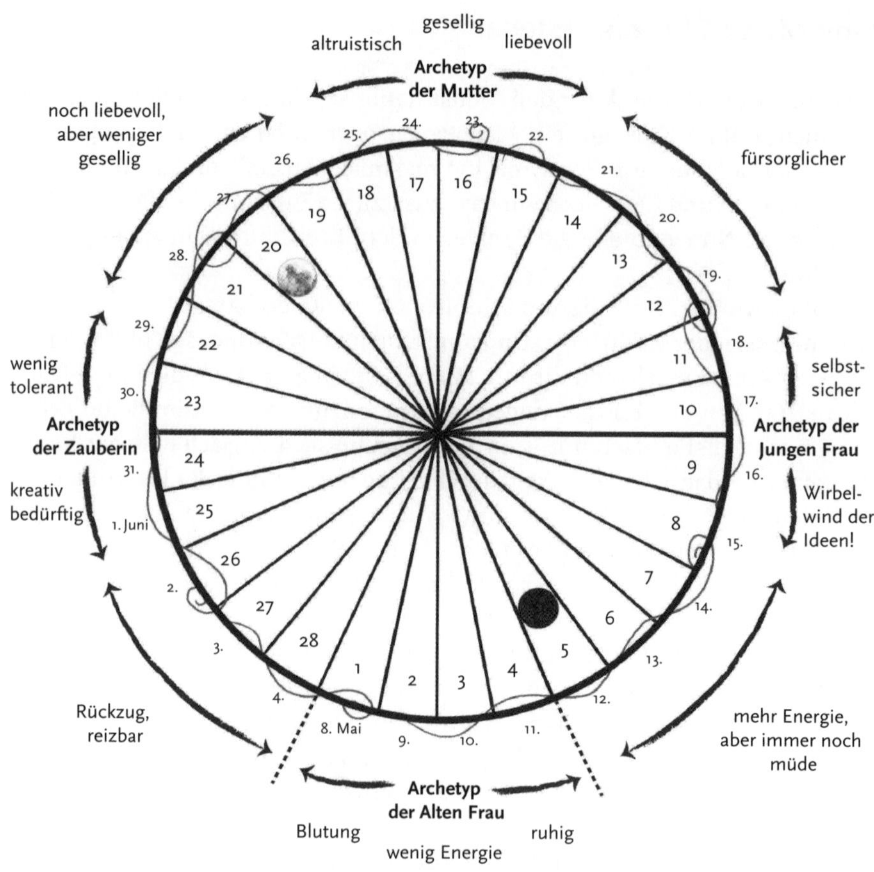

Abb. 17: Mond-Chronik eines Menstruationszyklus von 28 Tagen.

Welche Erfahrungen soll ich notieren?

Wir können die unterschiedlichsten Erfahrungen während der Menstruationszyklen beobachten und erforschen. Sie lassen sich fünf verschiedenen Zyklen zuordnen:

- körperlicher Zyklus
- Zyklus des Denkens
- Zyklus der Gefühle
- Zyklus der Fähigkeiten
- Zyklus der Bedürfnisse

In deinen täglichen Notizen kannst du deine Erfahrungen mit einem dieser Zyklen festhalten oder die Zyklen wählen, die sich am stärksten auf dein aktuelles Leben auswirken. Oder du nimmst einen bestimmten Zyklus und erkundest ihn einen Monat lang. Folgende Details kannst du festhalten:

- die körperliche Energie
- die dominierende Wahrnehmungsform: denkender Verstand, Gefühlsgeist, Unterbewusstsein, Seelengeist
- Stärke und Einfluss des Egos
- Gefühle und Sensibilität
- wie du die Energien in der Welt zum Ausdruck bringen willst
- was du brauchst, um dich glücklich und erfüllt zu fühlen
- dein Gefühl für Spiritualität und spirituelle Verbindung
- Fähigkeiten, die sich verbessert anfühlen oder mehr Konzentration oder Energie erfordern

Du kannst auch die Informationen über die Jahre der Erntemutter in Kapitel 5 nutzen, um deine Archetypen zu identifizieren. Aber erinnere dich daran, dass nichts in den Jahren als Zauberin linear verläuft. Es kann sein, dass du dich an einem bestimmten Punkt deiner Reise befindest, aber Erfahrungen machst, die im Buch »früher« oder »später« auf dem Labyrinthweg beschrieben werden. Das bedeutet, dass die Informationen in allen Kapiteln für dich relevant sind, unabhängig von dem Standort auf dem Labyrinthweg, den du für dich gerade identifiziert hast.

Die Archetypen-Chronik

Erfahrungen in den späten Jahren der Erntemutter notieren

Wenn wir tiefer in das Labyrinth vordringen und uns der letzten Menstruation nähern, erscheinen die Archetypen immer noch in der Abfolge Junge Frau, Mutter, Zauberin und Alte Frau, aber die Zeit zwischen den Menstruationen kann sich auf Monate ausdehnen, daher funktioniert die Mond-Chronik als visuelle Darstellung der Energien jetzt nicht mehr so gut.

Trotzdem kannst du mithilfe einer Chronik deine Energien visualisieren und die Archetyp-Erfahrungen festhalten, aber besser ist es, nun eine »Archetypen-Chronik« zu führen, die den Kalendermonat und nicht den Menstruationszyklus abbildet. Du notierst nach wie vor die Archetypen-Aspekte und -Gaben, die du jeden Tag erlebst, ebenso die Einsicht und Heilung, die sie dir bringen, und die Art, wie du sie aktiv zum Ausdruck bringst.

Die Archetypen-Chronik kann dir auf verschiedenen Ebenen helfen:

- den Archetyp anerkennen, den du gerade verkörperst
- bemerken, welche Aspekte des Archetyps in dein Leben kommen, um angenommen zu werden
- den Einfluss des Archetyps auf die Art und Weise erkennen, wie du dein Leben derzeit lebst
- daran denken, alltägliche Wege zu finden, um die spezifischen Aspekte des Archetyps auszudrücken
- auf ein Gleichgewicht achten, wenn ein Archetyp zu dominant wird
- dich daran erinnern, dass du dich auf einer heiligen Reise befindest, auf der sich alles verändert und alles von der Universellen Zauberin beeinflusst wird

Die Archetypen-Chronik hilft nicht nur, das wahre Selbst zu erkennen, sondern erinnert auch jeden Tag daran, Raum und Zeit zu finden, um diese Aspekte unseres Selbst zum Ausdruck zu bringen, zu unterstützen und in sie hineinzuwachsen.

Eine Archetypen-Chronik erstellen

Um eine Archetypen-Chronik zu erstellen, zeichnest du einen großen Kreis auf ein Blatt Papier oder in ein Grafikprogramm. Dann markierst du auf dem Kreis die Anzahl Tage eines bestimmten Kalendermonats und verbindest die Punkte dann durch Linien, die sich in der Mitte kreuzen. Außen um den Kreis herum schreibst du die Kalendertage. Wenn du magst, notierst du auch die Mondphasen.

Jeden Abend füllst du das entsprechende Segment mit einer Farbe, die du mit dem Archetyp verbindest, den du gerade verkörperst. Wenn du das Gefühl hast, dass du während des Tages auch andere Archetypen erlebt hast, kannst du den Bereich in mehreren Archetypen-Farben schattieren. Denke daran, dass du den Archetyp sowohl für kurze als auch für lange Zeiträume erleben kannst und dass die Archetypen vor der Weisheitsblutung immer in ihrer gewohnten Reihenfolge fließen – auch wenn wir uns dieses Flusses vielleicht nicht bewusst sind.

Notiere auch täglich kurz deine Archetyp-Erfahrungen in einem Tagebuch – vielleicht hast du auch eine heilende Einsicht erhalten. Eine Zusammenfassung kannst du dann in das schattierte Feld deiner Archetypen-Chronik eintragen.

Bis zum Ende des Kalendermonats entsteht auf diese Weise ein Bild deines Flusses der Archetypen, auf dem du siehst, was du erlebt hast. Es hilft auch zu erkennen, warum du dich im Verlauf des Monats auf bestimmte Weise verhalten und gedacht hast. Je mehr Archetypen-Chroniken du aufzeichnest, desto besser wirst du deinen Weg ins Labyrinth erkennen und die Stufen mit Neugier, Liebe und Selbstakzeptanz hinuntersteigen.

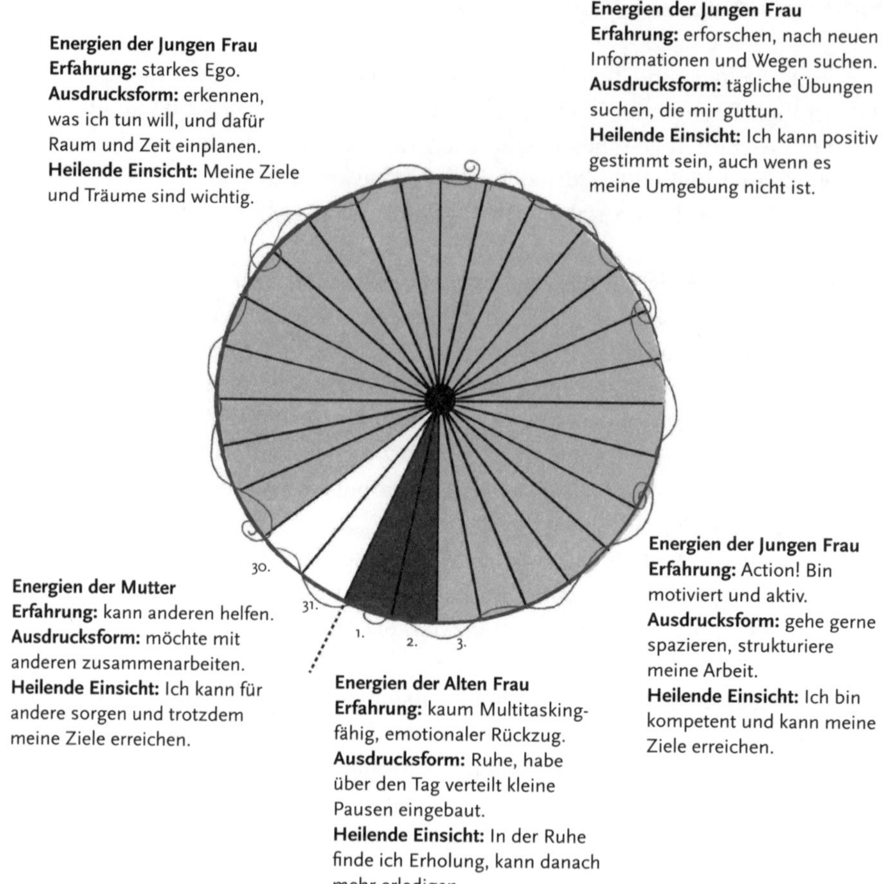

Abb. 18: Archetypen-Chronik eines Kalendermonats

Die Gestaltwandlerinnen-Chronik

Erfahrungen der Gestaltwandlerin notieren

Nach dem Weisheitsblut, der letzten Menstruation, bricht der Zyklus zusammen und die Archetypen können erscheinen, wann immer sie wollen, so lange sie wollen und in welcher Reihenfolge sie wollen. Jetzt liegt der Schwerpunkt noch mehr darauf, zu erkennen und zu akzeptieren, wer wir zu einem bestimmten Zeitpunkt sind, und unsere intensiven Archetypen-Energien und -Wünsche auszudrücken und auszugleichen. Wir können immer noch die Archetypen-Chronik benutzen, aber manchmal kommen die Archetypen so unregelmäßig und verursachen so viel inneres Chaos, dass das Bedürfnis nach einem einfacheren Werkzeug entsteht.

Eine Gestaltwandlerinnen-Chronik erstellen

Um eine Gestaltwandlerinnen-Chronik zu erstellen, zeichnest du wie bisher einen Kreis, der den Kalendermonat darstellt. Aber anstelle der Tage unterteilst du ihn in vier Archetypen plus deren Kombinationen. Jedes Mal, wenn in diesem Monat ein Archetyp aufgetreten ist, setzt du ein Häkchen. Ein Häkchen bedeutet, dass du über einen Zeitraum von einer Stunde bis zu einem Tag die Energien eines Archetyps bewusst verkörpert hast.

Am Ende des Kalendermonats spiegelt die Chronik die Energien wider, die du im vergangenen Monat erlebt hast – welche Archetypen und Kombinationen von Archetypenenergien am häufigsten aufgetreten sind und natürlich auch, welche Archetypen du nicht gespürt hast.

Vergiss nicht, dass in den Gestaltwandlerinnen-Jahren ein einziger Archetyp monate- oder jahrelang deinen äußeren Ausdruck beeinflussen kann. Dies geschieht, um dir die gesamte Bandbreite der Energien und Wahrnehmungsformen dieses Archetyps zu vermitteln. Wenn wir einen Archetyp im zyklischen Leben nicht angemessen zum Ausdruck bringen konnten, kann es sein, dass er in der Gestaltwandlerinnen-Chronik häufiger auftaucht.

Es ist praktisch, eine kleine Gestaltwandlerinnen-Chronik in der Handtasche zu haben, dann kannst du deine Beobachtungen immer sofort notieren. Das ist besonders hilfreich, wenn der wachsende Einfluss der Universellen Zauberin es uns erschwert, uns an Dinge zu erinnern. Ein Häkchen auf der Chronik zu machen, ist auch eine heilende und ausgleichende Handlung, denn sie lenkt die Aufmerksamkeit nach innen, auf die Erfahrungen in diesem Augenblick. Auch dieser Prozess der Hinwendung nach innen steht im Einklang mit der Universellen Zauberin. Wir werden Teil der inneren Welt, selbst wenn wir im Supermarkt stehen!

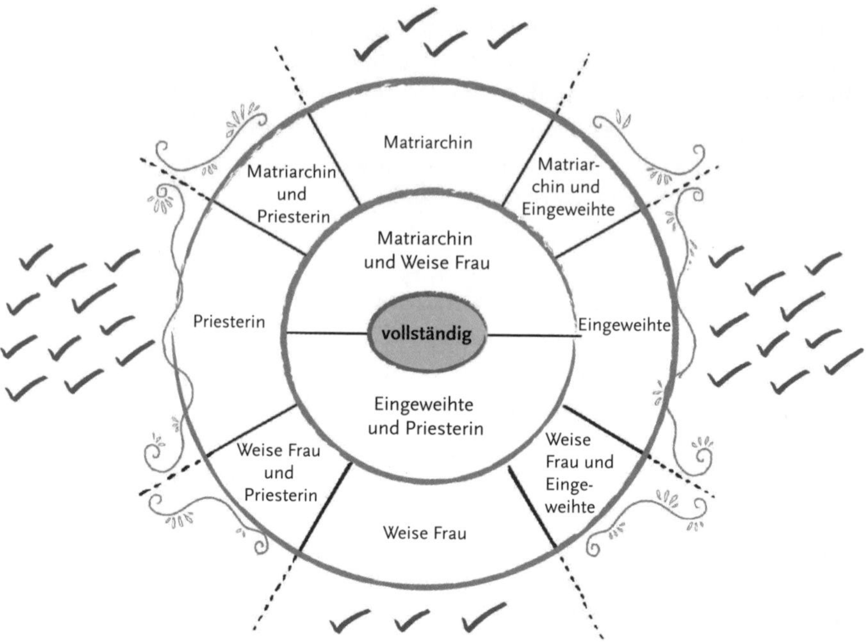

Abb. 19: Gestaltwandlerinnen-Chronik eines Kalendermonats

Eine Gestaltwandlerinnen-Chronik kann Häkchen in allen Bereichen enthalten oder in einem einzigen. Es gibt auch Tage, an denen wir uns »vollständig« fühlen – an denen wir kein Gefühl für einen bestimmten Archetypen-Aspekt haben. Dabei besteht jedoch die Gefahr, die Energien der Eingeweihten und der Weisen Frau mit dem Gefühl der Vollständigkeit zu verwechseln. Der »vollständige« Zustand, den wir in der Chronik aufzeichnen, ist das Gefühl, wenn die Archetypen einen Moment lang miteinander verschmolzen sind und sich in uns zentrieren. Daraus entsteht ein Gefühl von Seelenlicht, das unser Herz erfüllt. Wir ziehen uns nicht von der Welt zurück (Weise Frau) oder werden Teil der Welt, um sie zu verändern (Eingeweihte), sondern wir strahlen unsere Liebe und unser Licht in die Welt.

In den Jahren der Zauberin sind wir energetisch äußerst sensibel. Einige Häkchen können daher den Einfluss ihrer Geschichten verdeutlichen oder aber sie spiegeln die Energien von Situationen wider, die eine archetypische Reaktion hervorrufen, um uns einen Kontrast zu vermitteln.

Die Gestaltwandlerinnen-Chronik ist kein Werkzeug, um zu analysieren und zu reparieren. Sie ist einfach eine Möglichkeit, uns in all den Veränderungen zu orientieren und zu verstehen, welche Energien in uns erwachen, wenn wir uns gerade verloren fühlen oder verwirrt sind. Auf den Monat zurückblickend können wir den Fluss der Archetypen in unserem Leben und die Bedeutung hinter unseren Erfahrungen erkennen.

In dem Beispiel in Abbildung 19 waren die dynamischen weiblichen Energien (Archetypen der Eingeweihten und der Priesterin) präsent und ermöglichten es, Ähnlichkeiten und Unterschiede zwischen zunehmendem Licht und zunehmender Dunkelheit zu erkunden. Sie boten auch die Möglichkeit, die hellen und dunklen Aspekte von Mitgefühl und Liebe (Archetypen Matriarchin und Weise Frau) auszudrücken, zu verstehen und auszugleichen.

Vielleicht stehen nach Ablauf des Monats die meisten Häkchen bei einem bestimmten Archetyp. Das zeigt, dass wir einen »Archetyp-dominanten« Weg gehen, mit all den Verflechtungen, die sich unter dem Einfluss der sich verdunkelnden Zauberin daraus ergeben. Diese Dominanz hilft uns zu lernen, wie wir alle Aspekte dieses Archetyps mit Eleganz, Anmut und Harmonie zum Ausdruck bringen und diesen vollständigen Ausdruck in der Welt erforschen können.

Je tiefer wir in das Labyrinth eindringen und je mehr wir unsere weiblichen Energien annehmen, desto häufiger erleben wir »vollständige« Tage – wie einzelne Regentropfen vor dem Regen sind sie Vorboten der Rückkehr.

Die Mondstrahlen-Skala

Erfahrungen in den Jahren der Dunklen Zauberin notieren

Vor der Rückkehr liegen die Jahre der Dunklen Zauberin, in denen wir Momente der Vollständigkeit erleben können. Zwischen diesen Momenten beginnen die Archetypen, unsere innersten Muster zu löschen. Sie erwecken unsere tiefsten Energien und Aspekte, damit sie miteinander verschmelzen können. In diesen oft extrem herausfordernden Zeiten kann die Gestaltwandlerinnen-Chronik helfen, die eigenen Erfahrungen zu erkennen und zu verstehen.

Aber je mehr wir uns der Rückkehr nähern, desto mehr verschiebt sich unser Fokus weg von den Energien der einzelnen Archetypen – denn sie verschmelzen zu einer Einheit – hin zur Wahrnehmung des Ausmaßes an Dunkelheit und Licht, das wir gerade in uns tragen (Innenwelt- und Außenweltwahrnehmung). Manchmal spüren wir, dass das Licht des Intellekts und des Egos unsere Wahrnehmung dominiert, und manchmal ist unsere Dunkelheit so tief, dass wir uns völlig von der Welt zurückziehen wollen.

Auf dem Labyrinthweg geht es darum, durch fließende Bewegung Gleichgewicht und Ganzheit zu finden. Sobald wir stehen bleiben und uns festhalten, fallen wir. Wenn wir nicht fließend von einer Position in die andere wechseln, fallen wir. Die Dunkle Zauberin erinnert uns daran, dass wir im Tanz zwischen Licht und Dunkelheit unser Gleichgewicht finden müssen.

Die Mondstrahlen-Skala ist eine wunderbare Möglichkeit, Tag für Tag das Verhältnis von Licht und Dunkelheit in uns zu visualisieren. Du kannst sie allein oder zusammen mit der Archetypen-Chronik anwenden. Um die Skala zu erstellen, zeichnest du ein langgestrecktes Rechteck und schattierst es jeden Tag, um das Ausmaß an Dunkelheit und Licht darzustellen, das du an diesem Tag empfunden hast.

Mit »Licht« ist die Energie gemeint, die uns nach außen in eine Beziehung zur Welt zieht – es ist der nach außen gerichtete Fokus des Intellekts, die Aktivitäten, um anderen zu helfen, das Bedürfnis, der Welt zum Besseren zu verhelfen, und das Bedürfnis, sich mit anderen Menschen verbunden zu fühlen. Die »Dunkelheit« ist definiert als die Energie, die uns nach innen in unsere innere Welt zieht – sie ist die Zentriertheit, die Fähigkeit zu beobachten, das

Bedürfnis nach Rückzug, die Fähigkeit zu akzeptieren, das Gefühl der Einheit und die Beziehung zur nicht sichtbaren, spirituellen Welt.

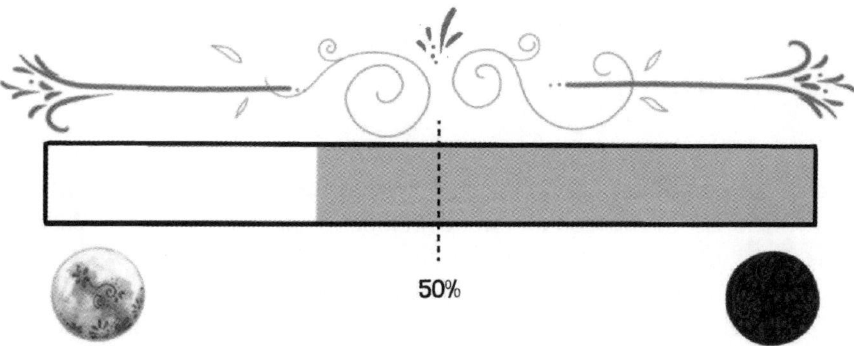

Abb. 20: Mondstrahlen-Skala eines Tages

Im Beispiel der Mondstrahlen-Skala in Abbildung 20 liegen die Wahrnehmung des Selbst und der Welt mehr in der Dunkelheit als im Licht. Vielleicht besteht dadurch das Gefühl, sich zurückgezogen zu haben und weniger in der Lage zu sein, mit den Anforderungen der äußeren Welt zu interagieren. Unter Umständen reagieren wir empfindlich auf unsere Mitmenschen und die Umwelt. Um mehr Harmonie in uns selbst zu schaffen, können wir unsere »hellen« Aspekte – Intellekt, Einfühlungsvermögen, Motivation und Altruismus – stärken, indem wir kleine und einfache alltägliche Aktivitäten im Einklang mit diesen Energien durchführen.

Wenn der helle Bereich auf der Skala mehr als die Hälfte beträgt, können wir im Labyrinth leicht die Orientierung verlieren, weil wir den Kontakt zu den tieferen Ebenen des Denkens und Bewusstseins, die uns die Stufen hinunterführen, verloren haben. Um Harmonie zu finden, können wir Wildheit, Sinnlichkeit und Intuition neu entfachen und die Magie zurück ins Leben bringen. Wir schließen die Augen und spüren die Kraft und Schönheit, die in unserer Dunkelheit liegt, wir erkennen, dass wir mit einem Fuß in der Welt des Lichts und mit dem anderen in der Welt des Unsichtbaren stehen.

Wenn wir uns auf unser inneres Licht oder die innere Dunkelheit konzentrieren, integrieren wir diese Energien in unser Wesen und schaffen ein

Gleichgewicht innerhalb der Verkörperung von Licht und Dunkelheit. Dieser Tanz von Licht und Dunkelheit fließt fortwährend in uns.

Seelenmutter-Jahre

In den Seelenmutter-Jahren tanzen wir weiterhin den Fluss von Licht und Dunkelheit. Nun kann uns die Mondstrahlen-Skala daran erinnern, dass die Seele ihre verborgene Weisheit und die Einheit der spirituellen Welt in die äußere Welt durch das Licht kommunizieren kann. Wir brauchen kein Gleichgewicht mehr zu schaffen, denn in uns ist bereits alles in Harmonie. Die Mondstrahlen-Skala zeigt uns den Atem des Göttlich-Weiblichen, der durch uns strömt – manchmal hinaus in die Welt und manchmal zurück nach innen.

Anhang

Lineare Zusammenfassung des Labyrinthwegs

<table>
<tr><td>Jahre der Mutter</td><td colspan="2">Zyklische Jahre</td><td>Menstruierende Frau</td><td>Individuelle Zykluslänge, Muster und Erfahrungen</td><td>Wir verkörpern die phasenassoziierten Archetypen Junge Frau, Mutter, Zauberin, Alte Frau</td><td>Wir erschaffen unser Leben durch die zyklischen Energien der Archetypen</td></tr>
<tr><td colspan="7">Beginn des Labyrinthwegs
Tor des Aufbrechens
Lebensphase vor der Menopause (Prämenopause)
Durchschnittsalter 40 Jahre
abnehmendes Licht (Fokus auf Außenwelt)</td></tr>
<tr><td rowspan="3">Jahre der Zauberin (zweites Erwachen)</td><td rowspan="3">Jahre der Ernte-mutter</td><td rowspan="3">Aufbrechen des Zyklus</td><td>Prämenopause, dauert etwa zehn Jahre</td><td>Unregelmäßige Zyklen, Aufbrechen des regelmäßigen Musters</td><td>Archetypen erscheinen mal länger, mal kürzer, aber immer noch in der Reihenfolge des Zyklus</td><td rowspan="3">Archetypische Aspekte erscheinen, um akzeptiert und ausgedrückt zu werden</td></tr>
<tr><td colspan="2">Archetypen Junge Frau, Mutter, Zauberin und Alte Frau</td><td>Ein Archetyp kann einige Stunden bis hin zu Monaten dominieren</td></tr>
<tr><td colspan="2">Praxis der 13 Monde beginnt</td><td>Wir sammeln die Früchte unseres zyklischen Lebens</td></tr>
</table>

	Tor der Weisheit Lebensphase der Postmenopause Durchschnittsalter 50 Jahre Dunkelheit (innere Welt) und Licht (äußere Welt) im Gleichgewicht					
	Jahre der Gestaltwandlerin	Aufbrechen des Selbst	Weisheitsblut – letzte Menstruation (Menopause)	Zyklen haben aufgehört	Archetypen werden aus dem Muster des physischen Zyklus befreit	Tiefere Aspekte der Archetypen werden befreit, die Archetypen beginnen zu verschmelzen
			Jahr der Weisheit, Jahr der 13 Monde	Ein Mondjahr ohne Menstruation	Äquivalent zu 12 Kalendermonate nach letzter Menstruation, medizinische Definition der „Menopause“	
			Von der Zauberin inspirierte Archetypen: Eingeweihte, Matriarchin, Priesterin, Weise Frau		Ein Archetyp kann über Jahre dominieren	
	Jahre der Dunklen Zauberin		Beginn einige Jahre vor der Rückkehr	Zunehmender Fokus auf die innere Welt, spirituelles Bewusstsein	Zunehmend Momente der Zentriertheit zwischen Momenten intensiver Befreiung, Archetypen verschmelzen	Intensives Aufbrechen der Strukturen des Egos, Integration der Archetypen

			Tor der Rückkehr Lebensphase der Menotelos Etwa zehn Jahre ab Weisheitsblut/Menopause oder später (Anerkennen der Dominanz der Dunkelheit)			
Jahre der Alten Frau	Jahre der Seelen-mutter	Jahre der Älteren – spirituelle Reife	Die Rückkehr. Beginn der Jahre der Alten Frau, Alter etwa 60–70 Jahre	Zeitpunkt individuell verschieden	Verschmelzung der Archetypen zur Seelenfülle	Geburt eines neuen spirituellen Selbst-verständnisses und Seins
			Schöpfung durch Einheit	Das Leben nach dem spirituellen Sinn gestalten	Ausdruck aller im Moment verfüg-baren Wahrneh-mungsebenen, tiefe Einsicht, Intuition und Bewusstsein (Weisheit)	Akzeptanz der äußeren Welt – in dieser Welt, aber nicht von dieser Welt
	Jahre der Lang-Lebenden		Zeitpunkt indi-viduell verschie-den, Alter etwa 70–80 Jahre	Vertiefung der Rolle als Alte Frau in der Welt	Körperliche Fähig-keiten und Kapazi-täten beeinflussen unseren Ausdruck	Leben in der Welt, aber mit mehr Energie-management

	Tor der Dunkelheit Alter evtl. 80–90+ Jahre					
	Jahre der Verschlei-erten	Seelenlicht-jahre	Vollständige Alte Frau	Die körperlichen Fähigkeiten und die geistige Wahrnehmung bestimmen den Beginn dieser Phase	Den Raum klären, Anhaftungen an die physische Welt loslassen	Vertiefung der Erfahrungen als Alte Frau
			Transzendenter Zustand des Bewusstseins	Überwindung der Grenzen zwischen Raum und Zeit	Das Licht der Seele überstrahlt den physischen Körper	Der inneren Welt mehr bewusst als der äußeren
	Tor zur Rückkehr der Seele					
Ende des Lebens	Rückkehr zum Seelenzustand im Tod					

In diesem Buch verwendete Titel

Namen für die Universelle Zauberin und den Archetyp der Zauberin	Namen für die Universelle Alte Frau und den Archetyp der Alten Frau
Erntemutter	Seelenmutter
Bringerin des Wandels	Ermächtigte
Mutter der Verwirklichung	Zurückgekehrte
Mutter der Befreiung	Vollständige
Bringerin des Endes	Die Alte
Wilde	Die Heilige
Tänzerin	Die Betagte
Gestaltwandlerin	Spirituelle Alte Frau
Veränderliche	Große Alte Mutter
Erforscherin der Dunkelheit	Weise Alte Frau
Wanderin zwischen den Welten	Heilende Alte Frau
Atmerin des Friedens	Stimme der Alten Frau
Kettenlöserin	Verschleierte
Welten-Wanderin	Dunkle Mutter
Hüterin der Dunkelheit	Universelle Mutter
Verkünderin der Wahrheit	Verborgene
Herz-Wanderin	Mutter der Dunkelheit
Magie-Wanderin	Sternenmutter
Frieden-Wanderin	
Eingeweihte	
Matriarchin	
Priesterin	
Weise Frau	
Seelenwäscherin	
Dunkle Zauberin	

Glossar

Der Zeitpunkt der im Folgenden beschriebenen Stufen ist individuell sehr verschieden, sie können früher oder später als angegeben eintreten. Beispielsweise könnte sich eine Frau auch Ende 80 noch mit der Seelenmutter identifizieren, während eine 50-Jährige sich als Verschleierte wahrnimmt. Nicht jede Frau wird in ihrem Leben alle angegebenen Stadien erleben.

Die verschiedenen Stadien werden durch Erfahrungen, Gefühle, das Bewusstsein und die Wahrnehmung definiert und nicht durch körperliche Fähigkeiten – obwohl körperliche Veränderungen einen großen Einfluss auf die Interpretation und Interaktion mit der Welt haben können. Mithilfe der Intuition und unseren Erfahrungen entscheiden wir selbst, wo wir uns auf unserem Labyrinthweg und unserer Lebensreise befinden.

In der folgenden Liste finden sich Erläuterung der von mir in diesem Buch verwendeten Begriffe. Die Beschreibungen sollten jedoch nicht als starre oder allgemein akzeptierte Definitionen angesehen werden.

Labyrinth	Metapher für den Fluss der zyklischen weiblichen Energien im Menstruationszyklus, Lebenszyklus und in den Zyklen um uns herum.
Labyrinthweg	Persönliche körperliche, geistige, emotionale und spirituelle Transformation, beginnend mit der Perimenopause und weiter durch die Wechseljahre bis in die frühe Postmenopause. Der Weg endet mit der »Rückkehr«, etwa zehn Jahre nach der letzten Menstruation.
Die vier Universellen Göttinnen	Die vier Aspekte des Göttlich-Weiblichen außerhalb unserer persönlichen Verkörperung.
Die vier weiblichen Archetypen	Die vier Aspekte des Göttlich-Weiblichen, die wir im Menstruationszyklus und im Lebenszyklus verkörpern.
Archetyp der Universellen Jungen Frau	Die zunehmenden, dynamischen und nach außen gerichteten Energien des Göttlich-Weiblichen, die alle Zyklen beeinflussen.

Archetyp der Universellen Mutter	Die stabilen, strahlenden und nach außen gerichteten Energien des Göttlich-Weiblichen, die alle Zyklen beeinflussen.
Archetyp der Universellen Zauberin	Die abnehmenden, dynamischen und sich zurückziehenden Energien des Göttlich-Weiblichen, die alle Zyklen beeinflussen.
Archetyp der Universellen Alten Frau	Die stabilen, auf das Potenzial ausgerichteten Energien des Göttlich-Weiblichen, die alle Zyklen beeinflussen.
Archetyp-Phase der Jungen Frau	Zyklusphase vor dem Eisprung mit den damit verbundenen dynamischen Energien, dem dominierenden Intellekt und den begleitenden körperlichen, wahrnehmungsbezogenen, emotionalen, egoistischen, kreativen und sexuellen Gaben.
Archetyp-Phase der Mutter	Zyklusphase in der Zeit des Eisprungs mit den damit verbundenen reichhaltigen und stabilen Energien, der dominierenden Empathie und den begleitenden körperlichen, wahrnehmungsbezogenen, emotionalen, kreativen und sexuellen Gaben.
Archetyp-Phase der Zauberin	Zyklusphase zwischen Eisprung und Menstruation mit den damit verbundenen dynamischen Energien, dem dominierenden Unbewussten und den begleitenden körperlichen, wahrnehmungsbezogenen, emotionalen, kreativen und sexuellen Gaben.
Archetyp-Phase der Alten Frau	Zyklusphase der Menstruation mit den damit verbundenen rezeptiven und stabilen Energien, der dominierenden Seelenebene und den begleitenden körperlichen, wahrnehmungsbezogenen, emotionalen, kreativen und sexuellen Gaben.
Jahre der Jungen Frau	Jahre der Kindheit, die von der Universellen Jungen Frau beeinflusst werden, ebenso die Übergangsjahre in der Jugend, in denen die Energien der Jungen Frau abnehmen und die Energien der Mutter zu dominieren beginnen (Alter ca. 0–20 Jahre).
Erstes Erwachen	Jugend, erste Lebensphase, die von hormonellen, körperlichen, geistigen und emotionalen Veränderungen sowie von Individualität und Identifikation geprägt ist.

Mutter-Jahre	Jahre der erwachsenen Frau, die unter dem Einfluss der Universellen Mutter stehen. Sie beginnen gegen Ende der Pubertät und enden, wenn die Energien der Zauberin in der Perimenopause zu dominieren beginnen. Jahre der zyklischen Frau (Alter ca. 20–40 Jahre).
Zyklische Frau	Frau, die in irgendeiner Form einen Menstruationszyklus erlebt und von der Universellen Mutter beeinflusst wird. Ebenso jeder Mensch, der sich wiederholende Zyklen fluktuierender Energie und Wahrnehmung am eigenen Leib spürt, die die Zyklen des Universellen Weiblichen widerspiegeln.
Jahre der Zauberin	Jahre der weiblichen spirituellen Reife, die von der Universellen Zauberin beeinflusst werden. Sie bauen sich in der Perimenopause auf, fließen durch die Menopause und finden ihre Erfüllung, wenn mit der Rückkehr die Energien der Alten Frau zu dominieren beginnen (Alter ca. 40–60 Jahre).
Zweites Erwachen	Zweite Lebensphase mit hormonellen, körperlichen, geistigen und emotionalen Veränderungen sowie Veränderungen der Individualität und Identifikation. Sie beginnt nach der letzten Menstruation.
Jahre der Alten Frau	Jahre der weiblichen Spiritualität, die von der Universellen Alten Frau beeinflusst werden. Sie bauen sich in den Jahren nach der Menopause auf, fließen durch die Menotelos-Jahre und zu den Jahren der Verschleierten bis zum Ende des Lebens (Alter ca. 60–90 Jahre).
Erntemutter	Aspekt der Zauberinnen-Energien, der Frauen in der Perimenopause und am Anfang des Labyrinthwegs beeinflusst.
Jahre der Erntemutter	Zeit von den ersten Unregelmäßigkeiten des Menstruationszyklus bis zur letzten Menstruation.
Prämenopause	Zeit, in der sich der Menstruationszyklus und der Körper aufgrund der hormonellen Änderungen zu verändern beginnen. Sie kann viele Jahre dauern oder sehr kurz sein und endet mit der letzten Menstruation.

Perimenopause	Die Jahre unmittelbar vor sowie das Jahr nach der letzten Blutung.
Gestaltwandlerin	Aspekt der Zauberinnen-Energien, der Frauen nach der letzten Menstruation beeinflussen.
Jahre der Gestaltwandlerin	Zeit nach der letzten Menstruation bis zum Beginn der Jahre der Dunklen Zauberin.
Postmenopause	Jahre nach der letzten Menstruation bis zum Ende des Lebens. Medizinisch spricht man ab 65 Jahren jedoch häufig von Senium.
Dunkle Zauberin	Aspekt der Zauberinnen-Energien, der Frauen in den letzten Phasen ihres Labyrinthwegs beeinflusst.
Jahre der Dunklen Zauberin	Letzte Jahre des Lebensabschnitts der Gestaltwandlerin. Es gibt keinen festen Zeitpunkt für den Beginn (evtl. zehn Jahre nach der Menopause). Diese Phase endet mit der Rückkehr.
Weisheitsblut, Menopause	Letzte Menstruation und Beginn der Gestaltwandlerinnen-Jahre. Die Menopause zeigt sich erst im Rückblick ein Jahr nach der letzten Menstruation.
Jahr der Weisheit	Die 13 Monde eines Mondjahres nach der letzten Menstruation (das Jahr der 13 Monde). Das Ende des Jahres bestätigt die Frau als Gestaltwandlerin.
Archetyp der Eingeweihten	Archetyp der Jungen Frau in den Jahren der Gestaltwandlerin.
Archetyp der Matriarchin	Archetyp der Mutter in den Jahren der Gestaltwandlerin.
Archetyp der Priesterin	Archetyp der Zauberin in den Jahren der Gestaltwandlerin.
Archetyp der Weisen Frau	Archetyp der Alten Frau in den Jahren der Gestaltwandlerin.
Rückkehr	Verschmelzen der Archetypen zu einer einzigen Wahrnehmung und einem einzigen Selbstgefühl (kann etwa zehn Jahre nach der letzten Menstruation auftreten).

Menotelos-Jahre	Zeit von der Rückkehr bis zum Ende des Lebens. Meno bedeutet Mond und Telos bedeutet Ziel oder Zweck. Diese Jahre sind das endgültige Ziel und der Zweck unserer Menstruationszyklen und unserer zyklischen Natur. Idealerweise sollte dieser Begriff verwendet werden, um den medizinischen Begriff Senium für ältere Frauen zu ersetzen.
Jahre der Alten Frau	Zeit von der Rückkehr bis zum Ende des Lebens. Umfasst die Jahre der Seelenmutter, die Jahre des Langen Lebens und die Jahre der Verschleierten.
Jahre der Älteren	Frühes Stadium der Jahre der Alten Frau, umfasst die Jahre der Seelenmutter und die Jahre der Lang-Lebenden.
Seelenmutter/ Vollständige Frau	Name für eine Frau, die die Rückkehr durchlaufen hat.
Jahre der Seelenmutter	Zeit von der Rückkehr bis zum allmählichen Übergang in die Jahre der Verschleierten (Alter evtl. 60–70 Jahre).
Jahre der Lang-Lebenden	Vertiefung der Rolle der Seelenmutter, des Bewusstseins und der Spiritualität. Der Zeitpunkt des Übergangs von der Seelenmutter zur Lang-Lebenden ist individuell verschieden, er kann beispielsweise im Alter von 70–80 Jahren (oder früher oder später) stattfinden.
Jahre der Verschleierten	Kann den langsamen Rückzug aus dem Alltag widerspiegeln. Der Übergang in die Jahre der Verschleierten kann langsam oder aufgrund eines Gesundheitsproblems abrupt erfolgen. Er kann sich in einer zunehmenden Einfachheit des Lebens zeigen (Alter ca. 80–90 Jahre und älter).
Rückkehr der Seele	Ende des physischen Lebens.
Authentische Weiblichkeit	Das Gefühl, ich selbst – authentisch – zu sein. Wahres, unverzerrtes Muster der heiligen weiblichen Energien, die in uns liegen.
Göttlich-Weibliche	Seele des Universums, im physischen Universum und seiner zyklischen Natur verkörpert.